wissen & praxis 127

*Margrit Frölich/Yariv Lapid/
Christian Schneider (Hrsg.)*

*Repräsentationen des Holocaust im
Gedächtnis der Generationen*

In Israel und Deutschland sind die Nachwirkungen des Holocaust auch im 21. Jahrhundert spürbar; jedoch rückt der Holocaust unvermeidlich in immer weitere zeitliche Ferne. Von den Zeitzeugen wird in absehbarer Zeit niemand mehr leben, und für Jugendliche liegen die historischen Ereignisse schon heute weit zurück. Mit dem Wandel der Generationen schwindet nicht nur die unmittelbare Erinnerung an die historischen Ereignisse, es ändert sich auch die Bedeutung, die ihnen beigemessen wird. Gegenwärtig nimmt der Holocaust in den Erinnerungskulturen Israels und Deutschlands einen großen, wenn auch jeweils unterschiedlichen Raum ein; doch in den aktuellen Diskussionen um den Stellenwert des Holocaust im Gedächtnis der Menschheit drängen neue Fragen nach Antworten: Was soll erinnert werden? Wie soll erinnert werden? Warum soll erinnert werden? Schließlich: Wer sind die Individuen, die sich in den jeweils multikulturell zusammengesetzten Gesellschaften Deutschlands und Israels an den Holocaust erinnern?

Die Beiträge des vorliegenden Bandes versammeln Perspektiven von Wissenschaftlern aus Deutschland, Israel und den USA. Sie beschäftigen sich mit der Frage, wie Erinnerungen an den Nationalsozialismus und den Holocaust gebildet und tradiert werden und wie der Holocaust in den einzelnen Generationen repräsentiert ist. Sie untersuchen den Stellenwert der Geschichte in individuellen Biographien und im jeweiligen Selbstverständnis der deutschen beziehungsweise israelischen Gesellschaft und fragen nach den gesellschaftlichen Wirkungen einer selbstkritischen Auseinandersetzung mit der Vergangenheit.

Die HerausgeberInnen:
Margrit Frölich, Dr. phil., Literatur- und Medienwissenschaftlerin, Stellvertretende Direktorin der Evangelischen Akademie Arnoldshain und Lehrbeauftragte am Institut für Theater-, Film- und Medienwissenschaft der Johann Wolfgang Goethe-Universität Frankfurt am Main.

Yariv Lapid, Historiker, Mitarbeiter der nationalen Holocaust-Gedenkstätte Yad Vashem, Jerusalem. Zuständig unter anderem für die Europa-Kontakte der Gedenkstätte und die Durchführung von Seminaren der International School for Holocaust Studies in Yad Vashem.

Christian Schneider, Dr. phil., Soziologe und Psychoanalytiker, Frankfurt am Main. Privatdozent an der Universität Kassel. Forschungsschwerpunkte: psychoanalytische Generationengeschichte, Kulturtheorie, Sozialpsychologie. Zahlreiche Veröffentlichungen.

Margrit Frölich/Yariv Lapid/Christian Schneider (Hrsg.)

Repräsentationen des Holocaust im Gedächtnis der Generationen

Zur Gegenwartsbedeutung des Holocaust
in Israel und Deutschland

Beiträge von Jackie Feldman, Margrit Frölich,
Viola B. Georgi, Meike Herrmann, Jakob Hessing,
Doron Kiesel, Ilany Kogan, Amia Lieblich,
Marion M. Oliner, Jens Fabian Pyper, Ilka Quindeau,
Julia Resnik, Christian Schneider

Arnoldshainer Interkulturelle Diskurse 4

Brandes & Apsel

Auf Wunsch informieren wir regelmäßig über das Verlagsprogramm.
Brandes & Apsel Verlag, Scheidswaldstr. 33, D-60385 Frankfurt am Main
E-Mail: brandes-apsel@t-online.de
Internet: www.brandes-apsel-verlag.de

*Gefördert im Rahmen des Aktionsprogramms »Jugend für Toleranz und Demokratie
– gegen Rechtsextremismus, Fremdenfeindlichkeit und Antisemitismus«*

wissen & praxis 127

1. Auflage 2004
© Brandes & Apsel Verlag GmbH, Frankfurt am Main
Alle Rechte vorbehalten, insbesondere das Recht der Vervielfältigung und Verbreitung sowie der Übersetzung, Mikroverfilmung, Einspeicherung und Verarbeitung in elektronischen oder optischen Systemen, der öffentlichen Wiedergabe durch Hörfunk-, Fernsehsendungen und Multimedia sowie der Bereithaltung in einer Online-Datenbank oder im Internet zur Nutzung
durch Dritte.
DTP: Wolfgang Gröne, Groß-Zimmern
Umschlaggestaltung: MDD-Digitale Produktion, Maintal
Umschlagfoto von Katrin Schilling, Ausstellung Christian Boltanski
im Portikus, Frankfurt am Main 1991
Druck: Tiskarna Ljubljana d. d., Ljubljana, Printed in Slovenia
Gedruckt auf säurefreiem, alterungsbeständigem und
chlorfrei gebleichtem Papier.

Bibliografische Information *Der Deutschen Bibliothek:*
Die Deutsche Bibliothek verzeichnet diese Publikation in der
Deutschen Nationalbibliografie; detaillierte bibliografische
Daten sind im Internet über http://dnb.ddb.de abrufbar

ISBN 3-86099-327-5

Inhalt

Margrit Frölich, Yariv Lapid, Christian Schneider
Einleitung 7

I: Gedächtnis, Erinnern, Gedenken

Jakob Hessing
Polen, Deutschland, Israel: Gedächtnisse 11

Ilka Quindeau
Spur und Umschrift – Erinnerung aus psychoanalytischer Perspektive 28

Marion M. Oliner
Die externalisierende Funktion von Gedenkstätten 42

Julia Resnik
Holocaust-»Gedächtnisorte«: Die Konstruktion der nationalen
Erinnerung im israelischen Schulwesen 62

II: Kunst und Kreativität als Verarbeitungsformen des Traumas

Ilany Kogan
Trauma, Resistenz und Kreativität. Beobachtungen aus
Analysen von Kindern Holocaustüberlebender 90

Doron Kiesel
Zur Konstruktion visueller Identitäten:
Darstellung der Shoah im israelischen Film am Beispiel
von Tsipi Reibenbachs Film »Wahl und Schicksal« 112

Margrit Frölich
Lebensläufe, Familiengeschichten und ›deutsche Zustände‹
nach dem Holocaust: Angelika Levis Film »Mein Leben Teil 2« 123

Meike Herrmann
Spurensuche in der dritten Generation. Erinnerung an
Nationalsozialismus und Holocaust in der jüngsten Literatur 139

Amia Lieblich
Die Darstellung von überlebenden Kindern des Holocaust
in der Gegenwartskultur 158

III: Generation und Identität

Jackie Feldman
Israel als Enklave:
Inszenierungen jüdisch-israelischer Identität in Polen 172

Viola B. Georgi
Nationalsozialismus und Holocaust im Selbstverständnis
von Jugendlichen aus Einwandererfamilien 203

Jens Fabian Pyper
Die zukünftige Bedeutung des Holocaust
aus Sicht der ›dritten‹ Generation 222

Christian Schneider
Der Holocaust als Generationsobjekt. Generationsgeschichtliche
Anmerkungen zu einer deutschen Identitätsproblematik 234

Autorenverzeichnis 253

Einleitung

Anlässlich der endlosen Debatte über das Berliner Mahnmal für die Opfer der nationalsozialistischen Gewalt fiel – einmal mehr – die Bemerkung, der Holocaust sei Gegenstand eines »Deutungskriegs« geworden, er werde »instrumentalisiert«. Die Klage ist nicht neu. Beide Vorwürfe sind beinahe so alt wie das geschichtliche Ereignis, um das es geht – und beide treffen die Realität. Der Holocaust *ist* Gegenstand eines Deutungskriegs, dessen Fronten nicht nur von differenten Wahrnehmungen und Interpretationen, sondern – es ist nützlich, dies klar auszusprechen – von unterschiedlichen Interessen bestimmt werden. Und der Holocaust *wird* instrumentalisiert: Seit jeher spielt er eine wichtige Rolle bei der Begründung der verschiedenartigsten politischen Interventionen, unter anderem deshalb, weil er sich aufgrund seiner emotionalen Qualität hervorragend als Projektionsfläche für moralische Legitimationen und als Trägersubstanz von Selbstdarstellungen und Identitätsformeln eignet. Tatsächlich wäre es erstaunlich, gäbe es keinen »Deutungskrieg« um dieses Indexverbrechen der Moderne. Wie sollte ein historisches Ereignis seiner Dimension je »einheitlich«, gar perspektivneutral wahrgenommen werden können?

Hinter dem Vorwurf der Instrumentalisierung steht selber stets eine bestimmte Interpretation des Geschehens, nicht selten jene, die den Holocaust *post festum* zum »Heiligtum« stilisiert, ihn als Gegenstand quasi-religiöser Anteilnahme präsentiert, um ihn damit der profanen Deutungsvielfalt zu entziehen. Bei näherem Hinsehen erweist sich diese Art der Interpretation nicht weniger interessegeleitet als konkurrierende Deutungsangebote.

Die scheinbar jede menschliche Fassungs- und Vorstellungskraft übersteigende Dimension des Holocaust verführt dazu, ihn als »überzeitliches«, aus der Geschichte und ihrer sich verändernden Rezeption herausfallendes Ereignis wahrzunehmen. Die Verklärung zum Absolutum jedoch führt exakt auf den Holzweg: Der Holocaust wird für Instrumentalisierungsversuche desto anfälliger, je mehr er dem differenzierenden Zugriff unterschiedlicher Interpretationsansätze entzogen wird. Seine Präsentation als »profanes Heiligtum« verhindert nachhaltig, sich der Pluralität seiner Bedeutungsmöglichkeiten zu vergewissern.

Gegen alle Versuche, ein Deutungs- und Bedeutungsmonopol aufzurichten, könnte man die Maxime formulieren, dass jede Anstrengung, mit diesem Makroverbrechen umzugehen – es zu erinnern, wahrzunehmen, aufzuarbeiten, als Exempel zu begreifen und als Symbol zu präsentieren oder auch nur, es zum Gegenstand alltäglicher Diskurse oder wissenschaftlicher Interpretation zu machen –, sich dem Problem der Multiperspektivität stellen sollte. All unsere Deutungsversuche des Holocaust sind zwangsläufig einseitig – und in dieser Einseitigkeit beschädigt. Wie sehr, kann man dem Sachverhalt entnehmen, dass in Deutschland nach wie vor noch nicht einmal Klarheit darüber besteht, wie das Verbrechen zu benennen sei. Es gibt kein deutsches Wort für den planvoll durchgeführten Massenmord an den Juden. Man ist gezwungen, entweder die grausam bürokratische Sprache der Täter zu imitieren oder Zuflucht bei Medien-, Kunst- oder Fremdwörtern zu nehmen. »Endlösung« – »Shoah« – »Holocaust« oder, als letzte Steigerung, die Anverwandlung des amerikanisierten griechischen Lehnworts ins quasi-deutsche »Holokaust«: Allein diese babylonische Sprachverwirrung zeigt, dass wir uns – mehr als ein halbes Jahrhundert nach dem Ende der Naziherrschaft – immer noch in einem Bereich der Unsicherheit und Verwirrung bewegen, wenn wir den Versuch machen, darüber nachzudenken, welche Bedeutung die Ermordung der europäischen Juden für die Nationen hat, die das Erbe von Tätern und Opfern antreten.

Dass wir für den Titel dieses Buches den Terminus »Holocaust« gewählt haben, darf als Zeichen dafür gewertet werden, dass die Herausgeber einem Standpunkt zuneigen, der die Diskussion über die Bewertung des schamlosesten Verbrechens des 20. Jahrhunderts aus den Verengungen herausführen will, die sich leicht aus den jeweiligen nationalen Perspektiven ergeben. Sowohl in Israel als auch in Deutschland besitzt der Holocaust – in jeweils unterschiedlicher Weise – staatstragende Qualität. In beiden Ländern hat er heute die Funktion eines »Gründungsmythos«: einer quasi-religiösen Fundierung der »staatlichen Identität«. Beide Nationen leben – ob ausgesprochen oder nicht – unter dem in der Vielfalt seiner Bedeutungsmöglichkeiten nicht immer klaren Imperativ eines »Nie wieder«, aus dem weitreichende politische Konsequenzen abgeleitet werden. In beiden Staaten geht es um eine Erinnerungspolitik, die beansprucht, die Gestaltung der Gegenwart als Ausdruck einer aus der Verarbeitung der Geschichte neu gewonnenen Identität zu gewährleisten; ein Phänomen, das in Israel noch durch die Tatsache kompliziert wird, dass mit der Staatsgründung erstmals ein einheitlicher geographischer Bezugspunkt für die Juden geschaffen wurde. Sowohl hier als auch in Deutschland gibt es zugleich eine Entwicklung, die das aktuelle Problem jedes Umgangs mit dem Holocaust ausmacht. Die Generation der Täter und Opfer unterliegt der unerbittlichen biologischen Dynamik, die sich als unhintergehbare Herausforderung aller historischer Sinndeutung erweist: Die geschichtlichen Akteure des Holocaust sterben. Desto wichtiger wird, wie die Erfahrungen dieser einmal tödlich einander konfrontierten Gruppen in den Prozess der Tradierung, der Weitergabe an die folgenden Generationen eingespeist werden: ein Prozess, der nach wie vor nicht »eine Geschichte«, sondern unterschiedliche *Geschichten* begründet. Auch hier ist der Plural ernst zu nehmen. Es geht sowohl um die verschiedenartigen nationalen Sichtweisen des historischen Geschehens, als auch um Narrative, die nicht immer eine klare Zuordnung zu Staaten, Nationen oder anderen politischen Einheiten besitzen. Je mehr der Holocaust Vergangenheit wird, desto internationaler wird seine Rezeption und desto vielfältiger werden die Geschichten, die seine historische Gestalt aufnehmen und neu modellieren. Heute sind es vor allem »ästhetische Narrative«, die seine Gegenwärtigkeit sichern. All diese »Geschichten« sind als Beiträge zu einer künftigen Geschichtsschreibung zu verstehen, die sich in das veränderte historische Koordinatensystem nach dem Zivilisationsbruch einzutragen haben.

Unter den Problemen, die daraus resultieren, dass sich durch diese neuen Modi seiner Repräsentation und Interpretation auch der Bedeutungsgehalt des Holocaust verändert, sticht eines hervor. Jede Differenzierung historischer Ereignisse bedeutet notwendig eine Relativierung. Das gilt auch für das Spitzenphänomen menschlicher Bestialität, für das der Name »Holocaust« steht. Die Einordnung in neue Kontexte und Bezugssysteme verändert unweigerlich Art und Grad seiner Bedeutung. Zumindest in der deutschen Debatte ist solche differenzierende Neubewertung langezeit mit moralischer Relativierung verwechselt worden. Wie unsinnig das ist, zeigen nicht zuletzt die starken affektiven Reaktionen, die der Holocaust bei den nachgeborenen Generationen auszulösen vermag. Nach wie vor stellt er unsere Fähigkeit zu verstehen, mehr noch unsere Fähigkeit, sich in andere einzufühlen, auf die Probe. Vor beinahe vierzig Jahren formulierten Alexander und Margarete Mitscherlich aus psychoanalytischer Sicht eine Art kategorischen Imperativ für den Versuch, den organisierten Massenmord nicht nur kognitiv, sondern auch in emotionaler Hinsicht zu erfassen: »Wir fordern Einfühlung Ereignissen gegenüber, die schon durch ihre quantitative Dimension

Einfühlung unmöglich machen«, heißt es in der »Unfähigkeit zu trauern«. Daran hat sich im Kern nichts geändert – auch wenn diejenigen, die sich heute mit diesem Verstehensparadox auseinandersetzen, andere sind, als jene, die die Mitscherlichs seinerzeit vor Augen hatten.

Der vorliegende Band ist hervorgegangen aus zwei Tagungen, die 2003 an der Evangelischen Akademie Arnoldshain stattgefunden haben. Beide Veranstaltungen wie auch die Buchpublikation wurden im Rahmen des Aktionsprogramms »Jugend für Toleranz und Demokratie – gegen Rechtsextremismus, Fremdenfeindlichkeit und Antisemitismus« vom Bundesministerium für Familie, Senioren, Frauen und Jugend gefördert.

Die Beiträge[1] versuchen, Antworten auf die Frage zu finden, was sich im Prozess der Überlieferung durch die Zeitzeugen auf die heutigen Geschichtsakteure am Bild des Holocaust verändert: was die Transformation von Erfahrung in Nachempfinden für seine Deutung und Bedeutung heißen mag und für zukünftige politische Entscheidungen und kulturelle Entwicklungen bedeuten könnte.

Wir geben in dieser Publikation besonderen Raum für das innere, das individuelle Erleben des Umgangs mit dem Holocaust. Drei Komplexe stehen dabei im Vordergrund. Zum einen die Frage, was Erinnerung, Gedächtnis und Gedenken im thematischen Kontext bedeuten. Zum zweiten, welche Verarbeitungsformen heute besonders wichtig sind. Die Beiträge dieses Teils beschäftigen sich insbesondere mit künstlerischen Versuchen, mit dem Gewalterbe umzugehen. Drittens, und übergreifend, steht die Frage nach dem Generationentransfer im Mittelpunkt. Wie werden folgende Generationen mit einem Ereignis umgehen, das die Vorstellungskraft ihrer Vorfahren überstieg – und nicht zuletzt dadurch ihre eigenen Verstehens- und Einfühlungsmöglichkeiten folgenreich prädisponiert hat?

Margrit Frölich, Yariv, Lapid, Christian Schneider

---

[1] Die Herausgeber danken Irmgard Hölscher für die Übersetzung der Beiträge von Jackie Feldman, Marion M. Oliner und Julia Resnik.

Teil 1
Gedächtnis, Erinnern, Gedenken

Jakob Hessing

Polen, Deutschland, Israel: Gedächtnisse

1.

Claude Lanzmann zeigt in der letzten Szene seines Films »*Shoah*«, wie Simcha Rotem sich an das Ende der Kämpfe im Warschauer Ghetto erinnert. »Ich war allein«, sagt er vor der Kamera, »es gab niemanden mehr im Ghetto. In einem bestimmten Augenblick, während ich schon auf dem Weg nach draußen war, überkam mich eine absolute Ruhe, eine Seelenruhe, und ein Gedanke erfüllte mich: Ich bin der letzte Jude, ich warte auf den Morgen, ich warte auf die Deutschen.«

Zwischen solcher Erinnerung und dem Leben, in das der Sprecher schließlich zurückgekehrt ist, öffnet sich eine unüberbrückbare Kluft. Der Mann, der hier die Vergangenheit hoch holt, hieß zum Zeitpunkt des Ghettoaufstandes noch Kazik Ratajzer, erst später, in Israel, hat er sich Simcha Rotem genannt. Auf Hebräisch heißt »Simcha« Freude, und »Rotem« ist eine Pflanze, ist Wüstenginster – symbolische Namen also, in denen ein Neubeginn angedeutet ist und zugleich ein anderes, von allem Früheren verschiedenes Leben.

Das israelische Kollektivgedächtnis bedarf solcher Verwandlungen. Zu den Gründungsmythen des Judenstaates gehört es, dass er in Antwort auf den Holocaust entstanden sei, dass er der *Shoah* eine *T'kuma* entgegensetze, der Vernichtung eine Wiederauferstehung. Solche Mythen greifen in die Erinnerung ein und manipulieren sie: Um ihre kollektive Aufgabe erfüllen zu können, vereinfachen sie komplexe Bezüge und bieten Sinnstiftungen an, die eindeutiger erscheinen, als sie es ursprünglich gewesen sind.

1989 interviewte die polnische Journalistin Anka Grupinska in Israel sechs Überlebende des Ghettoaufstandes. Im Jahre 1956 geboren, kam sie ins Ausland, um die Menschen einer früheren Generation zu finden, und arbeitete später auch als Kulturattaché an der polnischen Botschaft in Tel Aviv, um der verdrängten Geschichte ihres eigenen Landes auf die Spur zu kommen.

Einer ihrer Gesprächspartner, Szmuel Ron aus Katowice, ging bei Ausbruch des Krieges noch aufs Gymnasium. Am Ghettoaufstand war er nicht direkt beteiligt, aber er war mit Mordechaj Anielewicz befreundet, dem Kommandanten des Aufstandes, der an der Milastraße in den Tod gegangen ist. Ron tritt als Zeitzeuge auf, er beschreibt den Freund in den Tagen, als er in Polen den jüdischen Widerstand organisierte, vergleicht ihn mit seiner Statue, die der israelische Bildhauer Natan Rapaport geschaffen hat. Sie steht in Yad Mordechaj, einem nach ihm genannten Kibbuz, und ist ein Denkmal der Heldenverehrung. Es zeigt Anielewicz auf erhöhtem Sockel, im offenen Hemd und mit vorgestreckter Brust. »Die Darstellung ist ihm überhaupt nicht ähnlich«, sagt Ron dazu, »so ein Gesicht hatte er nicht. Aber seine Gestalt, diese Dynamik darin, die erinnert an den Kommandanten Mordechaj.«

Sein Gesicht kann Ron ihm nicht zurückgeben. Er erzählt von den Legenden, die sich um seine Person gebildet haben, und dann heißt es: »Wir redeten über sehr vieles. Aber ich weiß, dass es einen Bereich in Mordechajs Leben gab, von dem ich gar nichts wusste – das waren seine privaten Angelegenheiten. Die waren tabu. Darüber sprach man nicht, aber auch kein Wort! [...] Später erfuhr ich, dass er eine Freundin hatte, sie hieß Mira Fuchrer. Er schrieb ihr Briefe, und diese Briefe sind bei uns aufbewahrt worden. Irgendwann einmal habe ich sie gelesen. Kein Wort darin von einem Liebenden an seine Geliebte! Nur über die Sache. [...] Tag und Nacht war er damit beschäftigt. Man konnte über nichts anderes mit ihm sprechen.« Dann sagt er zweifelnd: »Vielleicht übertreibe ich, vielleicht ist das eine dieser Legenden, von denen ich eben gesprochen habe.«[1]

Während er von dem Widerstandskämpfer Mordechaj Anielewicz erzählt, fügt sich sein Gedächtnis dem Gebot der Stilisierung. In der Statue von Yad Mordechaj erkennt auch er nicht mehr den einstigen Freund wieder, sieht auch er nur

---

[1] Anka Grupinska, Im Kreis. Gespräche mit jüdischen Kämpfern. Aus dem Polnischen von Esther Kinsky, Frankfurt an Main 1993, S. 39

noch die Dynamik des Kommandanten, denn für das kollektive Gedächtnis in Israel hat diese Statue lange eine formative Funktion erfüllt. Der Kibbuz Yad Mordechaj wurde schon 1943 von polnischen Juden gegründet, noch im Jahr des Aufstandes. Er liegt südlich von Aschkelon nahe am Gazastreifen, im Unabhängigkeitskrieg wurde er zur legendären Grenzbastion gegen die anrückenden ägyptischen Truppen, nach der Staatsgründung sind Generationen israelischer Schulklassen an diesen Ort gefahren worden, um sich vor der Statue des längst zum »Israeli« mutierten Ghettokommandanten ihrer nationalen, kämpferischen Identität zu vergewissern. Jahrzehnte nach den Ereignissen weiß Szmuel Ron zwar noch, dass der Mann, mit dem er befreundet war, nicht so ausgesehen hat wie dieser steinerne Koloss, aber auch er findet die Worte nicht mehr, die ihn unter dem Mythos sichtbar machen könnten.

Nicht alle Ghettokämpfer, die den Aufstand überlebt haben, sind nach Israel gegangen. Bekannt geworden ist Marek Edelman, stellvertretender Kommandant des Aufstandes und später ein Herzchirurg in Lódz, der in Polen blieb und immer ein Gegner der Zionisten war. Das erste Gespräch in ihrem Buch führt Anka Grupinska mit ihm, und er beschreibt ihr das unter Hitler vernichtete Judentum als »eine Enklave zwischen der Weichsel und dem Dnjepr. Was es in Amerika, Frankreich, England gab, bildet nicht die jüdische Kultur. Denn was ist ein Volk? Ein Volk, das sind Menschen, die eine gemeinsame Kultur erschaffen. Ein Volk muss nicht unbedingt eine Religion oder eine Ideologie teilen. Es gibt Millionen Moslems auf der Welt, aber sie bilden keine einheitliche Kultur. Diese fünf Millionen Juden zwischen Odessa und Warschau hatten eine gemeinsame Kultur und sogar die gleichen wirtschaftlichen Bedingungen.«[2]

Doch dieses Judentum gibt es nicht mehr. »Der Staat Israel«, sagt Edelman, »hat eine völlig andere Kultur. Auch wenn er überlebt, wird er mit der Zeit eine arabische Kultur entwickeln. Es ist ja kein jüdischer, sondern ein mosaischer Staat. Man hat Juden aus Äthiopien, Ägypten und China nach Israel gebracht, die miteinander nichts gemeinsam haben außer dem mosaischen Glauben. Und deshalb werden sie, wenn sie überdauern, ein neues Volk und eine neue Kultur bilden, die nichts mit Europa, mit Chagall oder Perez zu tun haben wird, mit dem Judentum, das es hier gab.«[3]

Marek Edelman, ein ungläubiger Jude des Jahrgangs 1922, definiert das Ju-

---

[2] Ebd., S. 28
[3] Ebd.

dentum nicht mehr theologisch, sondern anthropologisch – als geographisch umschriebene Kultur einer Menschengruppe, die den Holocaust nicht überlebt hat und an keinem anderen Ort eine Wiederauferstehung erfahren wird. Der Ghettokämpfer Kazik Ratajzer in Claude Lanzmanns letzter Filmszene und der stellvertretende Kommandant des Jahres 1943 treffen sich hier im scharfen Gegensatz. Beide empfinden sich als letzte Juden, Edelman aber ist nicht bereit, sich einen neuen Namen und eine neue Identität zu geben, und das ist antizionistisch in einem radikalen Sinn: Er lehnt den Begriff der Zeitlosigkeit ab, ohne den es eine Rückkehr aus zweitausendjährigem Exil nicht geben könnte und der noch einen toten Anielewicz zum Israeli werden lässt.

Zwei verschiedene Gedächtnisse und zwei verschiedene Arten der Treue: Beide, Ratajzer und Edelman, wollen das Judentum nicht aufgeben; der eine lässt es überleben und rettet es auf einen neuen Boden; der andere lässt es untergehen, um seine Toten nicht an eine erfundene Zukunft zu verraten.

Marek Edelman ist früh verwaist, sein Vater starb, als er noch klein war, die Mutter verlor er mit zwölf Jahren. Sie war im *Bund* aktiv, der sozialistischen Partei der Juden im Polen der Zwischenkriegsjahre, und diese Erfahrung hat ihn geprägt. Er hätte vor dem Aufstand aus dem Ghetto entkommen können, berichtet er später, aber das wäre für ihn unmöglich gewesen. »Vor dem Krieg«, erzählt er, »habe ich zu den Juden gesagt: Euer Platz ist hier, in Polen. Hier wird der Sozialismus sein, und hier sollt ihr bleiben. Als sie dann blieben, als all das begann, was in diesem Krieg mit den Juden geschah – da sollte ich mich davonmachen?«[4]

So steht es in einem Buch, das erst spät geschrieben wurde. Edelman hat Jahrzehnte geschwiegen, weil er wusste, dass sein Requiem für das osteuropäische Judentum viele Menschen verletzen würde, und weil er das nicht wollte. Wer ihn schließlich zum Sprechen brachte, war die Journalistin Hanna Krall, die ihn 1977 in einem langen Gespräch über seine Kriegs- und Nachkriegserfahrungen in Polen befragte. Für Edelman waren die Ereignisse im Ghetto bedeutungslos, weil man dort nichts entscheiden konnte. Erst später – nach dem Krieg, wenn er im Operationssaal als Arzt einem Sterbenden das Leben rettet – ändert sich das für ihn. Ihr Buch nennt Hanna Krall daher *Dem Herrgott zuvorkommen*. »Darin besteht ja meine Rolle«, sagt Edelman zu ihr. »Der Herrgott macht sich daran, das Licht auszublasen, und ich muss es rasch beschirmen, wenn er mal einen

---

[4] Hanna Krall, Dem Herrgott zuvorkommen. Aus dem Polnischen von Hubert Schumann, Frankfurt am Main 1992, S. 50

Moment nicht aufpasst. Soll es wenigstens ein bisschen länger brennen, als er es gewollt hat.«[5] Auch der späte Jude Marek Edelman steht noch in einer Beziehung zu Gott, nur hat er sie umgekehrt: Das Leben liegt nicht mehr in der Erfüllung der Gebote Gebotes, sondern im Widerstand gegen seine Gnadenlosigkeit.

Für Hanna Krall bildet das Gespräch mit Marek Edelman eine entscheidende Zäsur in ihrer Biographie. In Warschau kam sie 1937 als jüdisches Kind zur Welt, während des Krieges aber wurde sie in einem »arischen« Haus aufgezogen. Mit Ausnahme der Mutter scheint sie ihre ganze Familie verloren zu haben, und auch zur Mutter hat sie später kaum mehr Kontakt gefunden – im Nachkriegspolen wuchs sie in einem Waisenhaus auf.

Den Journalistenberuf wählt sie im Jahr 1956, als Gomulka sich anschickt, Polen zu entstalinisieren. Eine menschenwürdigere Gesellschaftsordnung kommt dann aber nicht zustande, und in der Zeitschrift *Polityka*, aus deren Leserschaft einmal die Führung der Solidarnosc kommen wird, hinterfragt sie seit den sechziger Jahren die sozialistische Fassade ihres Landes.

Das Gespräch mit Marek Edelman über Polen im Krieg und danach ist ein Teil dieser kritischen Berichterstattung. Es zerstört nicht nur die jüdischen, sondern auch die polnischen Mythen über den Widerstand, und es bringt sie zugleich ihrer eigenen, lange verdrängten jüdischen Vergangenheit näher.

Das gibt ihrer Arbeit bald eine völlig neue Richtung. Im Dezember 1981 wird der Kriegszustand verhängt, die Zeitschrift *Polityka* unterwirft sich der Diktatur Jaruzelskis, und Hanna Krall tritt aus der Redaktion aus. An einen kritischen Journalismus ist nicht mehr zu denken, jetzt schreibt sie *Die Untermieterin*, ihren autobiographischen Roman über eine jüdische Kindheit im Versteck[6], und das ist bis heute ihr Thema geblieben: Immer wieder beschreibt sie seither jüdische Schicksale in der polnischen Kriegs- und Nachkriegszeit und verwandelt den Dokumentarbericht dabei in einen literarischen Text.

Ein Beispiel ist ihre Recherche über den Biologen Edward Drozdowicz. Vor dem Krieg hatte er Adam Gutgisser geheißen, der neue Name stand auf einer Kennkarte, die ihm sein Professor im September 1942 ins Ghetto zukommen ließ, kurz nachdem man seine gesamte Familie verschleppt hatte. Der neue Name hat ihm das Leben gerettet, und er behielt ihn auch später bei, als er das Ghetto

---

[5] Ebd., S. 102f

[6] Der Roman ist 1986 auf deutsch in Frankfurt am Main erschienen, in der Übersetzung von Anna Leszcynska.

verließ und auf die »arische« Seite zog, weil er blaue Augen hatte und einen Chirurgen fand, der ihm seine Vorhaut wieder annähte; als er nach dem Krieg zum Pressesekretär von Boleslaw Bierut avancierte, dem kommunistischen Parteichef, den man den Stalin Polens nannte und dem er seine sozialistischen Reden schrieb; als die Zeiten schlechter wurden und die antisemitische Wende des Jahres 1968 ihn aus Polen vertrieb.

In Brasilien beginnt der inzwischen sehr bekannte Wissenschaftler eine neue Karriere, und dort, schon in den neunziger Jahren, besucht ihn Hanna Krall. In Rio de Janeiro macht sie eine ganze Kolonie polnischer Juden ausfindig und rollt die Fäden ihrer Vergangenheit auf – Menschen, die zu den verschiedensten Zeiten und aus den verschiedensten Gründen über den Ozean gekommen sind und hier, in einer anderen Diaspora, ihr Leben wieder aufgenommen haben.

Überall in Adams Wohnung, so heißt der letzte Satz ihres Textes, »hängen Bilder polnischer Städte und Landschaften, Polens Winter und Polens goldener Herbst«[7]. Der Jude lebt in der Erinnerung, und wie Wellen lösen sich auf ihrem Hintergrund die Ereignisse der Geschichte ab. 1922 kommt Marek Edelman zur Welt und wird auf den jüdischen Sozialismus des *Bundes* hoffen; 1937 kommt Hanna Krall zur Welt und wird nach vierzig Jahren ihre verschütteten Wurzeln aufspüren; 1956 kommt Anka Grupinska zur Welt und wird später nach Israel fahren, um die letzten Ghettokämpfer auszufragen.

Zu diesem Zeitpunkt aber geht auch die neue Welt bereits unter, die Welt des Nachkriegspolen. Ihr erstes Gespräch, das Interview mit Marek Edelman, findet 1985 noch im Schatten der Zensur statt. In einer Anmerkung lesen wir: »Dieses Gespräch wurde unter den konspirativen Bedingungen der Zeiten nach dem Kriegszustand in Łódz geführt. Der Text erschien ursprünglich in der Posener Untergrundzeitung »Czas«. Er wurde in der polnischen Exilpresse nachgedruckt und in mehrere Sprachen übersetzt.«[8]

Doch später, als sie nach Israel kommt, beginnt man den General Jaruzelski schon zu vergessen. Der neue Mann heißt Lech Walesa: Das Land, das Anka Grupinska in Tel Aviv vertritt, hat wieder eine Vergangenheit abgeworfen.

---

[7] Hanna Krall, Tanz auf fremder Hochzeit. Aus dem Polnischen von Hubert Schumann, Frankfurt am Main 1993, S. 211

[8] Im Kreis (Anm. 1), S. 9

2.

Will man in dieser Flut der wechselnden Ereignisse und Standpunkte einen gemeinsamen Nenner finden, so ist man versucht, von den Varianten eines Erlösungsdenkens zu sprechen. Auf den ersten Blick mag das überraschen, weil man in unserer säkularisierten Zeit ein metaphysisches Heilsversprechen kaum noch voraussetzt. Das Erlösungsdenken ist aber in Wahrheit nie aus einem Optimismus erwachsen, sondern immer aus einer Verzweiflung. Das war bereits in seiner Achsenzeit so, in den Jahrhunderten vor und nach Christus, in denen sich die Stammesreligion des Judentums zur Weltreligion des Neuen Testamentes ausweitete. Für die Offenbarung wählte man den Begriff der Apokalypse, ein griechisches Wort, dem seit jeher ein Schrecken anhaftet.

Der *Bund* – die sozialistische Partei der Juden, zu deren Aktivisten später auch die Mutter Marek Edelmans gehörte – wurde 1897 in Vilna gegründet, nicht zufällig im gleichen Jahr wie die zionistische Bewegung. Ideologisch standen sich die beiden Organisationen als Antipoden gegenüber; die Zionisten wollten den Juden eine altneue Heimat außerhalb Europas finden, der *Bund* wollte sie am Ort ihres täglichen Lebens, in Osteuropa, integrieren. Beide Parteien jedoch wollten das jüdische Exil beenden, und so brachen sie mit der messianischen Tradition. Das Exil gehörte zu den Voraussetzungen des Judentums, nur göttlicher Eingriff konnte daran etwas ändern, die Sozialisten und Theodor Herzl aber waren die Symptome einer Säkularisierung. Schon die Namen der Parteien drücken das aus: Die Zionisten versprachen ein Jerusalem auch ohne Gott; und der *Bund* vertauschte den *Be'rith*, den biblischen Gottes-Bund, mit einem menschlichen Konzept, er übersetzte das sakrale Hebräisch in das Jiddisch des Alltags und holte die Transzendenz in die Immanenz zurück.

Auch der Zweite Weltkrieg, in dem dieses osteuropäische Judentum schließlich vernichtet wurde, war an seiner zentralen Front ein Zusammenstoß säkularer Erlösungsbewegungen. Die Kommunisten gaben vor, das Arbeiterparadies zu errichten, und Hitler nannte sein Regime das Dritte oder das Tausendjährige Reich, Namen mit deutlich eschatologischem Anklang. Wenn Marek Edelman nicht bereit ist, die Träume seiner Jugend zu verraten und im Operationssaal nur noch dem Herrgott zuvorkommen will; wenn Kazik Ratajzer in das Land seiner Väter auswandert und dort zu Simcha Rotem mutiert; wenn Edward Drozdowicz dem Stalinisten Bierut seine Reden schreibt und zwanzig Jahre später in ein anderes Exil entkommt: So sind das die Ausläufer einer bereits untergegangenen Tradition, die ihre Bruchstücke zur Schau stellt wie die Splitter in einem Kaleidoskop.

Der eschatologische Anspruch des Dritten Reiches ist im Nachkriegsdeutschland lange verdrängt worden. In der DDR wurde er sofort durch eine neue Heilslehre ersetzt, in der Bundesrepublik trat eine Regierung in die Bresche, die sich nicht ohne Grund christlich-demokratisch nannte. Erst nach einer Inkubationszeit von zwei Jahrzehnten brachte ihn das Ehepaar Alexander und Margarete Mitscherlich zur Sprache. Ihr Buch *Die Unfähigkeit zu trauern* erschien 1967, kurz vor der Wende, in der eine neue Generation sich der deutschen Vergangenheit annahm und dies aus Gründen, die das Buch beschreibt, nur mit begrenztem Erfolg tun konnte.

»Von Beginn der Nazibewegung an«, heißt es dort, »war es dem kritischen Beobachter klar, dass sich hier im Allgemeinen ein Ausagieren eines ungewöhnlich ambivalenten Verhältnisses zur Vater-Autorität anbahnte. Es bleibt hinzuzufügen, dass diese Vater-Autorität durch die Niederlage im Ersten Weltkrieg und die katastrophenartige Wirtschaftskrise sehr geschwächt war. [...] Weitaus die Mehrheit der Deutschen, von Auftreten und Zielen des ›Führers‹ begeistert, idealisierte ihn als neue Autorität. [...] Es gehörte zur politischen Taktik der Nazis, dem Hass gegen die älteren hergebrachten Autoritäten bis in die Kind-Eltern-Beziehung hinein nachzugeben.«[9]

Die hier angebotene Perspektive muss historisch noch erweitert werden. Der Niedergang der Vater-Autorität reicht hinter den Ersten Weltkrieg zurück, von dem diese Stelle ausgeht, bis ins 19. Jahrhundert hinein, in dem es den deutschen Bürgern nicht gelang, der industriellen Revolution die politische Revolution folgen zu lassen; und weiter noch bis ins 16. Jahrhundert, bis zur Reformation, in der die Vaterfigur des Papstes zwar abgeworfen wurde, aber nicht im Namen einer wirklichen Befreiung. Die neue Regel lautete *cuius regio, eius religio*: Die Kirche wurde zwar entmachtet, doch zugleich wurde die weltliche Macht sakralisiert. Das merkwürdige Gebilde, das sich Heiliges Römisches Reich Deutscher Nation nannte, löste sich nicht in seine Bestandteile auf, die deutsche Nation emanzipierte sich nicht von dem Sakralanspruch der Macht, und Jahrhunderte später, als im Ersten Weltkrieg die beiden Dynastien der Habsburger und der Hohenzollern fielen, ging ein Gottesgnadentum zugrunde und schuf ein Vakuum, weil es sich nie wirklich säkularisiert und den Bürgern des deutschen Kulturraums seine Macht als Erbe hinterlassen hatte.

Dieses vorenthaltene Erbe einer nie entsakralisierten Macht hat dann Adolf

---

[9] Alexander und Margarete Mitscherlich, Die Unfähigkeit zu trauern. Grundlagen kollektiven Verhaltens, München 1967, S. 61

Hitler angetreten. Das ist nicht allein an den eschatologischen Namen seines Regimes abzulesen oder an der Tatsache, dass sich der Protestantismus in seinem Reich in Bekennende Kirche und Deutsche Christen aufspalten konnte, sondern vielleicht mehr noch am Anschluss des Jahres 1938: Hier hat Hitler nicht nur Bismarcks kleindeutsche Lösung gegen die einst verpasste großdeutsche Lösung ausgetauscht – die inzwischen verlorenen Teile des Habsburgreiches wollte er im Weltkrieg zurückgewinnen –, er hat auch die Macht der beiden Dynastien usurpiert, die 1866 miteinander zerfallen waren und so, nach solcher Logik, ihren eigenen Sturz verschuldet hatten.

Dieser Vorgang ist keineswegs einzigartig in der Geschichte. Auch Napoleon hat schließlich die Nachfolge der Bourbonen angetreten, weil sich die Revolutionäre von 1789 nicht einig werden konnten, wie das Erbe zu verteilen war, und sich gegenseitig die Köpfe abschlugen; auch die Oktoberrevolution übernahm das Erbe einer gestürzten Dynastie. Es ist daher kaum verwunderlich, dass sich die von Napoleon, Stalin und Hitler geschaffenen Machtsysteme in gewissen Zügen durchaus miteinander vergleichen lassen.

Alexander und Margarete Mitscherlich aber treten an ihr Material nicht als Historiker, sondern als Sozialpsychologen heran; sie gehen, wie es im Untertitel ihrer Studie heißt, den »Grundlagen kollektiven Verhaltens« nach. Und es ist aufschlussreich, dass sie das mit den Mitteln der Psychoanalyse tun. Das war in der Bundesrepublik der sechziger Jahre nicht selbstverständlich. Sigmund Freud war ein Jude, dessen Bücher man verbrannt hatte; sein Werk war in der englischen *Standard Edition* bekannt geworden, im Original wurde es vorerst nur zögernd gelesen; denn vor allem: Die Psychoanalyse erklärte jeder Verdrängung den Krieg, und die kollektive Verdrängung – das war ja der Grund für die Unfähigkeit zu trauern – beherrschte die Nachkriegsjahre in der Bundesrepublik.

Das sind die offensichtlichen Schwierigkeiten, Freud wieder in das allgemeine Bewusstsein einzuführen. Darüber hinaus aber wird nun sichtbar, wie genau die Psychoanalyse ein Dilemma der deutschen und österreichischen Geschichte abbildet. Freud war nicht nur ein Protagonist der Säkularisierung, sondern auch einer ihrer großen Deuter, und die Pathologien, die er im Seelenbild seiner Zeitgenossen aufdeckte, können als ein Scheitern dieser Säkularisierung gelesen werden. Der Ödipuskomplex beschreibt den Niedergang der Vater-Autorität, der zugleich eine Familientragödie ist und der Sturz einer Dynastie, die Ermordung eines Königs und die Usurpation seines Thrones durch einen, dem dieses Erbe nicht zukommt.

Das alles beschreibt Freud lange vor Hitler. Im Angesicht einer alternden Vaterfigur, des Kaisers Franz Joseph, der ein sterbendes Imperium jahrzehntelang künstlich am Leben erhält, um es schließlich in seinen gewaltsamen Tod zu führen, entdeckt er nicht nur den Ödipus, sondern auch seinen Gegenpol, das Über-Ich, in dem alle Tradition ihren Anker hat. Hier findet Freud dem Problem der Usurpation eine Lösung, und das Ehepaar Mitscherlich stellt dar, wie Hitler diese Lösung später missbrauchen wird. »Es gehörte zur politischen Taktik der Nazis, dem Hass gegen die älteren hergebrachten Autoritäten bis in die Kind-Eltern-Beziehung hinein nachzugeben«, heißt es an der schon zitierten Stelle, und später beschreiben sie, wie Hitler selbst den Ort der familiären Autoritätsfiguren einnimmt: »Gegen die [..] Identifikation mit dem in der Ideologie abgewerteten Vater setzt das totalitäre System die Fiktion vom allmächtigen und unfehlbaren ›Führer‹, mit dem als Vater oder großem Bruder sich zu identifizieren der Jugend durch verschiedene Techniken leicht gemacht wird.«[10]

Und sie fügen eine Beobachtung hinzu: »Mit dem schlafwandlerischen Geschick des Demagogen«, heißt es, etablierte Hitler »sein ›Image‹ als das eines unverheirateten Mannes [..], der ausschließlich für sein Volk, das heißt für seine Kinder oder seine Brüder und Schwestern lebte.«[11] Hitlers Junggesellentum deuten die Autoren psychoanalytisch als Abwehr familiärer Neidkonflikte, die eine Identifikation mit dem ›Führer‹ beeinträchtigen würden, und es ließe sich noch eine weitere Deutung versuchen: Indem Hitler die Illusion des Zölibats kreiert, stellt seine nach rückwärts gewandte Revolution ein letztes Mal die Engführung von Herrschaft und Sakralamt her und schafft ein »Heiliges Reich Deutscher Nation«, dessen Rom nun im Norden liegt.

Aber die Ikone ist sehr unvollkommen gestaltet. Im Hintergrund des Junggesellen kauert Eva Braun, und vor der Idealfigur des blonden Hünen steht ein schwarzer Mann. In einem gewissen Sinn – Alexander und Margarete Mitscherlich arbeiten das deutlich heraus – war der Nationalsozialismus eine Jugendbewegung, in Organisationen wie HJ und BDM wurde den entmachteten Vätern eine Generation entwunden, die Deutschlands Zukunft hätte tragen sollen. Daraus ist nichts geworden, weil mit den Bruchstücken einer in jedem Sinne des Wortes zertrümmerten Tradition kein Staat zu machen war. Der Selbstmörder Adolf Hitler entließ seine Gemeinde in die vaterlose Gesellschaft, und als man in den sechziger Jahren darüber nachzudenken begann, war das Defizit nicht mehr zu decken.

---

[10] Ebd., S. 250f
[11] Ebd., S. 251

Eine neue Generation holte sich ihre Gedanken bei Herbert Marcuse, Adorno und Benjamin. Aber sie war und blieb großenteils unfähig zu trauern, und es gehört zu den kuriosen Aspekten der Wende von 1968, dass sie sich des Judentums ihrer Vorbilder kaum bewusst geworden ist.

3.

Für das Judentum, das Marek Edelman historisch auf den Raum zwischen Odessa und Warschau beschränken will, brach mit dem 18. Jahrhundert eine neue Zeit an. Auf hebräisch nannte sie sich die *Haskalah*, ihr deutscher Name war die Aufklärung, und beiden Varianten war der Glaube an die Vernunft gemeinsam, an die Ratio als das Licht auf dem Weg zu einer bisher ungekannten Freiheit. Im Westen entstand das deutsche Judentum, ein Ereignis, das es in der jüdischen Geschichte schon lange nicht mehr gegeben hatte: die Abspaltung eines Teiles dieses Volkes, der bereit war, für ein anderes, vermeintlich höheres Prinzip seine alte Identität und zuletzt sogar sein Judentum aufzugeben.

Auch die Hoffnungen der Aufklärung gehören zu den Erlösungsvorstellungen, aus denen sich die Energien der Moderne speisen. Sie waren eine entscheidende Triebfeder der Säkularisierung, doch gerade im deutschen Kulturraum, in dem sich solche Hoffnungen hätten erfüllen sollen, gab es eine politische und gesellschaftliche Säkularisierung nur sehr bedingt. Schon Heinrich Heine musste Deutschland verlassen, weil die Heilige Allianz ein altes, »christliches« Europa zu rekonstruieren suchte; schon Karl Marx, nicht mehr als Jude aufgewachsen, ging ins Exil und erfand dort eine Revolution, die niemals stattgefunden hat; und seit dem Ende des 19. Jahrhunderts zeigt Sigmund Freud das ganze Ausmaß einer Dialektik: Die Kultur, in deren Namen man einst den großen Aufbruch gewagt hatte, entpuppte sich als Krankheitsherd der bürgerlichen Seele.

Die schärfsten Kritiker des deutschen Judentums waren die deutschen Juden selbst, aber auch sie haben sich lange nicht von den Hoffnungen befreien können, mit denen sie angetreten sind. Freud stand der Kultur sehr skeptisch gegenüber, die Psychoanalyse jedoch blieb das Lebenswerk eines Aufklärers; und sein Nachbar in Wien, Theodor Herzl, erkannte zwar die Gefahren, in seinen Judenstaat aber wollte er die Wunschvorstellungen von einem europäischen Liberalismus retten, der bereits untergegangen war.

Die zionistische Bewegung, ohne die es den Staat Israel nicht geben würde, ist aus der Berührung des Judentums mit der deutschen Kultur hervorgegangen.

Auch diese Beziehung ist dialektisch. Die deutsche Kultur zog die Juden zunächst an und holte sie so aus ihrer Tradition heraus, dann aber kam die Enttäuschung und zwang sie zu einer Neubesinnung, zu einem Rückzug auf die eigenen Quellen, der sich nun jenseits der alten Tradition vollziehen musste. Das hat zu einem paradoxen Ergebnis geführt: Viele jüdische Autoren der deutschen Sprache – also die eigentlichen Träger dieser Kultur – sind nach dem Krieg nicht nach Deutschland zurückgekehrt, weder Nelly Sachs noch Paul Celan, weder Erich Fried noch Peter Weiss oder Elias Canetti. Aber sie haben auch nicht den Weg nach Israel gefunden, sie sind in einem anderen Exil geblieben; und selbst Autoren, die eine Weile in Palästina lebten, Edgar Hilsenrath oder Wolfgang Hildesheimer, haben das Land nach dem Krieg bald wieder verlassen.

Man gewinnt den Eindruck, als hätte die tiefe Verwurzelung in der deutschen Kultur für diese Menschen einen Identitätswandel bedeutet, der sich auch nach dem Schock von Auschwitz nicht mehr rückgängig machen ließ. Die Hoffnungen, die sie einst gehegt hatten, waren gegen die Verheißungen einer altneuen Heimat nicht mehr auszutauschen, und eine Gegenprobe macht das sichtbar: Autoren wie Anna Seghers und Stefan Heym sind nach dem Ende des Dritten Reiches in die DDR gegangen, weil sie an ein gutes Deutschland geglaubt hatten und weil das schöne Wort vom Sozialismus ihnen die Möglichkeit der Rückkehr gab; zu ihnen gehörte auch Arnold Zweig, der den Weltkrieg in Haifa überlebt hatte.

Einen Einblick in Gegensätze solcher Art, die kaum mehr zu überbrücken sind, bieten uns zwei Menschen aus dieser letzten Generation des deutschen Judentums, die getrennte Wege gegangen sind.

Hannah Arendt, 1906 geboren, studierte in der Weimarer Republik. Bekannt sind ihre Freundschaft mit Karl Jaspers und ihre intime Beziehung zu Heidegger, weniger bekannt aber ist, dass sie noch 1932, kurz vor ihrer Emigration, in Frankfurt am Main an der »Arbeitsgemeinschaft Sozialgeschichte und Ideengeschichte: Frühliberalismus in Deutschland« teilgenommen hat, die von dem jüdischen Soziologen Karl Mannheim geleitet wurde. Mannheim, ein Emigrant aus Ungarn, der bald darauf nach London weiterziehen musste, hat den Begriff der »freischwebenden Intelligenz« geprägt, und auch Hannah Arendts Lebensweg, so darf man vielleicht sagen, lässt sich unter diesen Begriff fassen.

Anfang der dreißiger Jahre beginnt sie, ihr erstes Buch zu schreiben, in dem sich die Spuren dieser Arbeitsgemeinschaft finden lassen – *Rahel Varnhagen,*

Lebensgeschichte einer deutschen Jüdin aus der Romantik.[12] 1938, längst auf der Flucht, schließt sie es ab und geht am Ende des deutschen Judentums noch einmal an seinen Ursprung zurück. An Rahel Varnhagen, auch sie eine freischwebende Intelligenz, nimmt sie erstmals das Doppelantlitz der Assimilation wahr, das sie später zur Grundthese ihres deutsch-jüdischen Geschichtsbildes machen wird: den Paria und den Parvenu. Zuerst ist Rahel ein Paria, eine Entrechtete, die nicht in die deutsche Gesellschaft eindringen kann; dann nimmt sie einen christlichen Mann, lässt sich taufen und wird zum Parvenu; schließlich aber – in einem romantischen Dreischritt – kehrt sie wieder an den Ort des Paria zurück, in die Rolle der Jüdin, der man in Deutschland nie ein wirkliches Heimatrecht gewährt hat.

Damit wurde sie für Hannah Arendt zur Identifikationsfigur, denn auch sie hat ihr Leben wohl so gesehen. Als Paria wurde sie aus Deutschland vertrieben; nach dem Krieg, in New York, wurde sie zur berühmten politischen Denkerin, zur gefeierten Publizistin; am Glanz des Parvenu aber war ihr nie gelegen: Wie Rahel hat sie sich immer das Recht zur Exzentrik bewahrt, das Privileg des Außenseiters.

Das hat bis in ihr Verhältnis zu Israel hineingewirkt. Auch sie gehört zu den Juden der deutschen Kultur, die nach dem Krieg im Exil geblieben sind, aber nie ihren Weg in den Judenstaat gefunden haben. Den zionistischen Bemühungen um eine jüdische Heimstätte hatte sie anfangs nicht ohne Sympathie gegenübergestanden, als der neue Staat aber andere, Araber, zu Parias machte, wurde sie schon bald zu einer scharfen Kritikerin der israelischen Politik.

Ganz verschieden davon war der Lebensentwurf Gershom Scholems. Er kam 1897 zur Welt und war älter als Hannah Arendt. Früh und sehr polemisch sagte er sich von der deutschen Kultur los und wanderte schon 1923 nach Palästina aus. Dort avancierte er schnell zu einer Koryphäe der soeben gegründeten Hebräischen Universität – keine freischwebende Intelligenz, sondern der machtvolle Vertreter eines akademischen Establishments, von dem böse Zungen behauptet haben, er sei der letzte preußische Professor in Jerusalem gewesen.

Aber dialektisch, natürlich, auch dies. Seinen Weg hat Gershom Scholem als intellektueller Revolutionär gemacht, der die Spitze seiner Forschungen weniger gegen die Deutschen richtete als gegen Deutschlands Juden und ihre rationalistische Ideologie der Assimilation. Er brachte die jüdische Mystik wieder zu Ehren,

---

[12] Das Buch ist 1959 in München erschienen.

die Kabbala, die im 19. Jahrhundert der Verachtung einer deutsch-jüdischen Wissenschaftsgläubigkeit anheim gefallen war.

Damit holte auch er die apokalyptische Gefahr der Zeit ins Bewusstsein, aber er tat es aus einem anderen, lange verdrängten Blickwinkel. Auch er ging einer Säkularisierung nach, ohne die die ersehnte Heimkehr aus dem Exil nicht stattfinden konnte, aber als Zionist suchte er ihre Spuren nicht außerhalb, sondern innerhalb des Judentums. Während die Erlöser seiner Gegenwart sich bereits anschickten, die Welt in ihren Vernichtungskrieg zu ziehen, studierte er die katastrophalen Folgen, die solche Prätentionen in der Geschichte des jüdischen Volkes schon einmal gehabt hatten.

Für Scholem war der Bruch in der jüdischen Tradition nicht erst in der Moderne eingetreten, nicht erst mit der Entstehung des deutschen Judentums, sondern bereits 1492 mit der Vertreibung der Juden aus Spanien. Damals war das Modell zerbrochen, nach dem sich ein Leben im Exil denken ließ, und die jüdische Religion war in die Krise geraten. Ihre Voraussetzung war eine durchgehaltene Messiaserwartung gewesen, und Scholem beobachtet nun, wie das erschütterte Judentum von einer Erlösungssehnsucht ergriffen wird, die in der sabbatianischen Bewegung des 17. Jahrhunderts gipfelt.

Während Hannah Arendt mit ihrer Biographie der Rahel Varnhagen beschäftigt ist, leistet Scholem die Vorbereitungen zu einer anderen Biographie, an der er zwanzig Jahre arbeiten wird und die zu seinen Hauptwerken zählt – die Lebensgeschichte des falschen Messias Sabbatai Zwi.[13] 1937 erscheint sein hebräischer Aufsatz »Erlösung durch Sünde«,[14] in dem er beschreibt, wie der Usurpator und seine Jünger alle Tabus der Tradition brechen, um den gordischen Knoten des Exils zu durchschneiden. Die Dialektik des Judentums verankert Scholem nicht in der Aufklärung, sondern in der Häresie: Erst als auch diese Hoffnungen gescheitert sind, ist der Weg frei für eine Säkularisierung, dessen späte Folge der Zionismus des 20. Jahrhunderts sein wird.

Im Jahre 1961 wurde Adolf Eichmann in Jerusalem vor Gericht gestellt. Der Augenblick war eingetreten, in dem der junge Staat der Juden die öffentliche Auseinandersetzung mit dem Trauma der Shoah suchte, und wie schon im Fall des Ghettokommandanten Mordechaj Anielewicz fand auch sie, wie alle Kathar-

---

[13] Die deutsche Übersetzung erschien 1992 in Frankfurt am Main, zu Scholems zehnten Todestag.

[14] Gerschom Scholem, Erlösung durch Sünde. Judaica 5. Herausgegeben, aus dem Hebräischen übersetzt und mit einem Nachwort versehen von Michael Brocke, Frankfurt am Main 1992

sis, auf der symbolischen Ebene statt. Zwei Aspekte des Prozesses, die sich dem kollektiven Gedächtnis nicht nur in Israel eingeprägt haben, mögen diese Symbolik verdeutlichen: Zunächst die Tatsache, dass Eichmann aus Argentinien entführt wurde, dass dem Rechtsspruch also ein Rechtsbruch vorausging, der die Konventionen verletzte und einen Begriff der Gerechtigkeit ins Spiel brachte, der die formal-juristischen Grenzen durchstieß und dazu beitrug, die Gerichtsverhandlung, besonders in der späteren Erinnerung, mythologisch zu überhöhen; sodann der Glaskasten, in dem der Angeklagte saß: Blickfang eines Schau-Prozesses, der Eichmann vor dem Volkszorn schützte und diese »höhere Gerechtigkeit« in einem mehrfachen Sinne des Wortes transparent machte.

Für Hannah Arendt war es ein tiefes persönliches Bedürfnis, dem Prozess beizuwohnen. Nicht der *New Yorker* ist an sie herangetreten und hat sie als Berichterstatterin nach Jerusalem geschickt, sondern es war umgekehrt – sie selbst hat sich um die Reise bemüht. Das Buch über Eichmann ist ihr umstrittenstes Werk geworden – in Amerika und Europa hat es lange, erbitterte Kontroversen ausgelöst, in Israel dagegen wurde es eher totgeschwiegen –, hier aber soll es uns im Licht einer deutsch-jüdischen Tradition interessieren. Viele Autoren dieser Tradition haben die Gerichtsthematik ins Zentrum ihrer Werke gerückt, und es seien nur drei Beispiele genannt: Arnold Zweigs *Der Streit um den Sergeanten Grischa*, Jakob Wassermanns *Der Fall Maurizius* und Lion Feuchtwangers *Jud Süss*. Alle diese Romane entstehen in der Weimarer Republik, in Hannah Arendts Reifezeit, denn eine apokalyptische Drohung ruft in den Autoren noch einmal den lange verdrängten Gedanken an ein Weltgericht wach, und das verborgene Zentrum dieser Tradition ist ihr berühmtestes Werk – *Der Prozess* von Franz Kafka.

Noch Peter Weiss wird in dieser Tradition stehen, als er 1965 *Die Ermittlung* schreibt, seinen Theatertext über den Frankfurter Auschwitz-Prozess. Auch Hannah Arendt zielt auf eine andere Gerechtigkeit, während sie niederlegt, was sie in Jerusalem erlebt. Das macht das Ende ihres Buches sichtbar, wo sie auf den letzten beiden Seiten den Richtern eine imaginierte Urteilsbegründung in den Mund legt, die sie so nicht formuliert haben. »Denn wenn Sie sich«, heißt es dort am Schluss, »auf Gehorsam berufen, so möchten wir Ihnen vorhalten, dass die Politik ja nicht in der Kinderstube vor sich geht und dass im politischen Bereich der Erwachsenen das Wort Gehorsam nur ein anderes Wort ist für Zustimmung und Unterstützung. So bleibt also nur übrig, dass Sie eine Politik gefördert und mitverwirklicht haben, in der sich der Wille kundtat, die Erde nicht mit dem jüdischen Volk und einer Reihe anderer Volksgruppen zu teilen, als ob Sie und

Ihre Vorgesetzten das Recht gehabt hätten, zu entscheiden, wer die Erde bewohnen soll und wer nicht. Keinem Angehörigen des Menschengeschlechts kann zugemutet werden, mit denen, die solches wollen und in die Tat umsetzen, die Erde zusammen zu bewohnen. Dies ist der Grund, der einzige Grund, dass Sie sterben müssen.«[15] Denn Hannah Arendt hat das säkularisierte Weltgericht erhofft, einen Jüngsten Tag der Menschheit, und da ihr in Jerusalem keine Offenbarung widerfahren ist, schreibt sie jetzt das Urteil selbst.

Im Juni 1963, nach der Lektüre des Buches, schickt Gershom Scholem ihr einen Brief. »Liebe Hannah«, spricht er sie an, denn sie kennen sich seit langem, haben sich 1938 zum ersten Mal in Paris getroffen: »Die Antwort, soweit ich eine habe und die ich Ihnen gerade, weil ich Sie so hoch achte, nicht unterdrücken kann, muss Ihnen sagen, was in dieser Sache zwischen uns steht. Es ist der herzlose, ja oft geradezu hämische Ton, in dem diese uns im wirklichen Zentrum unseres Lebens angehende Sache bei Ihnen abgehandelt wird. Es gibt in der jüdischen Sprache etwas durchaus nicht zu Definierendes und völlig Konkretes, was die Juden *Ahabath Israel* nennen, Liebe zu den Juden. Davon ist bei Ihnen, liebe Hannah, wie bei so manchen Intellektuellen, die aus der deutschen Linken hervorgegangen sind, nichts zu merken.«

Die Sache, um die es hier geht, ist die Rolle der Judenräte; als administrative Handlanger hätten sie den Mördern ihre Arbeit erleichtert: So stellt es Hannah Arendt dar, die in ihnen eine späte, erschreckende Form des jüdischen Parvenu sah. Der öffentliche Streit um ihr Buch hat sich immer wieder auch an diesem Punkt entzündet, und Scholems Entgegnung umschreibt den Standpunkt des Zionisten. Er legt ihr eine *Ahabath Israel* ans Herz, bezeichnet die hebräischen Worte als »jüdische Sprache« und übersetzt sie als »Liebe zu den Juden«, spricht Hannah Arendt solche Liebe ab und stellt die Rede vom Juden wie einen Zaun um sein Hebräisch in diesem Deutsch geschriebenen Brief.

Und Hannah Arendt, die keine Zionistin ist, antwortet ihm: »Sie haben vollkommen recht, dass ich eine solche ›Liebe‹ nicht habe, und dies aus zwei Gründen: Erstens habe ich nie in meinem Leben irgendein Volk oder Kollektiv ›geliebt‹, weder das deutsche, noch das französische, noch das amerikanische, noch etwa die Arbeiterklasse oder was es sonst so noch gibt. Ich liebe in der Tat nur meine Freunde und bin zu aller anderen Liebe völlig unfähig. Zweitens aber

---

[15] Hannah Arendt, Eichmann in Jerusalem. Ein Bericht von der Banalität des Bösen. Aus dem Amerikanischen von Brigitte Granzow, München 1964, S. 329

wäre mir diese Liebe zu den Juden, da ich selbst jüdisch bin, suspekt. Ich liebe nicht mich selbst und nicht dasjenige, wovon ich weiß, dass es irgendwie zu meiner Substanz gehört.«[16]

Im Streit um Adolf Eichmann ziehen sich die beiden deutschen Juden Gershom Scholem und Hannah Arendt auf die extremen Enden einer Skala zurück. Scholem kehrt heim, er nimmt eine alte Identität wieder an, die in der Fremde verloren gegangen ist. Arendt aber lehnt diese Selbstfindung ab. »Ich gehöre nicht«, schreibt sie an Scholem, »zu den ›Intellektuellen, die aus der deutschen Linken hervorgegangen sind‹. Wenn ich überhaupt aus etwas ›hervorgegangen‹ bin, so aus der deutschen Philosophie.«[17] Im Rückblick auf das bittere Ende kehrt sie noch einmal zu dem Anfang einer anderen Möglichkeit zurück, zum kategorischen Imperativ eines Weltbürgertums, in dem eine große Hoffnung gelegen hatte.

*

Das ist nun vierzig Jahre her, und vieles hat sich verändert. Israel ist in eine neue Phase eingetreten, die von manchen als post-zionistisch bezeichnet wird. Zu Beginn des Jahrtausends wurde *Eichmann in Jerusalem* ins Hebräische übersetzt und viel diskutiert; in Berlin wurde dem Buch eine Tagung gewidmet, deren jüdische Referenten fast alle aus Israel kamen;[18] im April dieses Jahres veranstaltete die Universität Tel Aviv ein Symposium zu Hannah Arendt und ihrem Werk. Man ist nüchterner geworden, und die Sicherheiten Gershom Scholems lösen sich auf.

---

[16] Der Brief wird zitiert nach Hannah Arendt, Nach Auschwitz. Essays & Kommentare 1, Herausgegeben von Eike Geisel und Klaus Bittermann, Berlin 1989, S. 72f

[17] Ebd., S. 71

[18] Die israelischen Referenten waren Amos Elon, Stéphane Mosès, Dan Diner, Gabriel Motzkin und Avischai Margalit; vgl. Gary Smith (Hg.), Hannah Arendt Revisited: »Eichmann in Jerusalem« und die Folgen, Frankfurt am Main 2000

Ilka Quindeau

Spur und Umschrift –
Erinnerung aus psychoanalytischer Perspektive

»Erinnerungen sind geschmeidig, und wir müssen zu begreifen suchen, wie und von wem sie geformt werden.«
  Mit diesen Worten fasst der Kulturwissenschaftler Peter Burke den Paradigmenwechsel hinsichtlich der gegenwärtigen Konzepte von Erinnerung und Gedächtnis zusammen. Über lange Zeit prägten Abbild- und Speichertheorien die Vorstellungen vom Gedächtnis; das Alltagsverständnis, nach dem erlebte Szenen als Erinnerungen gespeichert und unter bestimmten Bedingungen unverändert wieder abgerufen werden können, steht im Einklang mit der philosophischen Tradition von Aristoteles über den Empirismus bis hin zum logischen Positivismus. Diese »historistischen« Konzeptionen wurden Anfang des 20. Jahrhunderts von Wissenschaftlern unterschiedlichster Disziplinen wie dem Kulturhistoriker Aby Warburg, dem Sozialpsychologen Frederick Bartlett oder dem Soziologen Maurice Halbwachs in Frage gestellt und durch »konstruktivistische« Konzepte ersetzt. Mit der Theorie des »sozialen Gedächtnisses« (Warburg) oder des »kollektiven Gedächtnisses« (Halbwachs) wurde der Einsicht Rechnung getragen, dass der Prozess des Erinnerns – analog zur Geschichtsschreibung – Ereignisse nicht einfach widerspiegelt, sondern dass Erinnern eine Konstruktionsleistung darstellt. Diese Konstruktion wiederum unterliegt nun einer Reihe von bewussten und unbewussten Auswahlmechanismen, die die Vergangenheit nicht so, »wie sie wirklich war« wiedergeben, sondern sie deuten, interpretieren, unter Umständen auch verzerren und verfälschen.

Wenn man diesen Konstruktionsprozess der Erinnerung aus einer psychoanalytischen Perspektive darstellt, ist man zunächst auf Freuds Konzept der Umschrift und der Nachträglichkeit verwiesen. Der Metapher der Erinnerungsspur kommt in der psychoanalytischen Erinnerungstheorie zentrale Bedeutung zu. Sinnvoll erscheint diese Metapher vor allem, um die Aspekte des Bewahrens und der Kontinuität von Erinnerungen zum Ausdruck zu bringen, die den Gegenpol zur permanenten Veränderung und Flexibilisierung von Gedächtnisprozessen beschreiben. Diese beiden Pole finden sich im Schrift-Modell einerseits sowie im Konzept der Nachträglichkeit andererseits, die komplementär erscheinen und in der Gedächtnistheorie zusammengedacht werden müssen. Diese theoretischen Konzepte werde ich in einem zweiten Schritt anhand einer Krankengeschichte Freuds exemplarisch erläutern. In einem dritten Schritt werden diese Überlegungen zu einer psychoanalytischen Erinnerungstheorie dann auf die Erinnerung an den Holocaust bezogen.

Freud vertritt schon früh die Überzeugung, dass es keine Erinnerungen aus der Kindheit, sondern höchstens an die Kindheit gebe, dass Kindheitserinnerungen »als solche nicht mehr zu haben sind«.[1] Am prägnantesten formuliert er sein Erinnerungskonzept in der Arbeit *Über Deckerinnerungen*; er widerspricht der Vorstellung, dass eine »Reproduktion eines ursprünglichen Eindrucks« möglich wäre: »Unsere Kindheitserinnerungen zeigen uns die ersten Lebensjahre, nicht wie sie waren, sondern wie sie späteren Erweckungszeiten erschienen sind. Zu diesen Zeiten der Erweckung sind die Kindheitserinnerungen nicht, wie man zu sagen gewohnt ist, *aufgetaucht*, sondern sie sind damals *gebildet* worden, und eine Reihe von Motiven, denen die Absicht historischer Treue fern liegt, hat diese Bildung sowie die Auswahl der Erinnerungen mitbeeinflußt.«[2] Woraus nun werden Kindheitserinnerungen gebildet, und welches sind die Motive, die diese Bildung beeinflussen?

Das Konzept der Nachträglichkeit beschreibt den wesentlichen Modus, in dem Erinnerungen gebildet werden. In diesem Modus werden frühere Erfahrungen, Eindrücke und Erinnerungsspuren nach dem jeweils erreichten Entwicklungsstand sowie aufgrund neuer Erfahrungen umgearbeitet. So erhalten sie einen neuen Sinn und eine neue psychische Wirksamkeit.[3]

In einem Brief an Wilhelm Fließ vom 6. Dezember 1896 skizziert Freud seine

---

[1] Vgl.: Freud (1899a), Über Deckerinnerungen, in: GW I, Frankfurt o.J., S. 553 und Freud (1900a): Die Traumdeutung, in: GW II/III, S. 190, auch zitiert in Freud (1918b): Aus der Geschichte einer infantilen Neurose, in: GW XII, S. 80

[2] Freud (1899a), ebd., S. 553f

[3] Laplanche und Pontalis, Das Vokabular der Psychoanalyse, Frankfurt 1972, S. 313

grundlegend neuen Ansichten über die Arbeitsweise des Gedächtnisses, die über eine Wiederholung hinausgeht und statt dessen in einer permanenten Umschrift vorhandener Gedächtnisinhalte besteht: »Du weißt, ich arbeite mit der Annahme, dass unser psychischer Mechanismus durch Aufeinanderschichtung entstanden ist, indem von Zeit zu Zeit das vorhandene Material von Erinnerungsspuren eine *Umordnung* nach neuen Beziehungen, eine *Umschrift* erfährt. Das wesentlich Neue an meiner Theorie ist also die Behauptung, dass das Gedächtnis nicht einfach, sondern mehrfach vorhanden ist, in verschiedenen Arten von Zeichen niedergelegt.«[4] Diese These von der mehrfachen Kodierung und Umstrukturierung von Gedächtnisinhalten im Sinne von nachträglichen Umschriften macht den Kern der psychoanalytischen Gedächtnistheorie aus. Die Entwicklung der Gedächtnistheorie steht im Zusammenhang mit Freuds Studien über Hysterie, deren Ätiologie er zentral auf Erinnerungen zurückführt.

Welcher Art sind nun diese Erinnerungen an Erlebnisse, die nachträglich solche Wirkung entfalten? Das Prinzip der Nachträglichkeit, mit dem früheren Erfahrungen und Erlebnissen respektive den Erinnerungsspuren ein neuer Sinn zugeschrieben wird, soll an einer frühen Krankengeschichte Freuds[5] veranschaulicht werden. Emma litt als Erwachsene unter der Unfähigkeit, allein in einen Laden zu gehen. In der Behandlung erinnert sie sich daran, als Zwölfjährige einkaufen gegangen zu sein und dort zwei Kommis getroffen zu haben, die gelacht hätten. Daraufhin sei sie erschrocken weggelaufen. Sie habe dieses Lachen mit ihrem Kleid in Verbindung gebracht, außerdem habe sie sich von einem der beiden sexuell angezogen gefühlt (Szene I). Diese insbesondere in ihrer Wirkung – dem Schrecken – zunächst unverständliche Szene wird durch eine weitere Erinnerung ergänzt: »Als Kind von acht Jahren ging sie zweimal in den Laden eines Greißlers allein, um Näschereien einzukaufen. Der Edle kniff sie dabei durch die Kleider in die Genitalien. Trotz der ersten Erfahrung ging sie ein zweites Mal hin. Nach dem zweiten blieb sie aus. Sie macht sich nun Vorwürfe, dass sie zum zweitenmal hingegangen, als ob sie damit das Attentat provozieren hätte wollen.«[6] Im Lichte dieser Szene II wird nun die erste verständlich. Als mögliche assoziative Verbindung zwischen beiden sieht die Patientin das Lachen der Kommis, das die Erinnerung an das Grinsen des Greißlers – und damit an den sexuellen Übergriff – unbewusst wachgerufen hätte. Aufgrund der in der Zwi-

---

[4] Freud, Briefe an Wilhelm Fließ 1887 – 1904. Stuttgart 1986, Brief Nr. 112, S. 217
[5] Freud (1895), Entwurf einer Psychologie, in: GW Nachtragsband, S. 445
[6] Freud, ebd., S. 445

schenzeit erfolgten pubertären Reifung habe diese unbewusste Erinnerung eine sexuelle Erregung ausgelöst, die sich in einen Schreckaffekt gewandelt habe. Die Erinnerung erhält damit einen Affekt, den das Erlebnis nicht hatte. Die Veränderung durch die Pubertät, die sexuelle Reife, ermögliche ein »anderes Verständnis des Erinnerten«.

Neben dem Lachen, das die Patientin für das wesentliche Verbindungsglied der beiden Szenen hält, könnte auch die sexuelle Erregung eine solche Verbindung herstellen. Diese wurde in der Szene I – der kindlichen Entwicklung gemäß – mit einer anderen Bedeutung versehen als während beziehungsweise nach der Pubertät. Das Zusammentreffen der beiden Szenen im Erinnerungsprozess versieht nun auch die Szene I mit einer sexuellen Dimension und knüpft an die damals unverstandene Bedeutung an, die das Mädchen nachträglich erschreckt und sich in Schuldgefühle und Selbstvorwürfe verkehrt.

Mit zunehmendem Verstehenshorizont kann somit den früheren Erlebnissen ein anderer Sinn zugeschrieben werden. Dieser Sinn bleibt jedoch an die zugrunde liegenden körperlichen Prozesse gebunden. Diese leibgebundene Verankerung von Sinnbildungsprozessen erscheint mir nun besonders wichtig, da damit im Unterschied zu anderen konstruktivistischen Gedächtnistheorien deutlich wird, dass der Spielraum für die Sinnbildung begrenzt ist; den früheren Erlebnissen wird also nicht willkürlich irgendein Sinn zugeschrieben.[7] Diese zugrunde liegenden körperlichen Prozesse beinhalten sowohl die als neurologische Bahnungen konzipierten »Erinnerungsspuren« als auch die verschiedenen Stadien der Triebentwicklung, insbesondere ihren inhärenten Antagonismus. Das Konzept der Nachträglichkeit wäre damit so zu verstehen, dass zu verschiedenen Zeitpunkten entsprechend der psycho-sexuellen und kognitiven Entwicklung vergangene Erlebnisse einen jeweils veränderten, neuen Sinn entfalten, das heißt die Erinnerungsspuren werden einer permanenten Umschrift unterzogen.

Zentral an diesem Modell der Umschrift ist die Vorstellung, dass es sich – anders als etwa in konstruktivistischen Gedächtnismodellen – nicht um eine rückwirkende Zuschreibung von Sinn zu vergangenen Erlebnissen handelt. Die Vergangenheit wird nicht willkürlich konstruiert, sondern die unbewusste, konflikthafte Dimension früherer Erlebnisse drängt zu fortwährend neuen Umschriften. Das Konzept der Nachträglichkeit bezeichnet eine komplexe zeitliche Be-

---

[7] Diese leibgebundene Verankerung von Sinnbildungsprozessen erscheint mir unverzichtbar, um den Interpretationsspielraum – über seine intersubjektive Begrenzung hinaus – konzeptualisieren zu können, siehe den metapsychologischen Exkurs unten.

wegung, die sowohl von der Gegenwart in die Vergangenheit wirkt als auch umgekehrt von der Vergangenheit in die Gegenwart. Dieses Konzept hebt eine lineare Zeitvorstellung auf und kann angemessener mit dem Begriff einer Konstellation beschrieben werden.

Wenden wir uns noch einmal der Krankengeschichte Emmas zu: In diesem Fall erhält ein vergangenes Erlebnis in der Erinnerung den Charakter eines Traumas. Der Begriff des Traumas wird von Freud nicht als äußeres Ereignis, sondern rein ökonomisch, das heißt als energetisches Konzept verstanden. Mit diesem Konzept überwindet er die starre Gegenüberstellung von Innen und Außen und lässt das Trauma zu einem relationalen Begriff werden, der die jeweils individuelle Bewältigungskapazität der psychischen Struktur übersteigt. Im Falle Emmas bestand das Trauma darin, dass die *Erinnerung* an die Szene beim Greißler ein so hohes Maß an sexueller Erregung freisetzte, dass sie nicht adäquat abgeführt werden konnte und dadurch in das Erschrecken und die Flucht umgewandelt wurde. Es ist noch einmal hervorzuheben, dass das Trauma nicht in dem Übergriff des Greißlers, das heißt in dem Ereignis selbst besteht, sondern im Zusammenwirken der beiden Szenen in der Erinnerung. Das Trauma ist in der Erinnerung zu sehen, die das Ansteigen der Erregung und die Flucht nach sich zieht. Eine alternative Lesart der Krankengeschichte von Emma besteht darin, ihr Verhalten statt auf ein Trauma auf einen psychischen Konflikt zurückzuführen. Ein psychischer Konflikt ergibt sich aus einer dem Ich unverträglichen Vorstellung, die aus dem Bewusstsein verdrängt werden muss.[8] Die Fallgeschichte erscheint meines Erachtens schlüssiger, wenn auch hier – neben der ökonomischen Dimension – der psychische Konflikt zur Erklärung benannt wird. Freud beschreibt Emmas Äußerung, dass ihr der lachende Kommis gefallen habe, als »unverständliche Idee«, die er als Ausdruck einer »falschen Verknüpfung« versteht, welche ihr mit Bewusstsein arbeitendes Denken aus dem vorhandenen Material (Kommis, Lachen, Kleider, Sexualempfinden) ausgestaltet habe.[9] Es fragt sich, warum die beim Anblick eines attraktiven Mannes ausgelösten sexuellen Wünsche unverständlich sein sollen. Unverständlich erscheinen vielmehr das Erschrecken und weitergehend die bleibende Hemmung, in einen Laden zu

---

[8] Die Verbindung der ökonomischen Dimension des Traumas mit der psychologischen Ebene des psychischen Konflikts in der frühen Traumatheorie Freuds erscheint besonders bemerkenswert im Hinblick auf die spätere psychoanalytische Theoriebildung, die diese beiden Konzepte in der Ätiologie einander als beinahe unvereinbar gegenüberstellt (vgl. etwa den Sammelband von Annemarie Schlösser und Kurt Höhfeld (Hg.), Trauma und Konflikt, Gießen 1998).

[9] Freud (1895), Entwurf einer Psychologie, ebd., S. 447

gehen. Statt mit einer falschen Verknüpfung zu argumentieren, erscheint es plausibler, einen psychischen Konflikt zwischen ihrem Wunsch und der Angst beziehungsweise einem Verbot anzunehmen, den der Anblick des Mannes ausgelöst hat. Dieser Konflikt wiederum verbindet sich mit der Erinnerung an die Szene beim Greißler. In dieser Sichtweise bekommt die Erinnerung eine Bedeutung im Umgang mit dem Konflikt, wobei angenommen werden kann, dass sie damit nicht nur eine Funktion, sondern auch ihre Form erhält, in anderen Worten: Der (gegenwärtige) Konflikt formt die Erinnerung.

An der Krankengeschichte von Emma lassen sich zusammenfassend folgende Merkmale eines psychoanalytischen Erinnerungskonzeptes zeigen:

1) *Das Konzept der Nachträglichkeit*
Ein Erlebnis erfährt im Prozess der Erinnerung einen Bedeutungswandel, der aus dem Zusammenwirken von zwei lebensgeschichtlichen Szenen zu verschiedenen Zeitpunkten entsteht und abhängig ist vom jeweiligen Verstehenshorizont und der psychosexuellen Entwicklung sowie vom situativen und personalen Kontext. Zentral an dem Modell der nachträglichen Umschrift ist die Vorstellung, mit der es sich von konstruktivistischen Gedächtnismodellen unterscheidet, dass es sich nicht um eine *rückwirkende* Zuschreibung von Sinn zu vergangenen Erlebnissen handelt. Die Vergangenheit wird nicht willkürlich konstruiert, sondern die unbewusste, konflikthafte Dimension früherer Erlebnisse drängt zu fortwährend neuen Umschriften. Das Konzept der Nachträglichkeit bezeichnet eine komplexe zeitliche Bewegung, die sowohl von der Gegenwart in die Vergangenheit wirkt als auch umgekehrt von der Vergangenheit in die Gegenwart; damit hebt dieses Konzept eine lineare Zeitvorstellung auf. Das Erinnern vollzieht sich nicht – wie traditionell im Rahmen der Abbildtheorien angenommen – entlang von Assoziationsketten, sondern im Zusammenwirken von mehreren Szenen. Während in der Neurophysiologie die Metapher der Kette durch die des Netzes abgelöst wurde, scheint es aus psychoanalytischer Perspektive angemessener, den Vorgang des Erinnerns mit der Metapher einer Konstellation zu fassen, bei der verschiedene lebensgeschichtliche, vergangene und gegenwärtige Szenen zusammentreffen und erst in ihrem Zusammenwirken Sinn und Bedeutung erhalten.

2) *Der Zusammenhang von Erinnerung und Trauma*
Zum einen kann einer Erinnerung traumatische Wirkung zukommen. Zum anderen kann das Trauma als unbewusste Erinnerung konzipiert werden. Es besteht weder in dem äußeren Ereignis, das ihm vorangeht, noch in dem inneren Zu-

stand, der ihm folgt, sondern es entsteht in einer psychischen Syntheseleistung, im Zusammenwirken mindestens zweier (lebensgeschichtlicher) Szenen. Die auch im psychoanalytischen Diskurs verbreitete Sichtweise vom Trauma als einem äußeren Ereignis (wie beispielsweise Krieg, politische Verfolgung, Naturkatastrophen) fällt hinter Freuds Denken zurück und ist eher an einem traditionellen, medizinischen Traumamodell orientiert. Mit dem Konzept der Erinnerung wird dagegen der Akzent der Traumatheorie auf die psychische Verarbeitung gelegt. Nicht das Ereignis besitzt ätiologische Bedeutung, sondern dessen psychische Verarbeitung in der Erinnerung, denn diese schafft erst eine Verbindung von Symptom und infantiler Szene.

3) *Die wechselseitige Konstitution von Erinnerung und Konflikt*
Nach Freuds früher Traumatheorie entsteht ein Trauma aus einem psychischen Konflikt und dem Versagen der Abwehr. Eine dem Ich unverträgliche Vorstellung kann nicht genügend aus dem Bewusstsein verdrängt oder modifiziert werden. Unverträglich wird diese Vorstellung jedoch erst durch die Erinnerung, durch das Zusammenwirken verschiedener Szenen. Der Konflikt entsteht damit aus der unbewussten Erinnerung, wie auch umgekehrt der Konflikt eine Erinnerung formt.

4) *Die Materialität von Erinnerung*
Die Leibbezogenheit von Erinnerung findet sich in dieser Krankengeschichte vermittelt über die Frage nach der pubertären Reifung. Das Konzept der Erinnerungsspuren sowie der Umschrift dieser Spuren, die als neuronale Bahnungen und damit als Einschreibungen in den Körper gedacht sind, scheint geeignet, die Leibgebundenheit von Erinnerungen über den Bereich der Sexualität hinaus zu begründen. Weiterhin findet sich diese im Phänomen der Konversion, das heißt in der Umwandlung von Erregung in körperliche Innervationen, wie zum Beispiel bei hysterischen Lähmungen, Sehstörungen und so weiter. Das körperliche Symptom wird somit zum Erinnerungssymbol.

Aus dem Gesagten ist deutlich geworden, dass Erinnerungen die Vergangenheit niemals so, wie sie »wirklich« gewesen ist, wiedergeben, sondern dass Erinnerungen einen Prozess der psychischen Verarbeitung dieser Vergangenheit darstellen. Den Gegenstand der Erinnerung bilden nicht – wie das Alltagsbewusstsein annimmt – vergangene Ereignisse oder Erlebnisse, sondern Szenen. Eine Szene stellt bereits eine psychische Verarbeitung eines Ereignisses, das heißt dessen psychischen Niederschlag dar. Sie umfasst sowohl den situativen Kontext als auch die darin enthaltenen Beziehungsmuster und Handlungsentwürfe einschließlich der unbewussten Wünsche und Ängste. Die Szene beschreibt einen intersubjektiven Raum, von dem Botschaften ausgehen. Die Erinnerung als Umschrift stellt eine mögliche Übersetzung dieser Botschaft dar, die jedoch diese aufgrund ihres unbewussten Gehalts niemals vollständig in Sprache fassen kann. Der fortbestehende rätselhafte Charakter dieser Botschaften treibt zu weiterer psychischer Arbeit, zu neuen Übersetzungsversuchen an, was die Variabilität der Erinnerungen, ihre permanente Modifikation zu verschiedenen Zeiten des Lebens, verbürgt. Das Verständnis von Erinnerung als psychischer Arbeit unterstreicht, dass Erinnerung – im Unterschied zu traditionellen Abbild- und Speicherkonzepten – einen konstruktiven, umfassenden psychischen Vorgang darstellt, bei dem Erinnerungen in einer oszillierenden Bewegung zwischen den beiden Polen des Primär- und des Sekundärprozesses gebildet werden. Unter Primärprozess wird die Arbeitsweise des Unbewussten verstanden, in dem das Lustprinzip dominiert und die Regeln des bewussten Denkens wie Logik, Konsistenz, Plausibilität außer Kraft gesetzt sind. Der Sekundärprozess ist hingegen vom Realitätsprinzip geleitet und umfasst das vernünftige Denken.

Als Paradigma der psychischen Arbeit dient in der Psychoanalyse der Traum beziehungsweise die Traumarbeit, die in Form von Regression, Verdichtung, Verschiebung, sekundärer Bearbeitung erscheint. Anhand der so genannten Deckerinnerungen, die Erinnerungen an die Kindheit beinhalten und somit in neuerer Terminologie weitgehend dem autobiographischen Gedächtnis entsprechen, lässt sich zeigen, wie die unbewussten, primärprozesshaften Formen psychischer Arbeit, insbesondere Verdichtung und Verschiebung, auch an der Bildung von Erinnerungen beteiligt sind. Als Kriterien für ein Überwiegen der primärprozesshaften Formen gegenüber dem Sekundärprozess in diesem Bildungsvorgang können die sinnliche Qualität einer Erinnerung sowie ihre Konflikthaftigkeit angesehen werden. So bedürfen konflikthafte Erinnerungen einer stärkeren Umformung beziehungsweise einer anderen Akzentuierung, um die zensorische Instanz zum Bewusstsein überschreiten zu können, was Freud mit dem Konzept der Deckerinnerungen beschrieb. Diese sind durch eine hohe Intensität ihres Eindrucks ausgezeichnet, eine ganze Szene des Kindheitserlebens oder auch Elemente aus mehreren scheinen sich in einem Bild zu verdichten. Wichtig für den Prozess der Erinnerung erscheint auch der Modus der Verschiebung, bei dem die psychischen Besetzungen so verändert werden, dass aus zentralen, hoch besetzten Vorstellungen belanglose werden und umgekehrt. Die Diskussion der Analogie von Traum- und Erinnerungsarbeit legt es nahe, allgemein bei der Entstehung bewusst gewordener Erinnerungsbilder – nicht nur im Falle der Deckerinnerungen – der Traumarbeit analoge Verdichtungs- und Verschiebungsvorgänge anzunehmen. Zu diesen Vorgängen tritt noch die sekundäre Bearbeitung hinzu: Im Falle des Traums ist darunter zu verstehen, dass die Entstellung durch die unbewusste Traumarbeit teilweise wieder aufgehoben wird, jedoch nicht im Sinne der latenten Traumgedanken, sondern in einer dem Ich verträglichen Weise. Genau dieser Vorgang, die Plausibilisierung unverständlicher Szenen, kann auch bei der Erinnerungsarbeit, der Bewusstwerdung verdrängter oder unbewusst gebliebener Erinnerungen angenommen werden; unter dem Einfluss des Sekundärvorgangs werden die Erinnerungsspuren in einer konsistenten, plausiblen Szene zusammengefügt, die den Eindruck eines tatsächlichen Ereignisses macht. Die Konzeptualisierung von Erinnerung als psychischer Arbeit macht dabei deutlich, dass Erinnerungen niemals das, was sich damals »wirklich« so zugetragen hat, abbilden können, sondern immer das Resultat der Verarbeitung dieses Ereignisses oder Erlebnisses darstellen. So gibt es auch kein »Original« einer Erinnerung, sondern vielmehr verschiedene Varianten von Erinnerungen, die jeweils verschiedene Verarbeitungsformen derselben Erinnerungsspuren darstellen. Diese Verarbeitungsformen könnten dann sowohl im Hinblick auf ihre Funktion unterschieden werden, als auch zueinander in Beziehung gesetzt werden, um ihre Stimmigkeit und Kohärenz zu überprüfen. Das bedeutet nicht, dass die Frage nach dem Wahrheitsgehalt von Erinnerungen allein nach solchen ästhetischen Kriterien entschieden werden kann. Der Bezug zur empirischen oder materiellen Realität lässt sich jedoch nicht allein anhand von subjektiven Erinnerungen aufweisen.

Eine provozierende These im Zusammenhang der Analogie von Traum- und Erinnerungsarbeit ergibt sich aus der Frage nach der Wunscherfüllung, die Freud als zentrale Funktion psychischer Arbeit auffasste. Die Frage, ob der Vorgang der Erinnerung als Modus einer Wunscherfüllung – analog zum Traum oder zur Phantasie – verstanden werden kann, lässt sich vielleicht mit Hilfe folgender Differenzierung beantworten: Bei einer bestimmten Art von Erinnerungen, den Deckerinnerungen, kommt der Charakter der Wunscherfüllung besonders deutlich zum Ausdruck. Diese Erinnerungen entstehen als Kompromiss zwischen konflikthaften Eindrücken und dienen der Abwehr unerträglicher Erinnerungsspuren. Diese Deckerinnerungen formieren im Wesentlichen das so genannte autobiographische Gedächtnis. Als eine zentrale Funktion dieses autobiographischen Gedächtnisses kann daher die Wunscherfüllung betrachtet werden.

Nun zum Abschluss der theoretischen Überlegungen noch mal ein Perspektivwechsel: Erinnerung stellt eine Gelenkstelle zwischen materieller, »äußerer« und psychischer, »innerer« Realität dar. Über den Begriff der Erinnerung als psychischer Verarbeitung äußerer und innerer Realität werden beide Kategorien, die materielle und die psychische Realität, »Innen« und »Außen« miteinander verbunden. Die Erinnerung transformiert etwas von »außen«, dem Bereich materieller Wirklichkeit Kommendes in die psychische Struktur und bleibt zugleich auf diese Wirklichkeit als Referenz bezogen, um als Erinnerung – etwa im Unterschied zur Phantasie – identifiziert werden zu können. Der Prozess der Erinnerung lässt sich im Hinblick auf die Position des erinnernden Subjekts mit den einander ständig abwechselnden, komplementären Bewegungen von Dezentrierung und Rezentrierung beschreiben. Der Begriff der Dezentrierung beschreibt die Bezugnahme auf das von Außen kommende, das zu erinnernde vergangene Ereignis, aber auch die unbewusste, dem Subjekt unverfügbare Erinnerung beziehungsweise. Erinnerungsspur; die Rezentrierung meint die Integration der Erinnerung in die psychische Struktur, mit der sich das Subjekt diese Vergangenheit als bewusste Erinnerung aneignet. Das Verhältnis der beiden komplementären Bewegungen von Dezentrierung und Rezentrierung lässt sich auch in den Begriffen von Botschaft oder Anspruch und Antwort fassen. Die Repräsentationen der Vergangenheit, die »Erinnerungsspuren«, enthalten solche Botschaften, Ansprüche, die das Subjekt zur Antwort, zur Erinnerungsarbeit, auffordern. Die Erinnerungen werden in dieser Weise als Antworten auf einen Anspruch verstanden. Diese Antworten erfolgen im Modus einer ›originalfreien‹ Übersetzung oder Umschrift, die jedoch nie abschließend sein können aufgrund des unbewussten Gehalts der Botschaft, der stets zu neuen Übersetzungen antreibt. Dieser nicht abzuschließende Prozess der Umschrift erfolgt in einem permanenten Wechsel einer exzentrischen und einer rezentrischen Bewegung. Diese Bewegung ist nicht zu verwechseln mit Begriffen wie Verinnerlichung beziehungsweise Veräußerlichung. Es geht vielmehr um den intersubjektiven Zusammenhang, in dem Erinnerungen entstehen, indem sie auf Ansprüche, auf Botschaften antworten und mit dieser Antwort zugleich selbst einen Anspruch erheben.

Was bedeuten diese Überlegungen nun für die Erinnerung an den Holocaust? In den gesellschaftlichen Geschichtsdebatten – sei es der Historikerstreit, die Goldhagen- oder die Walser-Debatte, die Kontroverse um die so genannte Wehrmachts-Ausstellung – kann eine kollektive Form solch einer Antwort gesehen werden. Von der Vergangenheit, in diesem Falle der nationalsozialistischen Vergangenheit, geht eine Botschaft, ein Anspruch aus, der die Einzelnen zu einer Antwort auffordert. Es liegt nun nahe, diese Botschaft zu identifizieren, etwa indem man ihr die Vorstellung vom Nationalsozialismus beziehungsweise Holocaust als »Zivilisationsbruch« zugrunde legt und dies als Anforderung betrachtet, mit der die nachkommenden Generationen umgehen und zurechtkommen müssen. Auch wenn dies durchaus plausibel erscheint, muss festgehalten werden, dass sich weder Botschaft und Anspruch noch die Antwort vollständig explizieren lassen. So sind geschichtsphilosophische Konzepte wie das des Zivilisationsbruchs bereits Teil der Antwort und nicht mit dem Anspruch selbst zu verwechseln. Als Anderes, Fremdes lässt er sich nicht auf den Begriff bringen und kann so nur an den Antworten zumindest näherungsweise erkennbar werden. Das bedeutet freilich nicht, dass sich die rationale Klärung historischer Sachverhalte erübrigt. Doch auch diese Fakten verstehen sich nicht von selbst, sondern ihre Bedeutung entsteht im Prozess dieser Antwort. Betrachtet man die Historiographie des Holocaust in den letzten Jahrzehnten und ihre öffentliche Rezeption, lässt sich durchaus eine Veränderung hin zu einer dem Gegenstand angemesseneren Sichtweise feststellen. Diese ergibt sich aus einer Erweiterung der verschiedenen Perspektiven auf diesen Gegenstand, die zusammen ein facettenreicheres, vollständigeres Bild des historischen Geschehens liefern.

Und dennoch: Auch wenn es inzwischen möglich geworden ist, sich der Frage nach der schuldhaften Beteiligung von Einzelnen bei der Durchführung des Massenmords an den europäischen Juden zu stellen – nach jahrzehntelangem Schweigen zeugen davon eine Reihe gesellschaftlicher Debatten wie etwa die Auseinandersetzung um die Thesen Goldhagens oder auch die breite Resonanz der Ausstellung »Vernichtungskrieg« des Hamburger Instituts für Sozialforschung – auch solch »aufgeklärte« Erinnerungsdiskurse stellen stets unabschließbare Antworten dar, die selbst wieder erneut Ansprüche stellen und zu weiterer Erinnerungsarbeit herausfordern. In diese Geschichtsdebatten gehen nicht allein bereits verarbeitete Erinnerungen ein, sondern sie stellen zugleich auch den Ort und einen Modus dar, in dem diese Verarbeitung stattfindet. Insofern brauchen diese Geschichtsdebatten meines Erachtens einen Metadiskurs, das heißt eine Ebene der Reflexion dieser Diskurse, die die Erinnerung reflexiv werden lässt.

Besonderes Augenmerk verdient etwa die hohe affektive Beteiligung, mit der die Geschichtsdebatten geführt werden, oder auch allgemein das relativ große Ausmaß des öffentlichen Interesses. Dies widerspricht der früher geäußerten Erwartung des Historikers Reinhart Koselleck, dass mit dem Generationswechsel eine Transformation der »erfahrungsgesättigten, gegenwärtigen Vergangenheit der Überlebenden ... (in) eine reine Vergangenheit ... ohne politisch-existentiellen Bezug« einsetzen würde.[10] Solch eine »reine« Vergangenheit ohne politisch-existentiellen und das heißt auch ohne affektiven Bezug kann nicht konstatiert werden, sie ist auch prinzipiell wenig wahrscheinlich. Doch selbst wenn die damals von Alexander und Margarete Mitscherlich in ihrer berühmten Studie über die Unfähigkeit zu trauern diagnostizierte »Sperrung der Gefühlsbeteiligung«, die der Unfähigkeit zu trauern zugrunde liegt, inzwischen offensichtlich aufgehoben ist, steht durchaus in Frage, welche Funktion von Erinnerung sich in den gegenwärtigen, oft übermäßig erregt geführten Geschichtsdebatten erkennen lässt. Es gibt bisher meines Erachtens keine systematische Forschung über die gesellschaftlichen und individuellen Funktionen der beinahe rituell wiederkehrenden gesellschaftlichen Erregungen anlässlich der Erinnerung an den Nationalsozialismus, wenngleich Lutz Niethammer bereits vor über zehn Jahren dafür plädierte, die »unsteuerbare Wiederkehr kulturell unbewusst gemachter Affekte« selbst zum Gegenstand der Forschung zu machen.[11]

Mit diesen Überlegungen möchte ich einer verbreiteten, latenten oder auch bewussten Überzeugung entgegentreten, die in den Diskussionen um das öffentliche Gedenken des Nationalsozialismus und des Holocaust immer wieder aufschimmert: die Vorstellung, dass Erinnern per se gut sei. Damit möchte ich freilich nicht der Verleugnung das Wort reden, sondern vielmehr für einen reflexiven Umgang mit der Erinnerung plädieren. Die hypostasierte Bedeutung der Erinnerung könnte als Reflex auf das jahrzehntelange Schweigen über die nationalsozialistischen Verbrechen verstanden werden. Doch liegt heutzutage das Problem nicht mehr im Schweigen, sondern vielmehr in der Art und Weise der Erinnerung, in ihren Motiven und Funktionen. An den Geschichtsdebatten der letzten Jahre erstaunt mich beispielsweise immer wieder, dass die positive Resonanz etwa auf die Goldhagen-Thesen oder die Wehrmachts-Ausstellung in der Regel nicht weiter hinterfragt wird. Dies erweckt den Eindruck, als sei inzwischen eine Form kritischer kollektiver Erinnerung erreicht, die für sich selbst spricht. Das ist insbesondere deswegen erstaunlich, als angesichts der Perspektivität und Standortgebundenheit von Erinnerung sowie all jener psychischen Einflussfaktoren und Funktionen, die ich soeben erläutert habe, schwerlich da-

---

[10] Reinhart Koselleck, Nachwort. In: Charlotte Beradt, Das Dritte Reich des Traums. Frankfurt am Main 1994, S. 117

[11] Lutz Niethammer, Jenninger. Vorzeitiges Exposé zur Erforschung eines ungewöhnlich schnellen Rücktritts, in: Babylon, 5 1989, S. 40-46

von ausgegangen werden kann, dass Erinnerung als etwas angesehen werden kann, das jegliche kritische Reflexion erübrigt.

So ist gegenwärtig also nicht mehr schlicht die Erinnerung, sondern vor allem ihre Reflexivität im gesellschaftlichen Diskurs über den Nationalsozialismus und den Holocaust zu fordern. In dekonstruktivistischer Tradition könnte etwa nach den Ausschließungen, den Verwerfungen in diesem Diskurs gefragt werden. Eine solche Betrachtung würde sich nicht nur für das interessieren, was erinnert wird, sondern für das, was gerade nicht zum Thema wird. Als Gegenstand für solch eine Analyse bietet sich etwa die Inszenierung der Geschichtsdebatten an. Ich habe dies vor einigen Jahren am Beispiel der Goldhagen-Debatte untersucht und bin zu der Einschätzung gelangt, dass sich die große Zustimmung zu den Thesen des Vernichtungs-Antisemitismus der Deutschen, die ja »eigentlich« eine ziemliche Zumutung darstellen, einer religiösen Inszenierung verdankt. Goldhagen inszenierte sich – wahrscheinlich weder absichtlich noch bewusst – als eine Art messianische Rettungsfigur, die den Deutschen erst die Schuld vor Augen führt und sie dann im selben Zug davon erlöst, indem er deutlich machte, dass diese über viele Jahrhunderte bestehende antisemitische Mentalität der Deutschen 1945, mit dem Ende des Nationalsozialismus, ebenfalls zuende ging und dass sich keinerlei Kontinuität bei den heutigen Deutschen zeige. Betrachtet man diese These vom Ende des Antisemitismus mentalitätsgeschichtlich, dann ist sie einigermaßen verblüffend und wenig plausibel, doch psychologisch betrachtet scheint sie mir die Voraussetzung zu schaffen für die Zustimmung zu dem Erklärungsmuster für die nationalsozialistischen Verbrechen. Diese Debatte liegt nun schon eine Weile zurück, doch die affektive Aufladung der Erinnerung ist mir auch in der neuen, überarbeiteten »Wehrmachts-Ausstellung« aufgefallen. Im Unterschied zu der alten, zurückgezogenen Version gibt es nun Teile der Ausstellung, die in einer – für meinen Geschmack – schwer erträglichen Weise Affekte provozieren, wie zum Beispiel Ruheräume wie beim Kirchentag, große Portraits von Tätern und Opfern, Wehrmachtssoldaten und Deserteuren, die jeweils angestrahlt werden und deren Zeugnisse – Briefe, Interviews – vorgelesen werden. Da sitzen die Menschen dann und weinen, ich selbst eingeschlossen, und man fragt sich, wozu das dienen soll.

An solchen Momenten der gesellschaftlichen Erinnerungs-Diskurse zeigt sich die Notwendigkeit einer reflexiven Erinnerungsarbeit, welche die unbegriffene Vergangenheit transformiert und von ihrer gegenwärtigen, ebenfalls unbegriffenen Konflikthaftigkeit befreit. Die Erinnerungsarbeit als psychische Arbeit des Trennens und Unterscheidens ermöglicht erst die Anerkennung der Vergangenheit und bietet einen Ausweg aus dem Betroffenheitstaumel. Die Erinnerung an den Nationalsozialismus und den Judenmord wird damit keineswegs beendet, sondern im Gegenteil in ihrer Unverfügbarkeit, ihrer Exzentrizität in Bezug auf das erinnernde Subjekt, akzentuiert.

Marion M. Oliner

Die externalisierende Funktion von Gedenkstätten

Im Mittelpunkt meiner Untersuchung steht das komplexe Wechselspiel zwischen dem gemeinsamen Gedenken an historische Ereignisse und der inneren Welt der Einzelnen, die dieser Geschichte gedenken. Für mich gehören Denkmäler zu der schwer greifbaren, aber beruhigenden Dimension von Erfahrung, die bestätigt, dass etwas unleugbar in der externen Welt existiert und nicht nur imaginiert wird. Was ich herausarbeiten will, ist, dass Menschen die Verantwortung für ihre innere Welt übernehmen und in der Erkenntnis Entlastung finden können, dass ein Ereignis außerhalb ihrer Einflusssphäre stattgefunden hat. So gesehen ist Gedenken eher die *Suche nach der verlorenen Zeit* (wie Proust sein berühmtes Werk nannte) als eine Anklage. Es gibt der verlorenen Zeit, der gedacht wird, in gewisser Weise das Leben zurück und reduziert die Last unbewusster Schuldgefühle.

Gedenken, manifestiert durch öffentliche Veranstaltungen, Rituale, Literatur und Denkmäler, erfüllt eine essentielle Funktion, die stärker ist als das individuelle Bedürfnis zu vergessen, aber auch als der Wunsch nach Leugnung der Realität, der dazu führt, dass die Psyche von unbewussten Phantasien beherrscht wird. Es ist keine Selbstverständlichkeit, dass Gedenken allgemein akzeptiert wird und das starke Bedürfnis bezeugt, sich selbst an solche Ereignisse zu erinnern, die den Glauben an eine geordnete und verlässliche Welt erschüttern. Aber die Allgegenwart dieses Bedürfnisses wird dadurch belegt, dass manche besonders kreativen Menschen sich erinnern wollen. Dass dieses Bedürfnis so stark ist, rührt meiner Meinung nach aus der Tatsache, dass Denkmäler vergangene Ereignisse erneut in der externen Welt verorten, aus der sie hervorgegangen sind.

Diese Neuverortung oder Re-Externalisierung wird nötig, weil die persönliche Erinnerung an Ereignisse mit der Zeit verblasst. Das Verblassen der faktischen Erinnerungen an die eigene Geschichte führt dazu, dass Menschen, die eine Tragödie erlebt haben, sich für die auslösenden Ereignisse selbst verantwortlich machen. Dieses unselige Nebenprodukt des Traumas wurde von Freud entdeckt und von Winnicott hervorgehoben und ist heute als »Überlebensschuld« allgemein akzeptiert. Trotzdem scheint mir, dass Ausmaß und Konsequenzen dieser Paarung von Trauma und Schuld noch nicht ganz erfasst worden sind (vgl. dazu Oliner,1996, External Reality: The Elusive Dimension of Psychoanalysis. *Psychoanalytic Quarterly,* 65, 267-300).

Ich werde anhand der Theorien, die darlegen, wie vergangene traumatische Ereignisse assimiliert und in unbewusste Phantasien transformiert werden, zu zeigen versuchen, dass »Überlebensschuld« und verwandte posttraumatische Reaktionen auf einem Internalisierungsprozess beruhen, in dem die Beziehung zwischen dem äußeren Ereignis und dem betroffenen Menschen zur intrapsychischen wird. Weil die Ereignisse also in der unbewussten Phantasie eine Rolle spielen, ist es essentiell für die seelische Gesundheit, sie zu re-externalisieren.

Externalisierung ist ein Mechanismus, der die Anerkennung innerer Konflikte verhindert. In der Psychoanalyse fungiert er als Abwehr und ermöglicht es dem Analysanden, die Übernahme von Verantwortung für innere Prozesse und gelegentlich sogar für seine gesamte Existenz zu vermeiden. Externalisierung verhindert die Einsicht in das eigene Innenleben und taucht deshalb in der psychoanalytischen Literatur meist negativ auf. Traumaforscher wie Laub (vgl. zum Beispiel Laub & Auerhahn, 1993, Knowing and not knowing massive psychic trauma: Forms of traumatic memory. *International Journal of Psychoanalysis,* 74, 287-302) und andere haben allerdings die Notwendigkeit der Externalisierung für das Opfer erkannt. Ich will diese Erkenntnis auf die Kultur insgesamt erweitern und zeigen, dass Katastrophen zu unbewussten Selbstanklagen führen. Weiter will ich die Externalisierung als Mechanismus zeigen, der nötig ist, um irrationale innere Prozesse abzuschwächen. Externalisierung durch Gedenken erleichtert es, Objekte aus der äußeren Wirklichkeit dazu zu nutzen, Phantasien zu beschränken, die trotz des Wissens um historische Tatsachen das unbewusste Seelenleben des Menschen dominieren.

Die Internalisierung traumatisierender Ereignisse

Zunächst möchte ich darstellen, wie das Problem der exzessiven Internalisierung, das das Bedürfnis nach Re-Externalisierung auslöst, in der analytischen Literatur gesehen wird. Meiner Meinung nach lassen sich die Ergebnisse aus dem hier vorgestellten Material, das sich überwiegend auf die Forschung zu Trauma und früher Entwicklung stützt, auch über die individuelle Entwicklung hinaus nutzen, wenn man berücksichtigt, dass Gedenken, das heißt das Bedürfnis nach Re-Externalisierung, in allen menschlichen Kulturen existiert. Gedenken befriedigt anscheinend das grundlegende menschliche Bedürfnis, den unbewussten Omnipotenzgefühlen (das heißt die Vorstellung, man habe ein traumatisches Ereignis verursacht und sei dafür verantwortlich) eine externe Realität entgegen zu halten, die die omnipotente Schuld begrenzt und so ein gewisses Maß an Entlastung garantiert.

Winnicott sagt über die durch das Trauma bedingte und umfassend untersuchte Identifikation mit dem Aggressor knapp und einleuchtend: »In der Psychoanalyse gibt es, wie wir wissen, kein Trauma außerhalb der Omnipotenz des Individuums.« (Winnicott, 1960, The Theory of the Parent-Infant Relationship. *International Journal of Psychoanalysis,* 41, 585-595) Damit modifiziert er Freuds Analyse der Reaktionen auf erlittenes Unglück, der zufolge das Opfer sich in Beziehung zu einer omnipotenten Elternfigur phantasiert. Aber Freud berücksichtigt dennoch die phantasierte Verantwortung des Opfers für sein Schicksal, insofern es sein Unglück als Strafe für sündiges Verhalten betrachtet:

»Eine andere Tatsache des an Problemen so reichen Gebiets der Ethik ist die, daß Mißgeschick, also äußere Versagung die Macht des Gewissens im Über-Ich so sehr fördert. Solange es dem Menschen gut geht, ist auch sein Gewissen milde und läßt dem Ich allerlei angehen; wenn ihn ein Unglück getroffen hat, hält er Einkehr in sich, erkennt seine Sündhaftigkeit, steigert seine Gewissensansprüche, legt sich Enthaltungen auf und bestraft sich durch Bußen. ... Das Schicksal wird als Ersatz der Elterninstanz angesehen; wenn man Unglück hat, bedeutet es, daß man von dieser höchsten Macht nicht mehr geliebt wird.« (Freud 1930, Das Unbehagen in der Kultur. In: *GW* Bd. XIV, Frankfurt o. J., S. 485f)

Winnicott und Freud zeigen, dass sich das Opfer für sein Unglück unbewusst verantwortlich fühlt. Das omnipotente Opfer imaginiert sich als Verursacher der Ereignisse. Bei Freud imaginiert sich der Leidende als unartiges Kind, das für ein Vergehen bestraft wird. In beiden Versionen wohnt der Grund des Unglücks denjenigen weiter inne, denen es widerfuhr.

Der normalerweise positiv gewertete Prozess der Internalisierung kann also auch negative Konsequenzen haben. Internalisierung kann dazu führen, dass sich der Mensch auf Kosten der eigenen Entwicklung mit seinen Objekten identifiziert (Roussillon, 1995, Métapsychologie: Écoute et transitionnalité. *Revue Francaise de Psychanalyse,* 59, 1442-1443). So betrachtet, kann Externalisierung ein positiver Faktor bei der Wiederherstellung eines durch historische Ereignisse gestörten Gleichgewichts sein.[1]

Laub und Auerhahn haben bei ihrer Behandlung von Holocaustüberlebenden und deren Nachkommen die entscheidende Bedeutung der Mobilisierung von Erinnerung an das ursprüngliche Trauma erkannt: »Die Überlebenden und ihre Kinder ... müssen ihre aggressiven und sexuellen Triebe wieder in den traumatischen Kontext stellen, damit sie zum Bestandteil der Realität werden und damit das Phantasieleben befreien können.« (Laub & Auerhahn, 1993, ebd., S. 300)

Und in seinem Aufsatz »Bearing Witness, or the Vicissitudes of Listening« meint Laub: »Um dieses Gefangensein in einem Schicksal rückgängig zu machen ... muss ein therapeutischer Prozess – ein Prozess, in dem ein Narrativ konstruiert, eine Geschichte neu konstruiert und das Ereignis im wesentlichen *re-externalisiert* wird – in Gang gesetzt werden. Diese Re-Externalisierung des Ereignisses ist nur dann möglich und wirksam, wenn man die Geschichte artikulieren und *weitergeben*, im Wortsinne auf jemand anderen, außerhalb der eigenen Person, übertragen und dann wieder zurück nach innen holen kann. Berichten bedeutet also auch die Neubestätigung der Hegemonie der Realität und die Re-Externalisierung des Übels, von dem das Trauma-Opfer berührt und vergiftet wurde« (Felman & Laub, 1992, *Testimony*. New York and London: Routledge, S. 69)

Die Kontaminierung durch Trauma macht diesen Aspekt der Interaktion zwischen der inneren und äußeren Welt besonders wichtig, aber er beschränkt sich nicht auf schwer traumatisierte Menschen: Er bezieht sich auf die Art der Internalisierung jedes wichtigen Verlustes, jeder Tragödie und jedes Unglücks.[2] *Nicht*

---

[1] Der französische Analytiker Francis Pasche wollte den »Anti-Narzissmus« als psychoanalytisches Konzept einführen; er besitze als angeborener Faktor eine zentrifugale Funktion in Gegenrichtung zum Narzissmus. Er meinte: »In modernen psychoanalytischen Schriften ist die Tendenz, das Objekt in sich aufzunehmen, selbstverständlich, aber die Tendenz, die es ermöglicht, das Objekt zunächst zu erreichen und dann dort zu belassen, wird nicht erwähnt. Die theoretischen – und vielleicht auch die klinischen und methodischen – Folgen dieser Auslassung sind meiner Meinung nach nicht zu vernachlässigen, und deshalb schien es mir nötig, das Konzept des Anti-Narzissmus einzuführen.« (Pasche 1964, L'anti-narcissisme. In: *A partir de Freud*, Paris: Payot, S. 166) Das Konzept hat keine große Verbreitung gefunden, was vielleicht daran liegt, dass die Fähigkeit zur Externalisierung zu sehr von Entwicklungs- und historischen Faktoren in der Interaktion mit der Außenwelt abhängig ist, um sie als angeborene betrachten zu können.

[2] Exakte Erinnerungen an Unglücke sind oft abgespalten, das heißt, sie sind bekannt, können aber nicht für die persönliche Geschichte genutzt werden. Sie werden durch Abspaltung

die tatsächliche faktische und kognitive Geschichte dominiert die psychische Realität, sondern die phantasierte Bedeutung der Ereignisse (Oliner, 2000, The Unsolved Puzzle of Trauma. *Psychoanalytic Quarterly,* 69, 41-61).[3] Meiner Meinung nach erlaubt der aus dem Gedenken folgende Prozess, in dem ein historisches Ereignis wieder als Teil der persönlichen Erfahrung in die Innenwelt aufgenommen wird, seine Integration ins Selbst, wo die emotionale Bedeutung ohne den unangemessen irrationalen Einfluss übertriebener Verantwortlichkeit anerkannt werden kann.

Ich habe die Assimilation von Ereignissen unter dem Aspekt unbewusster Phantasien beschrieben. Inwieweit schreckliche Ereignisse vergessen werden, ist sehr unterschiedlich. Häufig werden sie erinnert, brauchen aber äußere Verstärkung und Validierung, die der Dominanz der an die Tragödie gebundenen unbewussten Bedeutungen entgegenwirken. Im Hinblick auf das psychische Gleichgewicht ist die entscheidende Frage nicht nur, wie die äußere Realität gesehen wird, sondern ob sie hinlänglich differenziert, konkret und begrenzt ist, um die andere Dimension schaffen zu helfen: als Container für Gedanken zu dienen, die klar von Handlungen unterschieden werden können. Gedenkstätten werden nur dann Teil dieser anderen Dimension, wenn sie als etwas erfahren werden, das sich deutlich von unbewussten Selbstbezichtigungen unterscheidet. In diesem Fall können sie eine graduelle Integration vergangener Ereignisse in die individuelle persönliche Geschichte fördern.

Gedenkstätten haben eine ähnliche Funktion wie das von Winnicott beschriebene Objekt, das dem Säugling hilft, eine äußere Realität zu schaffen. Seiner Meinung nach beweist das Objekt seinen Nutzen, indem er die Zerstörung durch den Säugling in der frühen Entwicklung überlebt und durch sein Überleben dem

---

schließlich zu Deckerinnerungen, deren Existenz unabhängig von den ihnen zugeschriebenen unbewussten Bedeutungen ist.

[3] Das ist für die Psychoanalyse nicht neu, aber mittlerweile wurde die Suprematie der unbewussten Phantasien über faktisches Wissen auch von der neurowissenschaftlichen Forschung und in psychologischen Laborexperimenten bestätigt. Wie De Masi (2000, The Unconscious and Psychosis. *International Journal of Psychoanalysis,* 81, 1-20, S. 7) schreibt, haben Neurowissenschaftler festgestellt, dass die Verbindungen vom emotionalen zum kognitiven System robuster sind als umgekehrt. Experimentalpsychologen haben entsprechend gezeigt, dass die Erinnerung an Ereignisse nicht dauerhaft ist, dass Ereignisse schneller vergessen werden als die Reaktionen auf sie und, was in diesem Zusammenhang besonders wichtig ist, dass mit der Schwächung der Erinnerung im Laufe der Zeit die Erinnerungen dispositional werden. Mit anderen Worten: die faktische Erinnerung: »Ich bin gestolpert, weil ein Stein auf der Straße lag«, wird im Laufe der Zeit zu: »Ich bin gestolpert, weil ich ungeschickt war«. (Riccio, Rabinowitz & Axelrod, 1994, Memory: When less is more. *American Psychologist,* 49, 917-926)

Säugling hilft, zwischen innen und außen zu unterscheiden. Winnicott hat darauf hingewiesen, wie wichtig ein Objekt, das in dieser Weise benutzt werden kann, bei der Entwicklung einer verlässlichen Welt ist. Wichtig ist dabei vor allem, dass es jenseits der Omnipotenz des Säuglings liegt. Dasselbe gilt, wie ich glaube, auch für die Nutzung von Gedenkstätten.

Winnicott schreibt: »Wenn ich von Objektverwendung spreche, setze ich Objektbeziehungen voraus ... Das Objekt muß, wenn es verwendet werden soll, zum Beispiel notwendigerweise im Sinne eines Teils der wahrgenommenen Realität real sein und nicht etwa Bündel von Projektionen.« Das sei schwierig für Analytiker, weil »Psychoanalyse ja immer gern alle Umweltfaktoren eliminieren kann, jedenfalls soweit, wie die Umwelt nicht im Hinblick auf Projektionsmechanismen betrachtet werden kann. Untersucht man jedoch die Objektverwendung, so gibt es keinen anderen Weg, als das Wesen des Objektes mit in Betracht zu ziehen, und zwar nicht als Projektion, sondern als Ding an sich.« (Winnicott, 1985, Objektverwendung und Identifizierung. In: *Vom Spiel zur Kreativität*, Stuttgart: Klett-Cotta, S. 103)

Gedenkstätten sind nützlich, wenn sie in Winnicotts Sinne »Dinge an sich« sind. Sie sind nützlich, weil sie den Wunsch, zu vergessen und zu zerstören, überleben und deshalb die Herrschaft des »Bündels von Projektionen« begrenzen. Sie können, wie Laub meint, das Bedürfnis unterstützen, aggressive Impulse in den historischen Kontext zu stellen, in dem sie entstanden sind, und damit die Omnipotenz des Opfers begrenzen.

Der französischen Psychoanalytiker René Roussillon, der die Externalisierung der »Destruktivität« für einen wichtigen Aspekt menschlicher Entwicklung hält, hat Winnicotts Überlegungen zum begrenzenden Potential der äußeren Wirklichkeit weiterentwickelt: »Wenn es in der ersten Phase kein Objekt, das heißt kein subjektiv konstituiertes Außen gibt, dann ist primärer Narzißmus auch primärer Masochismus. Es ist Aufgabe des Objekts nach der Entdeckung seiner Äußerlichkeit, die Erfahrungen fehlender Befriedigung und die dazugehörige Destruktivität ›nach außen‹ *abzuleiten.*« (Roussillon, Métapsychologie, S. 1411)

Die externalisierende Rolle des Objekts ist also klar umrissen und aus dieser Sicht Teil der normalen Entwicklung. Normalerweise wird in der Psychoanalyse der Begriff »Objekt« auf Menschen bezogen, vor allem auf die Mutter in der frühen Entwicklung des Kindes. Aber ich glaube, dass diese Vorstellung auch für die Rolle unbelebter Objekte in der Außenwelt wichtig ist, vorausgesetzt, dass diese die Zerstörung durch das Vergessen überleben und bedeutungsvolle Elemente der inneren Welt reflektieren.

Die exzessive Internalisierung im Gefolge historischer Katastrophen – ob in der persönlichen, der nationalen oder der Weltgeschichte – verlangt nach Externalisierung durch Gedenken, um das Ungleichgewicht zwischen innerer und äußerer Welt wieder auszugleichen. Durch Gedenken werden die Ereignisse in einen Kontext gestellt, der ihnen Grenzen gibt, indem er an ihre Besonderheit erinnert. Externalisieren kann therapeutisch sein, kann die phantasierte Verantwortung des traumatisierten Einzelnen mindern, aber sie kann nicht entschädigen oder den Verlust rückgängig machen. Im Gegenteil: Häufig erzählen Denkmäler von Verlusten, die zu betrauern sind, aber diese Verluste haben Grenzen und Ursachen, die außerhalb der phantasierten Omnipotenz des Individuums liegen.

Innere Prozesse, die Gedenkstätten ihre Bedeutung verleihen

Anders als bei der Externalisierung, der man häufig in der Analyse begegnet und bei der die Patienten versuchen, die Verbindung zwischen den äußeren und inneren Konflikten, aus denen sie hervorgegangen sind, zu blockieren, sind die Vorteile des hier beschriebenen Externalisierungsprozesses von der Verbindung zu einer persönlichen Bedeutung abhängig. Das externalisierende Handeln, das dem Gedenken innewohnt, ist abhängig von der Verbindung zur inneren Welt dessen, der sich erinnert oder an das Geschehene erinnert wird, kann aber nur dann entlasten und freisprechen, wenn es die unbewusste Omnipotenz begrenzen und die Selbstbezichtigung einschränken kann.

Die entlastende Funktion von Gedenken beruht auf einer spezifischen Beziehung zur äußeren Realität: Innere und äußere Realität müssen sich gewissermaßen ineinander spiegeln, gleichzeitig aber die wesentliche Differenz von Innen und Außen aufrechterhalten. Gedenkstätten müssen einer äußeren Realität, die von anderen geteilt und validiert wird, gleichzeitig aber auch der inneren Welt der Beteiligten zugehören, die oft von Schuldgefühlen beherrscht wird, die lediglich darauf beruhen, dass eine Tragödie *geschehen* ist. Wenn aber eine Gedenkstätte nur die Schuldgefühle des Einzelnen reflektiert, ist sie für den hier beschriebenen Prozess sinnlos und wird in der Regel gemieden. Ein Mensch, der sich von der erzählten oder dargestellten Geschichte angeklagt fühlt, findet im Gedenken keine Entlastung und vermeidet es deshalb.[4] Dies macht deutlich, dass der Zweck des Gedenkens in seinem Potential für Entlastung liegt.

---

[4] Die Nazis bauten kein Denkmal, das darstellt, wie ein SS-Mann einen Juden tötet.

Zur Illustration meiner These will ich mich auf solche Beispiele beschränken, in denen der beschriebene Prozess aufgrund von Faktoren, die ich versuche herauszuarbeiten, gescheitert ist. In allen Fällen war es die gescheiterte Interaktion zwischen Innen- und Außenwelt, die für das Scheitern der externalisierenden Funktion verantwortlich war. Um den Prozess an sich zu verstehen, werde ich zeigen, welche Faktoren fehlten oder zum Scheitern der Externalisierung führten. Das erste Beispiel zeigt, dass Gedenken erst ab einer bestimmten Reifestufe möglich ist. Das zweite Beispiel betrifft die Vermeidung des Gedenkens durch die, die sich davon angeklagt fühlen, denn Denkmäler, die nicht auch ein gewisses Maß an Freispruch bieten, berauben sich ihrer *raison d'être*. Abschließend beschreibe ich am Beispiel von Primo Levi, dem großartigen Mahner, wie trotz seiner schriftstellerischen Sensibilität Gedenken teilweise scheitern kann.[5]

Die Unreife von Kindern

Die folgende Episode soll das Scheitern des Gedenkens aufgrund der begrenzten inneren Welt eines kleinen Kindes verdeutlichen: Als meine Tochter fast vier Jahre alt war, starb mein Onkel Jully. Obwohl man ihr sagte, dass er gestorben sei, sprach sie kurze Zeit später von ihm, als sei er noch am Leben. Ich erinnerte sie an seinen Tod. Dieser Austausch wiederholte sich noch einige Male; sie sprach von ihm, als sei er am Leben, und ich erinnerte sie daran, dass er tot sei. Schließlich sagte sie: »Oh je, Jully stirbt und stirbt.«[6]

Für sie war das Ereignis immer wieder neu; sie hatte keine Vorstellung von der Irreversibilität des Todes, die dem Ereignis Bedeutung gegeben hätte. Hätte es ein Denkmal für Jully gegeben, hätte es nicht mit ihrer inneren Welt intera-

---

[5] Ich will mich hier nicht mit einer Haltung auseinandersetzen, die sich aktiv gegen die externalisierende und dadurch entlastende Funktion von Gedenkstätten wendet. Dabei geht es nicht um das Scheitern der Funktion, sondern um die Opposition gegen die dadurch erreichte Erleichterung. Aber wer die entlastende Wirkung konventioneller Gedenkformen ablehnt, bestätigt sie letztlich.

[6] Eine weitere Vignette über die kindliche Vorstellung vom Tod verdanke ich meinem Kollegen Dr. Steven Reisner: »Als mein Sohn vier Jahre alt war, schenkten meine Frau und ich ihm zwei Goldfische in einer großen Schale. Trotz aller Bemühungen starb einer der Fische, und wir kauften einen neuen. Nach einigen Wochen starb auch dieser Fisch, und wieder kauften wir einen neuen. Dann starb der dritte Fisch, und wir kauften einen vierten. Ein Nachbar fragte meinen Sohn nach den Goldfischen, und er antwortete: ›Der hier lebt schon lange, aber der andere stirbt immer wieder.‹«

giert. Wegen ihrer Unreife konnte sich das Ereignis nicht symbolisieren. Ein Gedenken, das die Innen- wie die Außenwelt einbezieht, funktioniert anders als die Gedächtnishilfe, mit der ein Kind einem Ereignis Realität gibt. Ohne die entsprechenden inneren Prozesse zur Symbolisierung, auf denen die Externalisierung beruht, sind Denkmäler unwirksam.

Gedenken wird zur Anklage

Die Tatsache, dass es keine Denkmäler gibt, mit denen *Täter an ihr Verbrechen erinnern*, zeigt, dass Gedenkstätten versagen, sofern sie nicht ein gewisses Maß an Schuldentlastung bieten. Das Verhalten der ersten deutschen Nachkriegsgeneration nach dem Holocaust ist ein gutes Beispiel für das Scheitern der Möglichkeit, Entlastung durch Denkmäler zu erreichen. Denkmäler wurden am Ende des Krieges *von den Opfern errichtet, nicht von den Tätern*. In ihrem Fall war das Gedenken nicht Entlastung, sondern Anklage. Das ist mit ein Grund dafür, dass *die Täter des Völkermords ihrer Taten nicht gedachten*, während die Opfer sich für die Erinnerung an die Geschichte engagierten. Sie errichteten Denkmäler an den Orten der Konzentrationslager und setzten sich für ihren Erhalt und den Erhalt der Lager selbst ein, um an die Vernichtung von Juden und anderen damals nicht als lebenswert betrachteten Gruppen zu erinnern.

Täter werden durch Gedenkstätten an eine Geschichte erinnert, die sie vergessen, verleugnen, verbergen und verzerren wollen und vielleicht auch müssen. Wie die Opfer wurden auch sie von unbewussten Schuldgefühlen gequält, aber die Denkmäler konnten ihre Schuld nur bestätigen, weil die Differenzierung zwischen äußerer Realität und Innenwelt noch nicht weit genug fortgeschritten war, um Entlastung zu ermöglichen. Diese Haltung ist zwar verurteilt und verdammt worden, ist aber gleichwohl verständlich; sie stützt die Tatsache, dass Denkmäler nur dann sinnvoll sein können, wenn sie den Gedenkenden entlasten. Ein solcher Versuch findet sich in dem berühmten Gedicht von François Villon, der *Ballade von den Galgenbrüdern*; hier bitten Verbrecher ihre Mitmenschen, nicht allzu hart über sie zu urteilen, sondern Gott zu bitten, dass er sie und uns alle erlöse. Diese Verbrecher wurden bestraft und hatten ihre Schuld eingestanden, forderten aber künftige Generationen auf, sich mit der gemeinsamen Fehlbarkeit zu identifizieren. Hier geht es nicht um das Gedenken an ein historisches Verbrechen, sondern an die Sündhaftigkeit, die uns allen gemeinsam ist.

Ein gescheiterter Akt des Gedenkens war auch die Kranzniederlegung, zu der Kanzler Helmut Kohl den amerikanischen Präsidenten Ronald Reagan 1985 auf dem deutschen Soldatenfriedhof in Bitburg einlud. Auch wenn dieser Besuch viele Jahre nach dem Holocaust stattfand, reagierte man in den USA empört, als bekannt wurde, dass auf dem Friedhof nicht nur gefallene Wehrmachtssoldaten, sondern auch Angehörige der Waffen-SS begraben waren.

Wenn Vergessen als erneutes Töten erlebt werden kann, kann Erinnern bedeuten, die Toten wieder zum Leben zu erwecken. Die Ehrung der Waffen-SS durch Kranzniederlegung und andere Formen des Gedenkens entlastete diejenigen, die am Völkermord Schuld trugen. Hier wurden die Externalisierung und damit die Entlastung durch Gedenken als moralisch verwerflich betrachtet. Die Verbrechen der Waffen-SS gingen über die Möglichkeit der Entlastung hinaus, die der Geste der Kranzniederlegung innewohnt.

Es hat zwei Generationen gebraucht, bis die Mehrzahl der Deutschen wirklich der Opfer des Völkermords und dieses historischen Verbrechens gedenken wollte, statt sich wie vorher von den Sünden der Väter durch Vergessen zu distanzieren. Doch in den letzten Jahren haben sich viele Deutsche aufrichtig bemüht, sich von dieser kollektiven Schuld zu entlasten und die Opfer in gewisser Weise wieder zum Leben zu erwecken. Im Gedenken können sie Zeugnis ihrer eigenen Unschuld ablegen, aber die unbewussten Schuldgefühle sind so allgegenwärtig, dass mir scheint, als sei nicht einmal die jüngere Generation in der Lage, die Identifikation mit den im Namen ihres Volkes begangenen Verbrechen hinlänglich aufzugeben. Im letzten Teil dieses Aufsatzes werde ich anhand von Beispielen zeigen, dass zeitgenössische Künstler Denkmäler der deutschen Geschichte entwerfen, die entweder kontraproduktiv oder ambivalent sind.

Der Kampf zwischen Schuld und Unschuld

Stand im Mittelpunkt meiner Überlegungen bisher die Auffassung, dass Externalisierung dann nicht funktionieren kann, wenn die Darstellung historischer Ereignisse, an denen man beteiligt war, nur die eigene Schuld bestätigt und die Außenwelt nicht dazu dient, den Tätern ein gewisses Maß an Entlastung zu bieten, so zeigt mein drittes Beispiel, das Beispiel Primo Levis, wie die Externalisierung bei ein und demselben Menschen teilweise gelingen und teilweise scheitern kann: Nicht einmal Levis großartige Fähigkeit, die Ereignisse des Holocaust in den angemessenen historischen Kontext zu stellen, konnte eine dominante unbewusste Selbstverurteilung verhindern, die sich im Gefühl ausdrückte, wertlos zu sein.

Sein bemerkenswertes Buch *Die Untergegangenen und die Geretteten* (Aus dem Italienischen von Moshe Kahn. München, Wien: Carl Hanser Verlag 1990) weist ihn als einen der sachlichsten und beeindruckendsten Zeugen der Naziverbrechen aus: »Ich verstehe nichts vom Unbewussten und von der verborgenen Tiefe, aber ich weiß, daß nur wenige etwas davon verstehen und diese wenigen vorsichtiger sind. Ich weiß nicht, und es interessiert mich eigentlich auch nicht, ob in meinen innersten Tiefen ein Mörder haust, aber ich weiß, daß ich ein schuldloses Opfer und kein Mörder gewesen bin. Ich weiß, daß es Mörder gegeben hat, nicht nur in Deutschland, und daß es sie noch gibt, sowohl im Ruhestand als auch noch im aktiven Dienst, und daß sie mit ihren Opfern zu vermengen auf eine kranke Moral, ein ästhetisierendes Getue oder ein unheimliches Anzeichen für Komplizenschaft hindeutet; aber vor allem wird damit jenen, die die Wahrheit bestreiten, ein wertvoller Dienst erwiesen – ob beabsichtigt oder nicht.« (Levi, ebd., S. 46)

Dieses Talent zur Klarheit hat Levi zu einem der meistgelesenen Zeugen des Holocaust gemacht. Gerade deshalb überrascht es, wenn er im selben Werk weiter schreibt: »Überlebt haben die Schlimmsten, und das heißt die Anpassungsfähigsten. Die Besten sind alle gestorben. ... Nicht wir, die Überlebenden, sind die wirklichen Zeugen.« (ebd., S. 84f)

Aber Levi hat mit großer Sensibilität auch die irrationale, unbewusste Schuld erkannt, die seine Selbstbezichtigung motivierte. Er war sich bewusst, dass die Unterdrücker und ihre Opfer sich in dem Wunsch ähnlich sind, die schmerzhaften Erinnerungen zu vergessen, die sie verbinden: »Es ist interessant, die Erinnerungen an extreme Erfahrungen zu untersuchen. ... Die Erinnerung an ein Trauma, ob es nun erlitten oder zugefügt wurde, ist an sich schon traumatisch, denn es schmerzt ... Wer verletzt worden ist, neigt dazu, die Erinnerung daran zu verdrängen, um den Schmerz nicht zu erneuern; wer dagegen einem anderen eine Verletzung zugefügt hat, verdrängt seine Erinnerung, um sich von ihr zu befreien, um sein Schuldgefühl zu verringern. Wieder einmal haben wir es mit einer paradoxen Analogie von Opfer und Unterdrücker zu tun, und wieder einmal kommt Angst auf: beide sitzen in derselben Falle, aber es ist der Unterdrücker und nur er, der sie aufgestellt hat und zuschnappen lässt: wenn er daran leidet, ist es nur gerecht, aber es ist ungerecht, daß das Opfer darunter leidet und auch noch nach Jahrzehnten leiden muss. Wieder müssen wir bedauerlicherweise feststellen, daß die Verletzung unheilbar ist.« (Anissimov, 1996, *Die Tragödie eines*

Optimisten. Aus d. Franz. v. L. Gerstner, P. Punin, R. Vouillié. Berlin: Philo 1999, S. 494)[7]

Der Abschnitt endet mit einer Spezifizierung der Gemeinsamkeit von Opfer und Täter: »Aber angesichts der nackten Realität des Faktums, das sich unwiderruflich ereignet hat, brauchen beide Trost und Unterstützung.« (ebd., S. 495) Für viele bietet die Externalisierung der Schuld durch Gedenken diesen Schutz.

Levi, dessen lebendige Darstellung des Holocaust als herausragendes Zeugnis der Geschichte anerkannt wird, disqualifiziert sich als Sprecher der Überlebenden durch seine implizite Selbstverdammung, wenn er schreibt, dass die Schlimmsten überlebten. Er zeigt sich sowohl als Mensch, der diejenigen anzuklagen in der Lage ist, die die Verantwortung für die Ereignisse tragen, die das Leiden verursacht haben, als auch als Mensch, der die Schuld internalisiert hat und sich zusammen mit den Tätern verdammt, wenn er sagt, dass die Verletzung unheilbar ist. In der Tiefe seiner Depression und nur eine Stunde vor seinem Tod äußerte er, der Anblick seiner sterbenden Mutter erinnere ihn an Auschwitz (Anissimov, ebd., S. 561).

In Levis Fall glaube ich, dass ihm das Gedenken half, sich teilweise zu entlasten – er sagt, er war kein Mörder – und sich der Identität der Täter bewusst zu bleiben.[8] Berücksichtigt man, dass Levis eigener Tod entweder ein Unfall oder ein durch Depression ausgelöster Selbstmord war, könnte man spekulieren, es habe sich bei seinen Werken um eine Form des Gedenkens gehandelt, die auf Verstärkung der faktischen und kognitiven Erinnerungen an die Erfahrung zielte und so die unbewussten Selbstbezichtigungen verdrängen sollten.

Levi behauptet letztlich, dass der Unterschied zwischen ihm und den Tätern wegen der von beiden begangenen Taten nicht so groß sei. So wie die Nazis Denkmäler nur als Anklage empfinden konnten, so konnte Levis wunderbare Klarheit ihn doch nicht von seiner Unschuld überzeugen. Das Beispiel Primo Levis zeigt, wie leicht Wissen und gelingende Externalisierung vom Unbewussten konterkariert werden können, das letztlich darüber entscheidet, wie Verlust- und Zerstörungserfahrungen internalisiert werden. Sein Leben und sein Zeugnis

---

[7] Aus einer Rede vom 29. Oktober 1983, zitiert nach Anissimov.

[8] Levi bemühte sich in seinen Erinnerungen, realistisch zu sein, und distanzierte sich von anderen, die wie Jean Améry seiner Meinung nach von dem Wunsch besessen waren, »zurück zu schlagen« (Levi, ebd., S. 138). Die anklägerische Haltung Amérys – ebenfalls ein Überlebender, der sich umbrachte – war ihm fremd, und er führte dessen in der Erklärung: »Wer gefoltert wurde, bleibt gefoltert« (ebd., S. 21) zusammengefasste Haltung zur Erinnerung an die Folter und die mit dieser Erfahrung verbundenen Verluste zurück.

bestätigen nachdrücklich die Thesen Freuds und Winnicotts über die Wirkung von Schicksal und Trauma im Unbewussten aller Opfer historischer Katastrophen. Ich glaube, dass sich Analytiker bei der Behandlung von Trauma-Opfern über die Präsenz dieser unbewussten Schuld im Klaren sein müssen, auch wenn es oft nicht möglich ist, sie zu thematisieren. In letzterem Fall werden Analytiker zu Gedenkenden, die dem Patienten helfen, die Ereignisse real werden zu lassen und sie außerhalb der individuellen Omnipotenz zu verorten. Das entlastet selbst Trauma-Opfer, bei denen die Schuld als Rest des erlittenen Traumas auf Dauer bestehen bleibt.

Historische Faktoren beim Gedenken

Ich wende mich jetzt historischen Faktoren zu, die beim Gedenken eine Rolle spielen. In New York zeigen die Denkmäler und die öffentlichen Gedenkveranstaltungen für die Opfer des 9. September, dass die Erinnerung auf einer allgemein akzeptierten Praxis basiert, die, so die Hoffnung, das Leiden der Hinterbliebenen lindert. Die Neugestaltung des Ortes, an dem das World Trade Center stand, ist der Erinnerung verpflichtet.[9] Und trotz des Streits um die Art der am *Ground Zero* geplanten Gedenkstätte besteht Einigkeit darüber, dass der Ort, zumindest teilweise, dem Gedenken an die beim Angriff auf die Zwillingstürme Getöteten gewidmet werden muss.[10] Diejenigen, die nicht dem Anschlag ausgesetzt waren, werden der Opfer gedenken.

Die Erfahrungen mit dem Gedenken im zeitgenössischen Deutschland illustrieren einen anderen Aspekt, der zum Scheitern der externalisierenden Funktion beizutragen scheint. Die nach dem Zweiten Weltkrieg Geborenen und alle künftigen Generationen könnten sich theoretisch durch ihre Bereitschaft, der Taten zu gedenken, die die Täter verbergen und vergessen wollten, durchaus entlastet fühlen. Gedenkstätten könnten für diese neuen deutschen Generationen, die ein Gefühl von Distanz zu dieser Geschichte entwickeln können, ihre exter-

---

[9] Manche Entwürfe zeigen Anklänge ans Original und damit den Versuch, in einem durch Verleugnung oder Trotz motiviertem Akt jenseits des Gedenkens den Verlust zu ersetzen. Reproduktion führt nicht zu Trauer, sondern zu Triumphgefühlen, und das fertige Projekt wird, wie es aussieht, beides enthalten: den Verlust und den Triumph.

[10] Mir ist nicht klar, was die wachsende Tendenz bedeutet, die Orte, an denen gestorben und die Seele den Körper verließ, zu Gedenkstätten zu machen. Diese Denkmäler sind wie eine Ergänzung zum Friedhof, dem traditionellen Ort der Trauer, wo der Körper begraben ist.

nalisierende Funktion bewahren. Die Wirkung des Gedenkens könnte sich auf die Verdammung der Nazis und die Weigerung der gegenwärtigen Generation von Deutschen stützen, sich mit den Sünden der Großväter zu identifizieren. Der deutsche Sozialwissenschaftler Christian Schneider (Schneider 2002, Geschichte als Krise und Übergang. *Mittelweg 36*, 11) meint, die Deutschen seien gehalten, die Nazizeit als *Zivilisationsbruch* zu verdammen. Er bezieht sich bei seinen Überlegungen zum Umgang mit der deutschen Vergangenheit auf Nietzsches Konzept der »kritischen Geschichte«. Wendet man dieses Konzept auf das Problem der Erinnerung an, wie ich es verstehe, könnte der *Zivilisationsbruch* als Warnung dienen; man gedenkt seiner, um ihn zu verdammen. *Allerdings sollen sich die am Gedenken Beteiligten gleichzeitig als Nachkommen der Akteure dieser Geschichte erkennen.* Diese Art des Gedenkens berücksichtigt die Kluft zwischen den Generationen und die zeitliche Distanz, die für den Umgang mit der deutschen Geschichte nötig ist, verlangt aber gleichzeitig auch ein gewisses Maß an Identifikation mit den Tätern. Und darin liegt meiner Meinung nach das Problem. Es hat an die Grenzen des Gedenkprozesses geführt, die den Konflikt zwischen dem Wunsch nach Gedenken und der Notwendigkeit illustrieren, die Identifikation mit den im Namen Deutschlands begangenen Verbrechen zu vergessen.

Die Debatten über das Gedenken belegen die Schwierigkeit der Deutschen, Erleichterung durch Externalisierung zu finden, weil Gedenkstätten die Schuld spiegeln, die sie unwissentlich in sich tragen. Die heutigen Deutschen wissen und sagen laut, dass sie keine Mörder sind, aber ihre Einstellung zum Gedenken zeigt, dass die Aufforderung zur Erinnerung von vielen als Anklage empfunden wird. Für sie spiegeln die Denkmäler, die an den in ihrem Namen begangenen Völkermord erinnern, offensichtlich ihre unbewussten Schuldgefühle.

Meiner Meinung nach wird dies durch die Deutschen verstärkt, die sich einer Distanzierung der heutigen Generation von der Vergangenheit widersetzen. Diese Historiker und Künstler befürworten, wie ich glaube, praktisch die Identifikation mit der Geschichte und stellen feste Regeln für die Form des Gedenkens auf.[11] Man warnt vor emotionaler Distanz zu den Ereignissen, derer gedacht wird. Für sie ist Externalisierung nicht erwünscht; Denkmäler sollen die Distanz zwischen dem Ereignis und seiner späteren Erfahrung verringern. James E. Young hat in seinem faszinierenden Buch *Nachbilder* (Young, 2002, *Nach-*

---

[11] Der deutsche Historiker Jörn Rüsen (Rüsen, 2002, *Crisis, Trauma, and Identity*, Trauma Research Network Conference. Wiesbaden-Naurod) hat eine Liste von Bedingungen für den Umgang mit der Geschichte des Dritten Reiches aufgestellt, die sich sämtlich gegen Distanzierung, De-Traumatisierung und Selbstschutz richten.

Bilder. Der Holocaust in zeitgenössischer Kunst und Architektur. Aus dem Amerikanischen v. E. Knörer. Hamburg: Hamburger Edition), auf das ich später noch eingehen werde, solche Denkmäler beschrieben. Ihr Ziel ist nicht das Nachdenken über eine Geschichte, die nicht die eigene ist, sondern die Evozierung schmerzlicher Gefühle, die den Gefühlen derer ähneln, die die Ereignisse erlebt haben.

Mein Kontakt mit den Arbeiten deutscher Intellektueller sowie Youngs erhellende Analyse des heutigen Holocaustgedenkens in Deutschland haben mir erneut bestätigt, dass der Mangel an Entlastung auf unbewusste Schuldgefühle zurückgeht. Young benennt einfühlsam die Probleme beim Gedenken an Ereignisse, die eine frühere Generation erlebt hat, aber den Nachkommen als Geschichte überliefert wurde, derer man sich erinnern muss. Er berichtet von den Schwierigkeiten von Künstlern, die Kinder und Enkel der Opfer und der Täter des Holocaust sind, eine verlorene Welt so zu zeigen, dass ihre Zerstörung nicht vergessen wird. Mich hat Youngs Buch sehr berührt, aber ich bin anderer Meinung als er und die Deutschen, die die konventionellen Formen des Gedenkens ablehnen, wenn es um die Erwünschtheit von Entlastung geht. Young meint: »Statt die Erinnerung an die ermordeten Juden zu provozieren, werde dies ein Ort, so unser Verdacht, an den die Deutschen pflichtgemäß pilgerten, um ihre Gedenklast abzuwerfen und dann frei und unbelastet ins 21. Jahrhundert zu spazieren. Ein vollendetes Monument würde letztlich das Erinnern beenden.« (Young, ebd., S. 227)

Damit erklärt er die externalisierende Funktion des Gedenkens für unerwünscht. Die Deutschen müssten sich demzufolge persönlich auf Denkmäler beziehen, statt sich durch die Zeit, die seit dem Ereignis vergangen ist, zu entlasten.[12] Mit Blick auf die gegenwärtige Einstellung, die Gedenken als Anti-Erlösung betrachtet, meint Young, Denkmäler und Gedenken sollten nicht auf Externalisierung und Entlastung zielen. Er glaubt, die Deutschen sollten sich auf die Schaffung eines lebendigen Denkmals konzentrieren, das nicht außerhalb, sondern innerhalb der Psyche angesiedelt ist, etwas Geschaffenes und nicht bloß Bewahrtes. Ein solches Denkmal wäre äquivalent zu einer persönlichen Schöpfung, für die der Einzelne Verantwortung trägt, und kein bloß in der geschichtlichen Vergangenheit verortetes Ereignis.

---

[12] Ihr Problem erinnert an die Frage der Tochter von Holocaustüberlebenden: »Wie kann ich etwas verlieren, was so unersetzlich verloren ist?«

Zwei Denkmäler aus neuerer Zeit zeigen in typischer Weise das Bestreben, Gedenken zu einer inneren Erfahrung zu machen: das verschwindende Denkmal in Harburg und das unsichtbare Denkmal in Saarbrücken. In Harburg sollte das verschwindende Denkmal den Bewohnern die Erfahrung vermitteln, dass etwas aus ihrer Mitte verschwindet, so wie es die Großeltern beim Verschwinden der Juden im Holocaust erlebten. Das Denkmal wurde nach und nach im Boden versenkt; heute ist nur noch eine Tafel im Straßenpflaster zu sehen. Hinter dem unsichtbaren Denkmal, bei dem die Namen zerstörter jüdischer Friedhöfe auf der nicht sichtbaren Seite von Pflastersteinen angebracht wurden, steht der Gedanke: Aus den Augen, aber *im Sinn*.

Diese beiden Projekte, geschaffen von Künstlern, die auf Internalisierung zielten, vermeiden die Funktion der Externalisierung bewusst. Sie vertreten offensichtlich die Auffassung, man gedenke eines Ereignisses, das vergangen und damit nicht länger Teil der gegenwärtigen Generation ist. Entsprechend geht es ihnen vor allem darum, die Unterscheidung zwischen dem Ereignis und seiner zeitgenössischen Wahrnehmung zu verwischen und so den Betrachter zur aktiven Teilnahme zu bewegen. Die Aktivität besteht in der Arbeit der Imagination, die durch das Fehlen konkreter Denkmäler erschwert wird.[13] Diese beiden Denkmäler haben trotz der tief schürfenden intellektuellen Debatte, die ihnen vorausging und sie begleitete, unbeabsichtigt genau die Geschichtsvergessenheit der Deutschen produziert, die die am wenigsten reflektierten Teile der deutschen Gesellschaft begrüßen.

Ich glaube, dass die Frage, wie sie ihrer Geschichte gedenken sollen, vielen Deutschen auf den Nägeln brennt. Die bisher vorgestellten Lösungen sind das, was Young als »Gegen-Denkmäler« bezeichnet. Den Künstlern, die sie entworfen haben, war es ein ernsthaftes Anliegen, an die Nazivergangenheit zu erinnern, aber ihre Werke können zwei ungewollte Folgen haben: Erstens führen sie möglicherweise zu erneutem Antisemitismus, weil es heutige Deutsche zornig macht, wenn man sie der Naziverbrechen anklagt. Es ist berechtigt, wenn sie sich darüber ärgern, dass man sie als Träger eines ererbten Makels betrachtet, den sie nicht auslöschen können, und dieser Ärger enthält das Potential für den Hass auf Juden, die als unversöhnliche Ankläger gesehen werden.

Zweitens können die unsichtbaren und verschwindenden Denkmäler trotz aller guten Absichten durchaus zu einem erneuten Verschwinden der Juden beitra-

---

[13] Dasselbe gilt für die »Stolpersteine« an ehemaligen jüdischen Wohnhäusern in manchen deutschen Städten. Diese Information verdanke ich Johanna Bodenstab Laub.

gen. Ohne es zu wollen, nehmen diese Gegen-Denkmäler den Städten damit die Erinnerung an den Völkermord.

Meine eigene Erfahrung im Nachkriegsdeutschland

Ich möchte jetzt die intellektuellen Debatten über deutsche Denkmäler beiseite lassen und von meinen persönlichen Erfahrungen mit dem deutschen Gedenken erzählen. In meinem Geburtsort Andernach gibt es eine Reihe von Denkmälern, und die Orte, an denen sie stehen, sind vielleicht interessanter als ihr Inhalt: Es gibt eine sehr schlichte Tafel mit den Namen der ermordeten Juden der Stadt am Eingang einer antiken Mikwe, dem rituellen jüdischen Bad, das heute von Schwefeldämpfen überzogen ist und tief unter dem ehemaligen Rathaus der Nazis liegt. Eine ähnliche Tafel mit den Namen der ermordeten Juden von Merxheim befindet sich auf einem steilen, über einen Feldweg zu erreichenden Hügel in beträchtlicher Entfernung von dem Dorf, in dem mein Vater geboren wurde. Die Tafel ist außerhalb des jüdischen Friedhofs angebracht, sollte aber ursprünglich innerhalb der verschlossenen Einzäunung aufgestellt werden, wo kein Vorübergehender sie hätte sehen können.

Im christlichen Teil des Andernacher Friedhofs (der jüdische und der christliche Friedhof liegen nebeneinander und haben einen gemeinsamen Eingang) findet sich eine Tafel mit der Inschrift »Mahnung an die Lebenden«, die an die unter der Diktatur gequälten und ermordeten jüdischen Bürger erinnert. Wo früher die Synagoge war, steht heute ein Mietshaus. Daran ist eine Tafel befestigt, die fragt, ob wir nicht alle denselben Gott haben und an die Zerstörung der Synagoge in der von den Nazis so genannten »Kristallnacht« (9./10. November 1938) erinnert. Die Tafel ist von Sträuchern verdeckt und schwer zu finden. Die sichtbarste Gedenktafel am Ort eines alten Monuments aus der Römerzeit trägt die Inschrift: »Wir gedenken in Trauer der Toten des Krieges und der Diktatur«.

Das bewegendste und bemerkenswerteste Denkmal in Andernach befindet sich auf einem öffentlichen Platz. Dieser »Spiegelcontainer« besteht aus einer nach oben offenen rechteckigen Konstruktion aus unbearbeitetem Blech, etwa in der Größe eines Wartehäuschens an einer Bushaltestelle. An einer der Längsseiten befinden sich zwei Öffnungen, etwa so breit wie normale Türen. Beim Eintreten sieht man, dass alle Wände verspiegelt sind. Die Spiegelwände sind mit den Namen der Patienten der örtlichen Psychiatrie bedeckt, die bei der Aktion T4, mit der die »arische Rasse« von den angeblich geistig und körperlich »Minderwertigen« gesäubert werden sollten von den Ärzten zur Vernichtung selektiert wurden. Der Betrachter sieht dazu auch das eigene Spiegelbild; das Photo, das ich dort gemacht habe, zeigt die Wand mit den Namen und mich beim Photographieren. Dieses so genannte Kriegsdenkmal hat mich in seiner Schlichtheit sehr bewegt.

Ich habe viele Jahre gebraucht, bis ich wieder nach Deutschland zurückkehren konnte, und ich verdanke das einer Gruppe von Bürgern, die mit großem Engagement Kontakt zu ihren früheren Nachbarn herstellten. Ihre Bereitschaft, der Mitbürger zu gedenken und die vergangene Geschichte anzuerkennen, war für mich eine wichtige Unterstützung. Die Unterstützung durch Denkmäler aber ist für mich etwas sehr Persönliches, weil sie bedeutet, dass etwas außerhalb von mir die Vernichtung überlebt hat. Die versteckten Orte, an denen sich viele dieser Denkmäler befinden, zeigen jedoch die Ambivalenz der Deutschen, die solche Denkmäler als Aufforderung empfinden müssen, die Sünden früherer Generationen auf sich zu nehmen. Die Auswahl der Orte lässt annehmen, dass viele Deutsche den Druck ablehnen, diese Ereignisse nachzuempfinden; sie sehen darin den Appell, die schrecklichen Taten des Holocaust zu internalisieren und sich mit den Tätern zu identifizieren. Trotz des Bewusstseins der eigenen Unschuld können sie sich nicht von den Verbrechen der Vorfahren distanzieren, weil die unbewussten Schuldgefühle stärker sind als das bewusste Wissen um das Vergehen der Zeit.

Das oben beschriebene Problem beim Gedenken an die Juden in Deutschland illustriert erneut die entlastende Funktion von Gedenkstätten. Die Schöpfer dieser deutschen Projekte zielen auf die Erinnerung an die Nazizeit. Aber die Erinnerung verweist auf ein Verbrechen, das, wenn das Gedenken eine beruhigende Bedeutung haben soll, mit Teilen der inneren Welt, nämlich unbewussten Schuldgefühlen der Betrachter korrespondieren und sie begrenzen soll. Entlastung könnte aus dem Akt des Erinnerns aber nur unter der Bedingung entstehen, dass es als Verbrechen betrachtet wird, das in der deutschen Geschichte – also in der Vergangenheit – stattgefunden hat.

Das Bestreben der Schöpfer mancher Gedenkstätten, die historischen Ereignisse erlebbar zu machen, damit die Vergangenheit unmittelbarer und die Identifikation mit den Beteiligten möglich wird, steht der in diesem Aufsatz diskutierten Funktion von Gedenkstätten entgegen.

Diese Mahnmale zielen nicht auf Externalisierung – im Gegenteil, die Literatur zu diesem Thema unterstreicht das Bemühen, Entlastung zu vermeiden. Aber in Wirklichkeit werden sie so aufgestellt, dass sie kaum sichtbar sind oder, wie

Young sagt, verschwinden. Im Falle der verschwindenden oder geheimen Denkmäler ist das Mahnmal absichtlich nicht außen, sondern nur im Selbst zu finden – dort, wo die Grenzen der Zeit und der Generationen, wie wir nur allzu gut wissen, keinen Ort haben. Die Schuld, die durch die Tatsache des Erinnerns und Gedenkens erleichtert werden kann, wird in dieser Anti-Erlösungshaltung tatsächlich bestärkt. Die »Gegen-Denkmäler« schaffen nicht, wie Young glaubt, Erinnerung, sondern fördern unter Umständen das Vergessen.[14]

Zusammenfassung

Ausgehend von der universellen Rolle des Gedenkens behaupte ich, dass die meisten Opfer von Katastrophen die Verantwortung für den Verlust und die Zerstörung übernehmen, mit denen sie konfrontiert wurden. Diese Reaktion wird gemildert durch Denkmäler, die das Vergessen überwinden, und durch gemeinsame Rituale, die das Gedenken anregen sollen. Diese Aspekte der Externalisierung wirken entlastend für die Beteiligten, weil sie den unbewussten Phantasien Grenzen setzen und die verheerende Erfahrung von Verlust und Zerstörung zwar bestätigen, aber auch beschränken. Die Bestätigung der Realität traumatischer Ereignisse durch andere zeigt, dass es sich nicht um das Produkt der individuellen Imagination handelt und der Gedenkende nicht die volle Verantwortung dafür übernehmen muss.

Das Scheitern der Entlastung nimmt Denkmälern ihre *raison d'être*; deshalb gedenken auch Verbrecher nicht ihrer Untaten. Für sie ist der Nachweis der Realität ihrer Taten notwendigerweise eine Anklage. Deshalb fühlen sie sich von Denkmälern verfolgt. Dasselbe kann für Beteiligte gelten, deren irrationale Schuldgefühle sich der Externalisierung widersetzen. Auch für sie ist die Erinnerung an die Zerstörung eine Anklage. Sie sind nicht in der Lage, Beweise ihrer Unschuld außerhalb ihrer selbst wieder zu finden.

Wegen der von Omnipotenz- und Schuldgefühlen geprägten Reaktion auf die Katastrophe ist die Fähigkeit zur Externalisierung wesentlich für eine ausgeglichene Weltsicht. Die wichtige Beziehung zwischen der inneren und der äußeren Welt wird leicht vergessen, wenn die Wirkung des Traumas die Macht des Un-

---

[14] Für mich ist die Vehemenz des deutschen Aufschreis gegen die amerikanische Invasion im Irak ein weiteres Anzeichen für das deutsche Bedürfnis, sich von Aggression zu distanzieren. Dabei meine ich nur die Vehemenz, nicht die politischen Inhalte der Opposition.

bewussten zu überschatten scheint. Angesichts einer Katastrophe ist es verlokkend, nur das Ereignis selbst zu betonen und nicht das Wechselspiel zwischen Geschichte und der ihr unbewusst verliehenen Bedeutung. In den Fällen aber, in denen die persönliche Geschichte des Einzelnen von der Weltgeschichte berührt wird, bestimmt die dem Ereignis zugeschriebene unbewusste Bedeutung weitgehend die emotionalen Reaktionen. Externalisierung durch Gedenken trägt dazu bei, eine Außenwelt zu schaffen, die den Einfluss persönlicher Verantwortung und der durch überwältigende Ereignisse erzeugten Schuld in sich halten und begrenzen kann.

Julia Resnik

Holocaust-»Gedächtnisorte«:
Die Konstruktion der nationalen Erinnerung im israelischen Schulwesen[1]

Einführung

Der Holocaust-Diskurs hat nach jahrzehntelangem, dröhnendem Schweigen von den achtziger Jahren an in der öffentlichen Debatte Israels einen zunehmend wichtigeren Raum eingenommen. Viele Anzeichen belegen das wachsende öffentliche Interesse in den letzten zwanzig Jahren, aber das wichtigste ist wohl die Tatsache, dass der Holocaust die Staatsgründung als zentrales Ereignis für die Definition der israelischen Identität (Oron, 1993)[2] ersetzt hat (Herman, 1979). Die Zahl der publizierten psychologischen und historischen Studien wächst; in immer kürzeren Abständen erscheinen Filme, Theaterstücke, Bücher und Zeitungsartikel zum Thema Holocaust; neue Holocaust-Museen und Gedenkstätten werden gegründet und immer mehr Jugendliche nehmen an Gruppenreisen zu den Konzentrationslagern in Polen teil (Resnik, 1993). In den letzten Jahren sind außerdem immer mehr Bücher erschienen, die sich mit der Rolle der jüdischen Führung des Jischuw (die jüdische Gemeinde in Palästina vor der Staatsgründung) während des Holocaust (Segev, 1991; Eshkoli, 1994; Weitz, 1994;

---

[1] Eine englische Fassung dieses Beitrags erschien unter dem Titel »›Sites of memory‹ of the Holocaust: shaping national memory in the educational system in Israel« in: Nations and Nationalism 9 (2), 2003, S. 293-313. Die Herausgeber bedanken sich bei der Autorin und den Herausgebern der Zeitschrift für die freundliche Genehmigung zum Abdruck einer deutschen Fassung.

[2] Vgl. auch die Erhebung, die Yad Vashem (das nationale Holocaust-Museum in Israel) 1999 durchgeführt hat und die ergab, dass 87% der Befragten den Holocaust für einen zentralen Faktor in ihrer Identität hielten (»The upheaval in the memory of the Holocaust.«, Ha'aretz, 2. Mai 2000 [hebr.]).

Keynan, 1996; Zertal, 1996) und mit dem Einfluss des Holocaust-Traumas auf die israelische Gesellschaft beschäftigen (Bar-On, 1994; Raz-Krakotzkin, 1994; Zuckermann, 1993).

Die Literatur, die sich mit der langjährigen Abwesenheit des Holocaust im öffentlichen Diskurs Israels und mit seiner plötzlich erneuerten späten Wirkung befasst, versucht überwiegend, das Phänomen psychologisch zu begreifen, und überträgt dabei Deutungen, die für das Verständnis von Individuen entwickelt wurden, auf kollektives Verhalten. So verweisen unter anderem Bergmann und Jucovy (1982) und Davidson (1980) darauf, dass Individuen wie Kollektive einen »Entwicklungsprozess« brauchen, um vergangene schwere Traumata wie den Holocaust zu klären und zu deuten. Bar-On und Sela (1991) behaupten, durch das Vergehen der Zeit und ein größeres Sicherheitsgefühl öffneten sich die »Abwehrschranken«, so dass Großeltern den Enkeln Geschichten über ihr Überleben erzählen könnten, die sie den eigenen Kindern nicht erzählt haben.

Auch die Historikerin Shapira (1996) greift auf psychologische Erklärungen zurück, um die Bedeutung des heutigen Holocaust-Diskurses zu verstehen, und reagiert mit ihren Argumenten (vgl. Shapira, 1995) auf die »neuen Soziologen« wie Pappe (1995), Ram (1995) und Shenhav (1999) und die »neuen Historiker« wie Morris (1987) und andere, die behaupten, die Führung des Jischuw habe sich nicht genügend um die Rettung der Juden vor der Maschinerie der Nazis bemüht (Segev, 1991; Zertal, 1996), sondern die Tragödie zugunsten ihrer politischen und ökonomischen Ziele ausgenutzt, das Leid der Überlebenden ignoriert und deren Ansprüche und Stimmen zum Schweigen gebracht. Dagegen behauptet Shapira (1996), der Holocaust sei nicht von oben, sondern von den Überlebenden selbst verschwiegen worden, die sich so an die israelische Gesellschaft mit ihrer überwiegend heroischen Atmosphäre anpassen wollten.

So relevant psychologische Faktoren auch sind, müssen gesellschaftliche Phänomene wie das wachsende Interesse am Holocaust doch auch soziologisch analysiert werden. In Israel hat sich das Thema Holocaust auf verschiedenen Feldern gleichzeitig entwickelt: im Schulwesen, den Medien und im intellektuellen und ästhetischen Bereich. Jenseits einer gewissen psychologischen Prädisposition waren dabei konkrete Maßnahmen wie staatliche Planung und Mittelvergabe entscheidend. Bei der Analyse der Entwicklung des Interesses am Holocaust müssen also auch wirtschaftliche, politische und soziale Überlegungen einbezogen werden.

Dieser Aufsatz soll zeigen, dass die wachsende Beschäftigung mit dem Holocaust im heutigen Schulwesen Folge einer umfassenden Umstrukturierung des nationalen Gedächtnisses ist. Da das Schulwesen eine zentrale Bühne für diese

Umstrukturierung ist, ermöglicht die Untersuchung des Erziehungsbereichs die Evaluierung der Bedeutung des Holocaust von der Staatsgründung bis zur Gegenwart.

Die Aufnahme des Holocaust in das nationale Gedächtnis, wie sie in den letzten Jahren stattgefunden hat, war nicht, wie Shapira (1996) behauptet, Folge einer veränderten »kollektiven Stimmung«, sondern sollte die durch die Krise des Jom-Kippur-Kriegs (1973) erodierte nationale Subjektivität israelischer Jugendlicher stärken. Zudem zeigt die Untersuchung, dass das Holocaustgedächtnis im Bildungssystem in den achtziger und neunziger Jahren zunahm, das heißt zu einem Zeitpunkt, als die Zahl der Überlebenden mit ihren persönlichen Erinnerungen abnahm.

Die Analyse der Werte des Schulwesens erfordert es, das Konzept des nationalen Gedächtnisses und die Rolle, die der Staat bei der Konstruktion des kollektiven Gedächtnisses seiner Bürger spielt, genauer zu beleuchten.

Kollektives Gedächtnis

Der Begriff »kollektives Gedächtnis« findet in der Literatur breite Verwendung, hat aber oft unterschiedliche Bedeutungen. Halbwachs (1968), einer der Pioniere der Analyse des kollektiven Gedächtnisses, definiert es als Gruppengedächtnis, dass sich in einem spezifischen lokalen Raum entwickelt. Für Schwartz (1982) dagegen ist das kollektive Gedächtnis oder die offizielle Erinnerung nicht natürliches Resultat der Anpassung einer Gruppenvergangenheit an die Bedürfnisse der Gegenwart, sondern ein durch politische Manipulation geschaffenes Nationalgedächtnis. So ist zum Beispiel die Ikonographie des US-amerikanischen Kapitol Produkt der damaligen Verhandlungen zwischen den politischen Parteien. Nerone (1989) und Nerone und Wartella (1989) betonen den politischen Charakter des »sozialen Gedächtnisses«, das sie als künstliche, selektive Erinnerung an spezifische Erfahrungen mit moralischer Dimension definieren. Das soziale Gedächtnis bezieht sich auf unterschiedliche Typen von Gruppenerinnerungen, die mit den Erinnerungen der Gesellschaft insgesamt und dem Nationalstaat gleichzeitig konkurrieren und koexistieren, da die Nation in der Regel (zumindest in den meisten westlichen Ländern) das weitestreichende vereinheitlichende Narrativ eines Kollektivs liefert.

Im Gefolge von Halbwachs kontrastiert Nora (1989) das kollektive mit dem historischen Gedächtnis. Das kollektive Gedächtnis ist absolut, vielfältig, heilig, willkürlich selektiv, anfällig für Manipulationen und betont Ähnlichkeiten und Gefühle. Das historische Gedächtnis betont Unähnlichkeit und Veränderung, strukturiert die Vergangenheit auf der Basis dokumentierter Erklärungen, ist fortschrittsbezogen und repräsentiert vor allem die Vergangenheit. Heute leben wir, so Nora, nicht in einem Zeitalter der Erinnerung, sondern einem Zeitalter der Geschichte. Da wir nicht länger in einem Gedächtnismilieu (milieu de mémoire) leben, muss das historische Gedächtnis durch Gedächtnisorte (lieux de mémoire) wie Museen, Gedenkstätten und Denkmäler verankert werden. Sie verwurzeln das gegenwärtige individuelle Gedächtnis im historischen Gedächtnis, das den Subjekten von außen vorgegeben und dann internalisiert wird. Das heißt, dass persönliche Erinnerungen stets von Vermittlungsinstanzen wie den Medien abhängig sind. Die Frage lautet also: Wie gelingt es dem Staat, den Individuen den Gedanken des kollektiven Gedächtnisses einzuprägen?

Nationale Subjekte und nationales Gedächtnis

Althusser (1971) zufolge ist der Staatsapparat für die Entstehung von Subjekten verantwortlich. Foucault (1984), dessen Werk allerdings nicht auf den Staat fokussiert sieht im Nationalstaat das moderne Vehikel für die Konstruktion des Subjekts, weil der Staat eine von Unterwerfung geprägte Herrschaftsstruktur begründet, die die Menschen durch Selbstsuggestion zum Handeln veranlasst. Die wichtigsten Faktoren für die Konstitution von Subjekten sind Familie, Gesundheitssystem und Psychiatrie, vor allem aber das Schulwesen. Entsprechend heißt Regieren für Foucault, die potenziellen Handlungsfelder anderer zu strukturieren und die Resultate dieses Handelns zu lenken. Auch Schnapper (1994) behauptet, zur Herrschaft des Staates gehöre die Konstruktion von Individuen, speziell die Konstruktion des Bürgers. Dies sei in der Eigenschaft des modernen Staates begründet, seine Bevölkerung als Bürgergemeinschaft zu integrieren, die den Staat legitimiert, auf der Basis gemeinsamer bürgerschaftlicher und Souveränitätsprinzipien in ihrem Namen zu handeln. Sie räumt allerdings ein, dass diese Prinzipien Fiktionen sind und eine effektive Integration nur durch kontinuierliches Handeln gemeinschaftlicher staatlicher Institutionen möglich ist.

Laut Foucault und Schnapper erfordert Herrschaft im modernen Staat, ob im Schulwesen oder anderswo, die Konstruktion des *nationalen* Operationsfeldes seiner Bürger.³ Erreicht wird das, indem *nationale Subjekte* geschaffen werden: Subjekte mit einer Bindung an den Staat und die Nation, die er repräsentiert.

Der Staat konstruiert die nationale Subjektivität seiner Bürger durch das nationale Gedächtnis, weil Nationen, so Anderson (1983), nicht anders als Personen ihre Identität aus der Erzählung ihrer Biographien beziehen. Durch Narration der nationalen Biographie imaginiert sich die Gemeinschaft als Nation. Das nationale Gedächtnis, das der Staat fördert, ist eins, das die Macht besitzt, soziale Beziehungen zu legitimieren und zu perpetuieren, denn die Vergangenheit konstruiert die Struktur der gegenwärtigen gesellschaftlichen Arrangements und legitimiert die gegenwärtige Gesellschaftsordnung (Connerton 1989; Knapp 1989).

Zu den wichtigsten Orten für die Ausarbeitung der Vergangenheit zählt das Schulwesen: Es ist die staatliche Institution, die für die Konstruktion der Bürger verantwortlich ist. Das in den Schulen eingeprägte nationale Gedächtnis macht sie zu Mitgliedern der Gesellschaft, die ihre Ordnung respektieren. Trotz der großen Bedeutung, die das Schulsystem für die Vermittlung einer gemeinsamen Vergangenheit hat, hat sich die israelische Forschung erst seit kurzem diesem Feld zugewandt. So hat zum Beispiel Zameret (1997) die Anpassung des Schulsystems an das zeitgenössische politische und gesellschaftliche Umfeld in den ersten Jahren nach der Staatsgründung untersucht. Bar-Gals (1993) Analyse der Geographie-Bücher in israelischen Schulen aus den letzten 100 Jahren hat ergeben, dass die Texte einerseits fundamentale zionistische Prinzipien und andererseits sich verändernde politische Trends reflektieren. Verantwortlich für die »Erfindung« einer zionistischen Vergangenheit für den Schulunterricht war denn auch der Historiker an der Hebräischen Universität und erste Erziehungsminister des Staates Israel, Dinur (Ram 1995). Nur wenige Studien beschäftigen sich ausdrücklich mit dem Holocaust im Schulwesen: Firer (1989) stützt seine Analyse auf Schulbücher, und in neuerer Zeit hat Gur-Ze'ev (1999) die Rolle alternativer Geschichtsbücher analysiert.

Meine Hypothese lautet, dass die Aufnahme des Holocaust als »Orientierungsmarke« in das nationale Gedächtnis mit der Rolle des Schulwesens korrespondiert, das für die Entwicklung der nationalen Subjektivität der jüngeren Generation verantwortlich ist. Als diese, durch das Schulsystem geförderte nationale Subjektivität durch die Auswirkungen des Jom-Kippur-Kriegs (1973) in

---

[3] Der Staat konstruiert seine Bürger nicht immer einheitlich. Im Fall Israel existiert eine klare Trennung zwischen jüdischen und nichtjüdischen Bürgern. Letztere gehören nicht zur gemeinsamen nationalen Vergangenheit, wie sie vom israelischen Staat kultiviert wird.

die Krise geriet, entwickelte sich allmählich eine neue, nationale Subjektivität, die im Holocaust verankert war. Anstelle eines in der Zugehörigkeit zum Staat Israel, im Judentum und Selbstvertrauen verankerten nationalen Gedächtnisses wurde ein von Trauer, Leid und Machtlosigkeit geprägtes Gedächtnis gesetzt, das sich aus den Erfahrungen des Holocaust ableitete. Das verweist auf die adaptive Strategie des Schulwesens, die das nationale Gedächtnis den Veränderungen der politischen und gesellschaftlichen Bedingungen anpasst, um weiterhin relevant für die Entwicklung der nationalen Subjektivität der Schüler zu bleiben.

Die Periodisierung der Holocaust-»Archäologie« – um mit Foucault (1972) zu sprechen – in israelischen Lehrplänen nach dem entscheidenden Wendepunkt des Jom-Kippur-Kriegs steht in deutlichem Gegensatz zu der weit verbreiteten Annahme, die Betonung des Holocaust im öffentlichen Diskurs Israels habe mit dem Sechs-Tage-Krieg (1967) oder mit Begins Aufstieg zur Macht (1977) begonnen (Cohen, 1989; Kimmerling, 1985, 1965, 1999). Außerdem zeigt meine Untersuchung, dass die Schaffung von »Gedächtnisorten«, die dem Holocaust gewidmet sind, im Schulwesen genau zu der Zeit anstieg, als die »Gedächtnismilieus« des Holocaust in Israel verschwanden, das heißt, als die Menschen mit persönlichen Erinnerungen an den Holocaust alt wurden oder starben. Diese Tatsache zeigt erstens, dass die an der Konstruktion des Gedächtnisses beteiligten gesellschaftlichen Kräfte keineswegs von persönlichen Erinnerungen abhängig sind, und zweitens, dass der schulische Bereich als Generator und einer der wichtigsten Propagandisten des nationalen Gedächtnisses eigenständig untersucht werden muss. Das im Bereich des Schulwesens produzierte nationale Gedächtnis ist dem übergreifenden nationalen Gedächtnis der Gesellschaft selbstverständlich nicht fremd, aber es steht im Kontext von Erziehungszielen, die für die relativ autonome Logik des Feldes spezifisch sind.

Methodologie

Dieser Aufsatz basiert auf einer umfassenden Studie der Entwicklungen des nationalen Gedächtnisses, wie sie sich in Israels staatlichem Schulsystem widerspiegeln (Resnik, 1993). Die empirische Basis besteht aus Primär- und Sekundärquellen.

Zu den Primärquellen zählen: a) Curricula für den Bibelunterricht, Geschichte, Literatur und *Civics* (entspricht in etwa der Staatsbürgerkunde), veröffentlicht vom Ministerium für Erziehung und Kultur; b) Handreichungen für die Abschlussprüfungen der Highschools im Bibelunterricht, Geschichte, Literatur und *Civics*; c) Rundschreiben des leitenden Direktors im Ministerium für Erziehung und Kultur zu den oben genannten Fächern und außerschulischen Aktivitäten im Zusammenhang mit jüdisch-israelischen Werten.

Dieses Material wird als Text betrachtet und unter unterschiedlichen Aspekten analysiert: inhaltlich, das heißt, es wird versucht, nationale Muster und deren Metamorphosen zu finden, und strukturell. Die strukturelle Analyse basiert auf der synchronen Analyse nationaler Muster, die sich in verschiedenen Zeiten manifestieren (von 1948 bis zur Gegenwart), und der diachronen Analyse wiederkehrender Themen wie dem Holocaust in den einzelnen Fächern und verwandten Aktivitäten (Bibelunterricht, Geschichte, Literatur, *Civics*, Feiertage, Zeremonien, Ausflüge und so weiter). Dabei wurden alle Klassen, von der ersten bis zur zwölften, berücksichtigt.

Die Sekundärquellen, die ich herangezogen habe, sollen vor allem die allgemeinen gesellschaftlichen, wirtschaftlichen und politischen Bedingungen beleuchten, die zur Entstehung von Bildern der Nation führten, und die Gründe für die Betonung beziehungsweise mangelnde Betonung des Holocaust in verschiedenen schulischen Kontexten erhellen. Zu den Sekundärquellen gehören die Knesset-Akten zu schulischen Fragen, Artikel aus Tageszeitungen und Zeitschriften für Lehrer (zum Beispiel *Hahinukh* und *Hed Hahinukh*) sowie aus der professionellen Literatur.

Anderson (1983) hat Nationen als »imaginäre Gemeinschaften« bezeichnet. Entsprechend behandele ich hier nationale Muster als »Bilder der Nation« und spüre mit ihrer Hilfe Entwicklungen des nationalen Gedächtnisses im Spiegel des Schulwesens nach.

Im Wesentlichen haben sich drei Bilder der Nation herauskristallisiert: »Nation mit Anrecht auf einen Staat«, »Nation kraft Religion« und »Ein Staat für eine verfolgte Nation«. Im Anschluss an die Darstellung dieser Bilder folgt jeweils die Einschätzung der Rolle, die der Holocaust darin spielt. Des weiteren untersuche ich die unterschiedlichen Strategien des nationalen Gedächtnisses im Schulsystem aus einer umfassenderen gesellschaftlichen und politischen Perspektive.

Bild der Nation: »Nation mit Anrecht auf einen Staat«

Das erste Bild: »Nation mit Anrecht auf einen Staat« wurde kurz nach der Unabhängigkeit entwickelt und ist bis heute das wichtigste Medium zur Vermittlung des nationalen Gedächtnisses an säkulare jüdische Schüler geblieben. Dieses Bild schafft nationale Subjekte, die sich als Angehörige eines jüdischen Volkes mit gemeinsamer Vergangenheit und Kultur und als Bürger des politischen Gebildes verstehen, das sich Staat Israel nennt. Man erzielt diese nationale Subjektivität durch die Festigung der Bindungen der Kinder an die Nation, den Staat und das Land Israel.

Konstruktion der Bindung an die Nation

Die Bindung an die Nation wird überwiegend durch den Geschichtsunterricht hergestellt. Die kontinuierliche Existenz der Nation durch die Zeiten soll beweisen, dass die Juden eine nationale Einheit sind. Dass Juden eine Nation und nicht nur eine Religionsgruppe bilden, war die Grundbehauptung des Zionismus und diente als Rechtfertigung der Forderung nach einem jüdischen Staat. Das Prinzip ist in einem der Ziele des Geschichtsunterrichts klar formuliert: »Den Schülern das Wissen zu vermitteln, dass unser Volk, obwohl es eins der kleinsten der Welt ist, seine Religion, Sitten und Werte in zweitausend Jahren der Diaspora bewahrt hat.« (Study of History, 1955)

Hier wird einerseits die Kontinuität der Geschichte der Juden in verschiedenen Zeiten und Ländern betont, andererseits aber auch eine klare Trennlinie zwischen Juden in Israel und im Ausland gezogen. Im Geschichtsunterricht kommen Aktivismus und Heroismus nur im jüdischen Leben Israels vor: in Zeiten der jüdischen Regierung und im Kampfs um politische Unabhängigkeit, das heißt in der Masada-Geschichte. Das Leben in der Diaspora dagegen ist stets von Leid und Verfolgung geprägt.

Konstruktion der Bindung an das Land

Die Bindung an das Land wird überwiegend durch den Bibelunterricht konstruiert, der die folgenden Lernziele hat: »In den Herzen die Liebe zum Heimatland verankern, in dem unsere Vorväter lebten und wo sich das Volk Israel als Volk konsolidierte. (...) Die Liebe zu unserem Volk einprägen, das im Land Israel lebte und dort seine Kultur schuf.« (Bible Curriculum, 1954)

Um die jüdische Bindung an das Land zu festigen, wählte man biblische Texte mit historischem Charakter; die viel zahlreicheren Kapitel über die religiösen Vorschriften dagegen wurden fast schon vernachlässigt. Das Curriculum für den Bibelunterricht zielt auf eine Zusammenfassung der Geschichte des jüdischen Volkes in Israel. Das historische Narrativ beginnt mit Abraham, der auf Gottes Geheiß sein angestammtes Land verließ und nach Kanaan (dem späteren Israel) ging, berichtet von der Gefangenschaft der Israeliten in Ägypten und dem anschließenden Exodus, der Eroberung des Landes, der Niederlassung der israelitischen Stämme und so weiter. Dieser Schwerpunkt auf dem rechtmäßigen Anspruch auf das Land und der Bindung der Juden daran bietet Schülern historische und religiöse Begründungen für die Rechtfertigung des jüdischen Anspruchs auf das Land Israel (Curriculum, First to Fourth Grades, 1954).

Konstruktion der Bindung an den Staat

In vielen Ländern werden Fächer, die dem Fach *Civics* ähneln, dazu benutzt, um das Kind an den Staat zu binden. Das war in Israel nicht der Fall; in den ersten Jahren nach der Staatsgründung stand das Fach, abgesehen von einigen sozialkundlichen Unterrichtseinheiten, nicht einmal auf dem Lehrplan der Sekundarschulen.

Social Studies (Sozialkunde)

Das *Social-Studies*-Curriculum von 1956 enthält eine zweiteilige Unterrichtseinheit über die »Kenntnis von Volk und Staat«: a) das jüdische Volk in seinem Land; b) das jüdische Volk in der Diaspora (Social Sciences in Proposal for Curricula in High Schools, 1956). Aufbau und Ziele dieser Einheit verraten viel darüber, wie das Kollektiv damals wahrgenommen wurde: Juden in Israel und Juden im Ausland galten als eine Art Einheit. Abgesehen von einer einführenden universalistischen Darstellung der Bürgerrechte in der ersten Einheit vermittelt der Lehrplan die Erkenntnis, dass derjenige ein guter Bürger Israels ist, der die jüdisch-zionistischen Ziele verwirklicht: Sicherung der Grenzen, Beteiligung an produktiven Aktivitäten (Landwirtschaft oder Bau) und Hilfe beim »Sammeln der Juden im Exil« (Social Sciences in Proposal for Curricula in High Schools, 1956).

Insgesamt hat die Analyse des ersten Bildes der Nation ergeben, dass das Holocaust-Trauma in den fünfziger und frühen sechziger Jahren im nationalen Gedächtnis kaum anwesend war.

Ein »Gedächtnismilieu« für den Holocaust

Nach dem Zweiten Weltkrieg und vor allem nach der Staatsgründung 1948 kamen viele jüdische Überlebende nach Israel. Anfang der fünfziger Jahre, als jeder dritte Israeli ein Überlebender war (insgesamt 350 000; Yablonka, 1994), waren sie ein selbstverständlicher Teil der israelischen Gesellschaft; ihre Einstellung und ihr seltsames Verhalten waren den Israelis vertraut: »Sie (die Überlebenden, d. A.) litten unter Ängsten, Alpträumen, Anfällen von Depression, Wut und Apathie; sie hatten Schwierigkeiten, sich zu konzentrieren und Beziehungen anzuknüpfen; sie misstrauten Fremden.« (Segev, 1991/1995, S. 217) Filme aus dieser Zeit dokumentierten diese ungewöhnlichen, merkwürdigen Außenseiter. Im Eichmann-Prozess (1961) schilderten sie in langen Wochen aus eigener Anschauung die Qualen und Gräueltaten, die sie im Krieg erlitten hatten. Gefühle, die mit dem Holocaust verbunden waren, wurden ausführlich in der damals erscheinenden Literatur zum Ausdruck gebracht. Bekannte Dichter wie Uri Tzvi Grinberg, Abraham Shlonsky, Nathan Alterman, Amir Gilboa, Zerubavel Gilad und Haim Guri verliehen ihren Eindrücken angesichts der Tragödie des Holocaust lyrischen Ausdruck. Überlebende wie Uri Orlav, Aba Kovner, Avigdor Hameiri, K. Tzetnik, Chanoch Bartov und Judith Handel versuchten, das Holocaust-Trauma in Worte zu fassen.

Die massive Präsenz der Überlebenden in der israelischen Gesellschaft, ihre Aussagen und die Fülle des Materials zum Holocaust belegen, dass es in den fünfziger und sechziger Jahren ein Gedächtnismilieu in Israel gab. Das Gedächtnis der Überlebenden war ein kollektives Gedächtnis, wie es Halbwachs definiert hat – das Gedächtnis einer Gruppe, produziert in einem lokalen, spezifischen Raum, der nicht historisch war, aber absolut, vielfältig und emotional (Nora, 1989). Trotz dieses Gedächtnismilieus blieb der Holocaust damals eine private Erfahrung, die im öffentlichen Raum wenig beachtet wurde (Yablonka, 1994, S. 265). Die Analyse der Bilder der Nation im Schulsystem zeigt, dass das Thema Holocaust im nationalen Gedächtnis Israels praktisch ignoriert wurde.

Unvereinbarkeit des Holocaust mit dem herrschenden Bild der Nation

Um das Paradox zu verstehen, dass es einerseits ein greifbares Gedächtnismilieu des Holocaust im privaten Raum gab, während im öffentlichen Raum überwältigendes Schweigen herrschte, müssen wir zwei Bereiche betrachten: 1. die Funktion der Konstruktion von Vergangenheit in modernen Gesellschaften und 2. die politische und die Sicherheitslage Israels in den 1950er und sechziger Jahren. Lewis (1976) sieht das Ziel der Vergangenheitskonstruktion darin, die Gegenwart zu legitimieren und die Zukunft zu dominieren. Der Staat Israel brauchte in den fünfziger Jahren – nur wenige Jahre nach seiner Gründung in einem feindseligen Umfeld – diese Legitimierung. Wenn sich der Anspruch, eine Nation zu sein, in der neueren Geschichte nicht begründen lässt, greifen Gruppen auf die entferntere Vergangenheit zurück, um Beweise für ihre distinkten historischen Wurzeln zu finden (Zerubavel, 1994). Wir haben gesehen, wie das Bild einer »Nation mit Anrecht auf einen Staat« mit dem Rückgriff auf die Antike konstruiert wurde. Gottes Versprechen, dem Volk Israel ein Land zu geben, die Geschichten über die Eroberung des Landes in der Antike und die Masada-Episode bilden die »wieder entdeckte Geschichte«, wie Lewis (1976) es nennt, die zur Rechtfertigung der Existenz des Staates Israel in der Gegenwart herangezogen wird. Da die Vergangenheit nach Lewis Autorität gleichzeitig legitimiert und unterminiert, verstärkt diese Version der nationalen Erinnerung die Autorität der jüdischen Regierung des Staates Israel, während sie die arabischen politischen und nationalen Ansprüche auf das Land unterminiert.

In den ersten Jahren der Existenz des Staates war die Sicherheitslage instabil, und die anhaltende Unruhe an den Grenzen wurde von öffentlichen Erklärungen arabischer Politiker begleitet, den zionistischen Staat auslöschen zu wollen. Entsprechend hatte die Vorbereitung der jungen Generation auf die schwierige Aufgabe, das Land vor seinen Feinden zu schützen, bei den Pädagogen höchste Priorität. Das erste Bild der Nation, das, wie wir gesehen haben, das Modell des »neuen Juden« vermittelt, stellte Mut, Macht und Selbstverteidigung in den Mittelpunkt. Der Holocaust, in dem Millionen von Juden fast ohne Widerstand abgeschlachtet worden waren, war die Antithese zu dem nationalen Subjekt, das das staatliche Schulwesen zu befördern versuchte. Da das wichtigste Erziehungsziel darin bestand, Werte wie Heroismus, militärische Stärke und Selbstbestimmung einzuprägen, stellte die Aufnahme des Holocaust in den Lehrplan eine Bedrohung dar.

Dennoch verabschiedete die Knesset im Zuge ihrer Bemühungen zur Bewahrung der Erinnerung an den Holocaust am 18. Mai 1953 das Gesetz zum Holocaust-Gedenktag (Holocaust and Heroism Remembrance Day Law), und ein Gesetz von 1963 machte die Behandlung des Themas Holocaust in Schulen zur Pflicht (Keren, 1998). Da die Lehrer sich nicht gerade bereitwillig mit einem

Thema beschäftigten, das den herrschenden Werten zuwider lief, wurde es nach seiner Aufnahme in den Lehrplan so formuliert, dass es dem vorherrschenden Bild der Nation entsprach; heroische Episoden wie der Aufstand im Warschauer Ghetto, der Widerstand der Partisanen und die Hilfe, die der Jischuw den Juden in Europa anbot, wurden überproportional betont.

Die obige Analyse zeigt, dass die nationale Erinnerung einer relativ anderen Logik folgt als den kathartischen Bedürfnissen der Überlebenden. Die Legitimierung der Gesellschaftsordnung und die Konstitution nationaler Subjekte, die nationale Ansprüche unterstützen, haben für jede Regierung Priorität. Entsprechend vernachlässigte das offizielle Gedächtnis, das im Schulwesen vermittelt wurde, in den ersten zwanzig Jahren nach der Staatsgründung die Erinnerung an den Holocaust und konzentrierte sich auf das, was als dringendes nationales Bedürfnis betrachtet wurde: auf die Herausbildung eines nationalen Subjekts, das sich mit dem Staat identifizierte und bereit war, das Heimatland zu verteidigen.

Bild der Nation: »Nation kraft Religion«

Das zweite Bild der Nation, das ich »Nation kraft Religion« nenne, wurde Anfang der sechziger Jahre in das Bildungssystem aufgenommen. Formuliert wurde es nach den Grundprinzipien der Regierungskoalition von 1955: »... die Regierung wird dafür sorgen, das *jüdische Bewusstsein* der israelischen Jugend zu vertiefen, sie in der Vergangenheit und dem historischen Erbe des jüdischen Volkes zu verwurzeln und ihre moralische Bindung an das Judentum in der ganzen Welt auf der Grundlage des Wissens um das *gemeinsame Schicksal* und die historische Kontinuität, die alle Juden aus allen Ländern verbindet, zu stärken.« (Basic Principles 1955, Hervorhebung von mir) Dieses Bild der Nation wollte die Verpflichtung der nationalen Subjekte auf das gesamte jüdische Volk durch religiöse Symbole und Werte konstituieren.

Konstitution der Bindung der Subjekte an die Nation

Das Bild zielt auf die Konstruktion der Bindung des Subjekts an die Nation. Zu den Neuerungen im Curriculum zählten Veränderungen im Fach Geschichte und die Einbeziehung nichtschulischer Aktivitäten bei jüdischen Festen in den schulischen Ablauf.

Die neuen Tendenzen im Geschichtsunterricht legten den Schwerpunkt auf die Zeit des »Exils«, die mit Respekt und Sympathie behandelt werden sollte (Deepening Jewish Consciousness, 1959).

Obwohl die Neuerungen im Geschichtsunterricht wichtig waren, verkörperten doch vor allem die *nichtschulischen Aktivitäten in den Schulen* die wesentliche Veränderung der nationalen Ideologie. Wie Ben-Yehuda sagt, gibt es zwei Wege, das Wissen um die Einheit des Volkes Israel und das Wissen um jeden einzelnen, der zu diesem Volk gehört, zu vermitteln: durch das Studium der Diaspora und durch die Einführung von Folklore in den Schulen (Ben-Yehuda, 1966, S. 46). Die Lehrer sollten unter anderem die Schüler dazu anhalten, an Jom Kippur (Versöhnungstag) die Synagoge zu besuchen (Director General's Circular 18/1, 1957), an Sukkot (Laubhüttenfest) sollte eine Sukka (Laubhütte) gebaut werden, und zu Pessach sollten sie gemeinsam einen Ausflug nach Kfar Chabad (einem ultra-orthodoxen Dorf) machen, um die Herstellung von Matzen zu erleben.[4]

Frühere Curricula hatten Religion als ein in der Vergangenheit wesentliches Glied in der historischen Kette betrachtet, das dazu beigetragen hatte, die Nation in der Zeit der Diaspora zu bewahren, aber für den neuen, von den alten Fesseln befreiten Juden nicht länger wesentlich war. Nun wurden religiöse Sinnbilder durch das neue Bild der Nation, überwiegend vermittelt durch das »Jewish Consciousness Program« (Director-General's Circular 22/9, 1962; Director-General's Circular 25/8, 1965), zum Bestandteil des nationalen Lebens der Juden in Israel.

Das Holocaust-Gedächtnis und das religiöse Bild der Nation

Welchen Ort hatte der Holocaust in diesem Bild der Nation? Die obige Analyse hat gezeigt, dass der Holocaust kein wichtiger Faktor in diesem Bild war. Und die Förderung des Themas Holocaust durch die Pädagogen in den sechziger Jahren verlief gemäß den Inhalten des existierenden nationalen Gedächtnisses: »Wir wollen in den Herzen der Kinder ein Gefühl der Identifikation mit den Menschen der Diaspora auslösen, die Identifikation mit ihren glorreichen Momenten genauso wie mit den Momenten der Zerstörung und die Identifikation mit den Überlebenden in der Gegenwart, um die allgemein israelischen Ziele unseres Staates zu verwirklichen.« (Director General's Circular 18/10, 1958)

Diese neue Version des Holocaust betonte nicht nur den Heroismus, sondern

---

[4] Matzen sind die ungesäuerten Brote zum Pessach-Fest.

auch die Einheit des jüdischen Volkes insgesamt. Die Verbindung der Schüler mit der Holocausterfahrung, die der Unterricht leisten sollte, war eins von mehreren Mitteln (unter anderem das religiöse Brauchtum) zur Förderung der Einheit des jüdischen Volkes.

In diesem Bild wird der Holocaust nicht wegen inhaltlicher Unvereinbarkeit vernachlässigt, wie es beim ersten Bild der Nation der Fall war. Angesichts der gesellschaftlichen und politischen Probleme sahen die Politiker in der Konstruktion eines kollektiven Gedächtnisses, das auf religiösen Symbolen basierte, die Möglichkeit, die Krise zu überwinden.

Man hielt die Schaffung einer gemeinsamen nationalen Subjektivität auf der Grundlage des »Programms für ein jüdisches Bewusstsein« für die Lösung zweier wichtiger Probleme, die wenige Jahre nach der Staatsgründung sichtbar geworden waren: die Spaltung zwischen den Juden in Israel und der Diaspora und die wachsende Kluft zwischen Juden innerhalb Israels.

1. Die Spaltung zwischen Juden in Israel und der Diaspora: Nach der Unabhängigkeit nahm die jüdische Wirtschaftshilfe genauso ab wie das generelle Engagement für den jungen Staat. Jüdisches Leben außerhalb Israels drehte sich überwiegend um religiöse Symbole, und deshalb sahen manche Politiker in der Stärkung einer gemeinsamen traditionellen Identität die einzige Möglichkeit, das jüdische Kollektiv in Israel an Juden im Ausland zu binden (Resnick, 1993).

2. Die Kluft zwischen Juden innerhalb Israels: Auf die Einwanderung der Holocaust-Überlebenden folgte in den fünfziger und frühen sechziger Jahren die Einwanderung aus arabischen Ländern. Durch die wirtschaftlichen Schwierigkeiten und den unterschiedlichen kulturellen Hintergrund der so genannten orientalischen Einwanderer entstand ein Gefühl der Fremdheit. Das gefährdete die Einheit des jüdischen Volkes in Israel, und die Unruhe unter den orientalischen Juden stellte eine Gefahr für die regierende Mapai (Arbeiterpartei) dar. Als Reaktion entwickelten Pädagogen unter der Führung des damaligen Erziehungsministers Zalman Aranne das »Programm für ein jüdisches Bewusstsein«: Die nationale Subjektivität sollte durch religiöse Werte gestärkt werden (Resnik, 1993).

Laut Gillis (1994) richtet sich Gedenken darauf, die Gleichgültigkeit der Bürger gegenüber offiziellen Anliegen zu beseitigen, exemplarische Muster des Bürgerverhaltens zu fördern und die Pflichten der Bürger stärker hervorzuheben als die Rechte. Das neue Bild der Nation – einschließlich der religiösen Feiern – war eine kreative Form, die Gleichgültigkeit der Diaspora-Juden gegenüber den Bedürfnissen des Staates aufzuheben und ein »ziviles/bürgerliches« Verhalten der orientalischen Juden in Israel zu fördern.

In den fünfziger und sechziger Jahren, als dieses Bild der Nation entwickelt wurde, war das Gedächtnismilieu des Holocaust, wie oben beschrieben, noch intakt. Trotzdem gab es keine Unterstützung von Staat und Politik für eine signifikante Entwicklung des Holocaustgedächtnisses. Anscheinend galt der Holocaust-Diskurs nicht als Thema, das zur Stärkung der nationalen Subjektivität beitragen konnte.

Bild der Nation: Ein Staat für eine verfolgte Nation

Das neue Bild der Nation als »Ein Staat für eine verfolgte Nation« manifestierte sich im pädagogischen Bereich erst in den siebziger Jahren. Den Geist dieses Bildes repräsentiert das Curriculum mit dem Titel »Vom Holocaust zur Wiederauferstehung« (Director General's Circular 36/8, 1977), der die zentrale Botschaft spiegelt: Der Holocaust als Israels *raison d'être*. Das Bild vereint zwei historische Ereignisse – Holocaust und Staatsgründung – und stellt eine ursächliche Verbindung zwischen ihnen her. Diesem Bild der Nation zufolge war die jüdische Geschichte der Diaspora eine ununterbrochene Kette antisemitischer Vorfälle, und der Holocaust ist das herausragende Symbol eines bis in unsere Zeit hinein wirksamen Antisemitismus.[5] Folglich ist nur ein jüdischer Staat, in dem Juden die Mehrheit der Bevölkerung stellen, in der Lage, dem persönlichen Sicherheitsbedürfnis jedes einzelnen Juden gerecht werden. Das Bild verstärkt also die Bindung an den Staat durch die Stärkung der Bindung an das gesamte jüdische Volk auf der Grundlage gemeinsamen Leidens.

Konstruktion der Bindung an den Staat

Zu den signifikantesten Veränderungen führte das neue Bild der Nation im Holocaust-Unterricht und in außerschulischen Aktivitäten und Zeremonien.

Die wichtigste Botschaft des Geschichtsunterrichts lautete, dass der Grund für die Existenz Israels der Antisemitismus ist, der seinen tragischen Höhepunkt im Holocaust erreichte. Diese spezifische Synthese erforderte eine Neustrukturierung historischer Fakten. Leitlinie der Pädagogen, die die neuen Lehrpläne ent-

---

[5] Vgl. zu diesem Thema Gur-Ze'evs Diskussion der biblischen Amalek-Kategorie. In: ders., Philosophy, Politics and Education in Israel (1999)

wickelten, war die Aufspaltung des Themas in zwei Aspekte, die als verbundene wahrgenommen wurden:
1. Antisemitismus in neueren Generationen und seine Konsequenzen;
2. die nationale Bewegung in der Diaspora und das Projekt der Wiedergeburt im Land Israel (»Our Peoples History in Recent Generations«, 1968).

Das Kopplungsprinzip ist in den Handreichungen zu diesen Lehrplänen eindeutig implementiert. So sollen sich die Lehrer zum Beispiel im zweiten Teil, »Jahrhundertwende«, auf den Antisemitismus in Osteuropa und die Unfähigkeit der jüdischen Bevölkerung zur Selbstverteidigung dank einer fehlenden territorialen Basis konzentrieren. Ein wichtiger Teil des vierten Abschnitts ist dem Aufstieg des Nationalsozialismus und insbesondere dem rassischen Antisemitismus der nationalsozialistischen Ideologie gewidmet. Die Lehrer werden ausdrücklich angewiesen, das zionistische Projekt in Palästina auf diesen Antisemitismus zu beziehen. Im fünften Teil, »Zweiter Weltkrieg«, liegt der Fokus auf dem Holocaust als schrecklichem Höhepunkt des Antisemitismus; hier sollen die Schüler sich emotional mit dem Leiden der Menschen identifizieren. Damit wird auch zum Kapitel über die Staatsgründung übergeleitet: »Es ist wichtig, die Verbindung zwischen dem Holocaust und der Staatsgründung zu zeigen.« (»Our People's History in Recent Generations«, 1968) Firer weist darauf hin, dass der Holocaust als Teil des zionistischen Narrativs gelehrt wird, als primäre Rechtfertigung für die Existenz des Staates Israel (Firer, 1989).

Die Zeit, die dem Holocaust im Unterricht gewidmet ist, und die Bedeutung, die dem Thema eingeräumt wird, sind seit Mitte der siebziger Jahre ständig angewachsen. Im April 1976 legte das Erziehungsministerium für das Holocaust-Thema dreißig Stunden jährlich für die 10.bis 12. Klasse fest (Carmon, 1981); 1980 folgte die Anweisung, zwanzig Prozent der Abschlussprüfung in Geschichte seien auf den Holocaust zu verwenden (Segev, 1991/1995, S. 631 f.).

Konstruktion des Subjekts durch Zeremonien und soziale Aktivitäten

Die wichtigsten Formen, mit denen diese Bilder der Nation eingeprägt werden, sind Zeremonien und außerschulische Aktivitäten. Wie Schatzker (1982) feststellt, ist dies ein essentielles Stadium im Holocaust-Unterricht, in dem die Schüler mit den Gräueltaten konfrontiert und die unmittelbare Identifikation mit der traumatischen Erfahrung ausgelöst werden soll.

Zu diesen Aktivitäten zählen:
1. Die Zeremonie des Holocaust-Gedenktages (Holocaust and Heroism Remembrance Day). Diese Zeremonie ist mit den Jahren zum zentralen Staatsereignis geworden. Entsprechend ist die Einsicht gewachsen, dass man die Schüler darauf vorbereiten muss.
2. Besuch der Holocaust-Gedenkstätten. 1969 hat das Erziehungsministerium den Besuch von Holocaust-Gedenkstätten zur Pflicht gemacht: *Yad Vashem*, Kibbuz *Lohamei Hagettaot* und Kibbuz *Yad Mordechai* (Director General's Circular 29/8, 1969). Mittlerweile sind weitere Einrichtungen dieser Art entstanden, darunter das Diasporamuseum in Tel Aviv und das Holocaust Museum im Kibbuz *Tel-Yitzhak*.
3. Jugendreisen nach Polen. Die Schulen ermutigen Elftklässler, sich dem »Marsch der Lebenden« anzuschließen, der einmal im Jahr in Polen stattfindet. Jedes Jahr nehmen Tausende israelischer Jugendlicher an organisierten Reisen zu den Todeslagern in Polen teil, und ihre Zahl wächst ständig. Die Lektion dieser Erfahrung ist sehr deutlich: »Immer aufs neue schärfte man ihnen (den Schülern, d. A.) ein, was der Holocaust für sie zu bedeuten hat: in Israel zu bleiben.« (Segev, 1991/1995, S. 656)

Seit Mitte der siebziger Jahre sind die Bedeutung und die Institutionalisierung dieser Aktivitäten ständig gestiegen.

Das Programm »Vom Holocaust zur Wiedergeburt« ist seit 1977 im gesamten Schulwesen implementiert worden und wird in einer Einheit von etwa zwei Wochen jährlich unterrichtet. Sie soll den Schülern die Bedeutung des Holocaust vermitteln und sie dazu bringen, sich mit dem Leiden der Opfer zu identifizieren (Director-General's Circular 37/8, 1977).

Konstruktion der »Gedächtnisorte« des Holocaust

Man kann davon ausgehen, dass seit Mitte der siebziger Jahre, also fast dreißig Jahre nach dem Ende des Zweiten Weltkriegs, die Holocaust-Gedächtnismilieus allmählich verblasst sind. Die Überlebenden wurden alt und starben, und das Trauma das Krieges wurde mit den Jahren und der Routine des neuen Lebens und neuer Familien schwächer. In dieser späten Phase, während der achtziger Jahre, wurde nun eine Reihe von Aktionen in Gang gesetzt, deren Ziel die Wiederherstellung des Holocaustgedächtnisses war. Gedächtnisorte wie Museen, Schulprogramme oder Pilgerfahrten nach Polen wurden eingerichtet. Am 26.

März 1980 fügte die Knesset in einer Novellierung des Schulgesetzes von 1953 der Liste der Bildungsziele ein neues hinzu: »Wissen um Holocaust und Heldentum.«

Auslöser für die Entwicklung des Bildes: »Ein Staat für eine verfolgte Nation« war anscheinend der Jom-Kippur-Krieg, der die Grundlagen der nationalen Ideologie Israels erschütterte (Zerubavel, 1994; Keren, 1998). Leitende Beamte im Erziehungsministerium, Lehroffiziere in der Armee und Intellektuelle, die die Geisteshaltung der Soldaten und Schüler aus eigener Anschauung kannten, berichteten von den verwirrten Fragen der Jugendlichen: »War die Gründung Israels ein Fehler?« »Welchen Sinn hat die Existenz des jüdischen Volkes?« »War das all die Toten wert?« (Peri, 1979, S. 69) Die Zweifel der Jugendlichen waren vor allem deshalb so beunruhigend, weil es sich um neue und zukünftige Rekruten in einem Land handelte, das sich im Kriegszustand befand (Peri, 1979; S. 71). Die wachsende öffentliche Kritik an der Vorgeschichte des »Fehlers«, der für das traumatische Ereignis des Jom-Kippur-Kriegs verantwortlich war, zeigte, dass die israelische Politik einschließlich des Bildungssystems einer Erneuerung bedurfte. Forscher wiesen auf die Rolle der Erziehung bei der Konstruktion des Individuums und der Entwicklung mentaler Stärke hin: »Erziehung hat einen wichtigen, wenn nicht den entscheidenden Einfluss auf die Fähigkeit von Individuen und Öffentlichkeit, Notsituationen zu bewältigen.« (Ben-Peretz, 1976, S. 41)

Die Tatsache, dass manche der durch den Jom-Kippur-Krieg entstandenen Probleme als »Versagen der Schulen« betrachtet wurde, veranlasste die Pädagogen, neue Ansätze zur Entwicklung eines Nationalbewusstseins zu erforschen. Pädagogen wie Alexander Barzel (1976) empfahlen intuitiv die Betonung von Pogromen, Holocaust und Israels Kriegen als Strategie für die Erneuerung der Identität. Dieser Ansatz scheint von Renan beeinflusst, der 1982 erklärte: »Wenn es um nationale Erinnerungen geht, ist Leiden wertvoller als Triumph, denn es erlegt Pflichten auf und erfordert eine gemeinsame Bemühung.« (Renan, 1990, S. 14)

Statt einer Solidarität, die sich auf Religion und gemeinsame Geschichte stützt, förderte das neue Bild der Nation ein kollektives Gedächtnis, das auf dem Schicksal des jüdischen Volkes als Opfer basierte. In dem Maße, in dem die potentielle Bedrohung des Lebens jedes Juden, der außerhalb Israels wohnt, zum gemeinsamen Nenner wird, wird die Furcht, deren Wurzeln in der tragischen Vergangenheit liegen, zum verbindenden Element. Aus dieser Perspektive werden alle Opfer, die der Staat in seinen Kriegen fordert, durch das Gewicht der Opfer im Holocaust in den Schatten gestellt; jeder Verlust, jeder Kampf wird nebensächlich verglichen mit dem Preis, den die Juden im Holocaust gezahlt haben. Durch die Inkorporation des Holocaust-Gedächtnisses passt sich das nationale Gedächtnis neuen Bedingungen an: dem Widerspruch zwischen einem nationalen Gedächtnis, das den Mut und die Macht der Israelis in den Mittelpunkt stellt, und der Krise des Jom-Kippur-Kriegs.

Wie wir gesehen haben, lag das Motiv für die Förderung des Holocaust-Gedächtnisses auf nationaler Ebene überwiegend im Bedürfnis des Staates, nationale Subjekte zu konstruieren, die trotz der Sicherheitsproblematik freiwillig in Israel bleiben und bereit sind, die Heimat mit ihrem Leben zu verteidigen.

Angesichts der massiven Förderung des Holocaust-Gedächtnisses durch den Staatsapparat ist es nicht überraschend, dass auch individuelle Erinnerungen sich öffentlich Bahn brachen. Die gesellschaftlichen Bedingungen ermöglichten erst in den letzten zwanzig Jahren, als die beiden Schienen – nationale Erinnerung und private Erinnerung – zusammenliefen, dass die individuellen Erinnerungen an den Holocaust wieder auftauchten und einen gesellschaftlichen Ort für den öffentlichen Ausdruck suchten.

Die starke Stellung des Holocaust-Gedächtnisses im Schulwesen

Das Holocaust-Gedächtnis wurde zwar schon Mitte der siebziger Jahre zum Schwerpunkt im Schulwesen, entwickelte sich aber erst in den Achtzigern in großem Umfang. Seitdem wurde der Unterricht über den Holocaust im Besonderen und über die Viktimisierung der jüdischen Nation im Allgemeinen im Lehrplan zunehmend gefördert. Zusammen mit dem Bild »Ein Staat für die jüdische Nation« und »Ein Staat kraft Religion« wurde »Ein Staat für ein verfolgtes Volk« zum zentralen Element der nationalen Subjektivität Israels. Die nationale Ideologie, die in den ersten dreißig Jahren nach der Staatsgründung in den israelischen Schulen vermittelt wurde, verkörperte sich in zwei grundlegenden Bildern der Nation: das eine hob die historischen Verbindungen zum Land Israel hervor, das zweite die jüdische Religion. Im vierten Jahrzehnt dann wurde das dritte Bild der Nation eingeführt, das die historische Verfolgung des jüdischen Volkes hervorhob.

Die Bedeutung des Holocaust für die Konstruktion der nationalen Identität wird durch Umfragen unter Jugendlichen bestätigt, die ergeben haben, dass die Shoah das entscheidende Element für die Definition ihres Nationalgefühls ist (Oron, 1993). Dieses Ergebnis, das den Wechsel von einer – in anderen Umfragen nachgewiesenen – nationalen Identität, die sich überwiegend über das Land Israel oder die jüdische Religion definiert, zu einer Subjektivität belegt, die sich überwiegend über die jüdische Nation als verfolgtes Volk definiert, bestätigt den Erfolg des Schulwesens bei der Konstruktion nationaler Subjekte auf der Basis des nationalen Gedächtnisses.

Es darf aber nicht vergessen werden, dass in den achtziger Jahren neben der Betonung des Holocaust noch ein weiteres neues Bild der Nation – »ein Staat für alle Bürger« – im Lehrplan auftauchte, das ich anderer Stelle analysiert habe (Resnik, 1993). Hier wurde zum ersten Mal im Bildungswesen ein Bild der Nation entwickelt, das auch Nichtjuden einschließt. Konzepte wie »Demokratie«, »Herrschaft des Rechts« und »Pluralismus« artikulierten sich in einem nationalen Bild, das auf unübersehbar illegale politische Aktionen reagierte: auf den illegalen Siedlungsbau in der Westbank zwischen 1974 und 1977, die Entstehung einer jüdischen Untergrundbewegung; auf die versuchten Mordanschläge auf drei arabische Bürgermeister in der Westbank im Juni 1980 und auf den offenen jüdischen Terrorismus, der von dem späteren Knesset-Abgeordneten Rabbi Meir Kahane initiiert wurde (Sorinzak, 1988, 1991).

Allerdings war dieses Bild nicht obligatorisch, sondern freiwilliger Teil des Lehrplans, und da das Pflichtcurriculum bereits offensichtlich überlastet war, blieb das innovative Zusatzprogramm insgesamt unbedeutend. Das Fach *Civics*, das in der 11. Klasse begann, und das neue Bild vom »Staat für alle Bürger« schafften es nicht, sich gegen die (im Hinblick auf die Stundenzahl) sehr viel stärkeren partikularistischen Bilder der Nation durchzusetzen. Die Kreminzer Kommission, die das Fach evaluieren sollte, kam denn auch zu dem Ergebnis, dass »die Lage bei *Civics* nicht zufrieden stellend ist. Das Fach kann die Einprägung theoretischer staatsbürgerlicher Prinzipien bei Schülern in Israel nicht gewährleisten.« (Kreminzer, 1996, S. 49) Die Kommission schlug dem Ministerium mehrere Möglichkeiten zur Lösung des Problems vor. Man muss betonen, dass aufgrund dieser Kritik und der schlechten Noten israelischer Schüler in den Zulassungsprüfungen zur Universität im Fach *Civics* ein neues Curriculum entwickelt wurde, das 2000/2001 in den Highschools implementiert worden ist (A Jewish and Democratic State, 1999).

Ein weiterer Versuch in jüngster Zeit zur Veränderung des partikularistischen Charakters des israelischen Curriculums war ein neues Lehrbuch für den Geschichtsunterricht (Yakobi, 1999). Aber in dem Moment, als das Buch die alten ersetzen sollte, wurde der neue Text in einer erregten öffentlichen Debatte, angestoßen vor allem, aber nicht nur von der politischen Rechten, vollständig disqualifiziert. Einer der wichtigsten Kritikpunkte war die Reduzierung der Stunden für den Holocaust-Unterricht, die als skandalös und als Störung der Konstruktion einer jüdischen nationalen Identität der israelischen Schüler empfunden wurde.

Zusammenfassung und Schlussfolgerung

Ziel dieses Aufsatz war es, die starke Stellung des Themas Holocaust im israelischen Schulwesen aufzuzeigen.

Die Untersuchung des nationalen Gedächtnisses hat zweifelsfrei ergeben, dass das Thema Holocaust in den ersten drei Jahrzehnten nach der Staatsgründung in der Schule fast völlig vernachlässigt wurde. So lange die israelische Gesellschaft dank der Präsenz hunderttausender Überlebender, die den noch frischen Stempel des Krieges trugen, in ein Holocaust-»Gedächtnismilieu« eingebettet war, entstand kein nationales Holocaust-Gedächtnis. Erst seit Ende der siebziger und insbesondere seit den achtziger Jahren, als das Holocaust-»Gedächtnismilieu« aus verschiedenen Gründen – Tod der Überlebenden, der schwindende Anteil Überlebender an der Gesamtbevölkerung und die Erosion des gewohnten Schweigens über die Tragödien – dahinschwand, erlebte das nationale Holocaust-Gedächtnis seine Blütezeit. Diese Phänomene zeigen, dass die Prävalenz individueller Erinnerungen in einer Gesellschaft nicht unbedingt Veränderungen in der nationalen Erinnerung prognostizieren kann. Die kontinuierliche Konstruktion des offiziellen Gedächtnisses dient dazu, gegenwärtige Arrangements mit Blick auf sich verändernde politische und gesellschaftliche Bedingungen zu stützen. Im spezifischen Bereich der Pädagogik folgt die Anpassung des nationalen Gedächtnisses Überlegungen, die an die Verpflichtung des Bildungswesens geknüpft sind: nationale Subjekte hervorzubringen, die an ihre Nation, ihr Land und ihren Staat gebunden sind.

Zum nationalen Gedächtnis gehört die Bearbeitung der Vergangenheit. Wie Kammen (1991) sagt, ist die Darstellung der Vergangenheit von der Notwendigkeit geprägt, die symbolische Kontinuität zur Vergangenheit zu betonen. Die Vergangenheit, die das Schulwesen reflektiert, wurde entsprechend nationaler Bedürfnisse konstruiert. Über Jahrzehnte wurden die heroische Vergangenheit der Antike und die religiöse Vergangenheit der Diaspora dazu benutzt, »passende« nationale Subjekte zu produzieren. Die neuere Vergangenheit und damit auch der Holocaust galten nicht als Wegweiser für die Erziehung künftiger Bürger. Erst in dem Moment, als die Tragödie des Holocaust zur Konstruktion nationaler Subjekt »angemessen« schien, setzte sich die für das nationale Gedächtnis zuständige offizielle Maschinerie in Bewegung und produzierte »Gedächtnisorte« für den Holocaust.

Mit der Staatsgründung (1948) wurde die Heranbildung loyaler Bürger und mutiger Soldaten zur Verteidigung des Landes zu einer der wichtigsten Erziehungsfragen.

Die entfernte Vergangenheit, die den Mut des jüdischen Volkes und seine Kampfbereitschaft darstellte, bot Antworten auf existentielle Fragen. Geschichten über die Eroberung des Landes, biblische Beschreibungen von Kriegen gegen angrenzende Stämme und die Verherrlichung der jüdischen Aufstände gegen fremde Herrscher wurden beschworen, um nationale Subjekte entsprechend den nationalen Sicherheitsbedürfnissen zu konstruieren.

Für die Masse der traditionellen Juden, die in den fünfziger und frühen sechziger Jahren aus arabischen Ländern nach Israel kamen, war eine nationale Erinnerung, die sich in einer wieder entdeckten historischen Vergangenheit verkörperte, nicht relevant genug. Sie fühlten sich fremd in der dominanten westlichen Kultur des jüdischen Staates und sahen sich vom säkularen Staat nicht repräsentiert. Die Lösung war die Neuanpassung der nationalen Erinnerung entlang religiöser Richtlinien. Die Neudefinition der israelischen jüdischen Nation unter religiösen Aspekten zielte darauf, das Engagement von »orientalischen« und »Diasporajuden« für den Staat Israel zu stärken.

Ende der siebziger Jahre, nach militärischer Desillusionierung und politischen Erdbeben, besetzte das Thema Holocaust nach und nach einen Raum im nationalen Gedächtnis.

Das Erbe des Holocaust enthält eine zweifache Bedeutung. Erstens schafft es ein Gefühl der Einheit von israelischen Juden und den Opfern des Holocaust, weil, wie Ronen vor mehr als hundert Jahren sagte, »gemeinsames Leiden stärker verbindet als gemeinsame Freude« (in: Lowenthal, 1994, S. 44). Zweitens verleiht die Verbindung beider Realitäten – der des Holocaust und der des Lebens in Israel – den Mühen des Lebens in Israel symbolische Bedeutung. Der Kontrast zwischen der jüdischen Hilflosigkeit während des Krieges und der von einem jüdischen Staat garantierten Möglichkeit zur jüdischen Selbstverteidigung schwächt das Gefühl der Verwundbarkeit ab und lässt die Risiken und Härten des Lebens in Israel relativ geringfügig erscheinen. Wichtig ist hier, dass das »gemeinsame Leiden«, wie es im Curriculum präsentiert wird, nicht zwischen Aschkenasim und Sephardim unterscheidet. Auf der anderen Seite betont die wohlbekannte Tatsache, dass fast ausschließlich aschkenasische Juden Opfer der »Endlösung« wurden, wie sich das Holocaust-Gedächtnis instrumentalisieren lässt: Sephardische Schüler afrikanischer oder asiatischer Herkunft haben zwar keine Erinnerung an den Holocaust, aber über die Gedächtnisorte lernen auch sie, sich als Angehörige des Volkes zu betrachten, das in den Lagern der Nazis fast vernichtet worden war.

Das stärker universalistisch geprägte Bild der Nation mit seinem Schwerpunkt auf demokratischen und pluralistischen Prinzipien, das in den achtziger Jahren gefördert wurde, konnte den wachsenden Einfluss des Holocaust-Gedächtnisses auf die Konstruktion nationaler Subjekte nicht verringern, vor allem wegen seines marginalen Stellenwerts im nationalen Curriculum.

Ich habe in diesem Aufsatz versucht zu zeigen, dass das wachsende Interesse am Thema Holocaust in den letzten Jahren in Israel kein spontanes Ergebnis individueller Erinnerungen ist, sondern Resultat des Bedürfnisses des modernen Staats, loyale nationale Subjekte auszubilden. Aber eine effektive Konstruktion nationaler Subjekte braucht die Aktualisierung nationaler Erinnerung unter dem Aspekt neuer nationaler Bedürfnisse. An der Definition dieser nationalen Bedürfnisse sind verschiedene Gruppen beteiligt (Resnik, 1993), darunter Politiker, die ihre Macht gefährdet sehen, wenn die Angehörigen der Nation, die sie vertreten, sich nicht mit der herrschenden nationalen Ideologie identifizieren, Funktionäre des Erziehungsministeriums, die ihre Rolle in der Erziehung reaktionsfähiger künftiger Bürger sehen, und Pädagogen und Erziehungswissenschaftler, die sich für die Bewahrung der nationalen Identität verantwortlich fühlen. Das erneuerte Interesse am Holocaust repräsentiert die Bemühung, den Verfall der nationalen Subjektivität durch die militärischen Krisen und politischen Kontroversen der siebziger Jahre zu überwinden. Die Intifada der achtziger und die wachsende weltweite Legitimierung der palästinensischen Sache in den neunziger Jahren verstärkte die Bedeutung des jüdischen Opfersyndroms für die politische Realität Israels noch; es diente jetzt als Gegengewicht zu den politischen Forderungen und moralischen Ansprüchen der Palästinenser, die man im Namen der Tragödie des Holocaust ignorierte.[6]

---

[6] Gur-Ze'ev (1999) meint, die ethnozentrische Lektion des offiziellen Berichts über den Holocaust in Schulen konstruiere ein zionistisches Subjekt durch Leugnung des »Anderen« – des Palästinensers – und seines Leidens. Damit trägt ein nationales Gedächtnis, das die Tragödie des Holocaust unterstreicht, dazu bei, sich den palästinensischen Ansprüchen entgegenzustellen und ihren Ausschluss zu fördern. Auch Elkana hat in seinem bekannten Artikel »In favor of oblivion« (1988) auf das kollektive Holocaustgedächtnis als moralische Rechtfertigung der Eroberungen im Sechs-Tage-Krieg und der anhaltenden Ausbeutung der Palästinenser in den »Besetzten Gebieten« durch jüdische Israelis hingewiesen. Zur Frage, wie das Holocaustgedächtnis den Ausschluss der Palästinenser fördert, vgl. Raz-Krakotzkin (1994).

Diese Analyse zeigt einerseits die Macht des Staatsapparats bei der Durchsetzung eines exklusiven nationalen Gedächtnisses und andererseits die Fragilität des kollektiven Gedächtnisses. Wie wir gesehen haben, unterminiert die dynamische politische und gesellschaftliche Wirklichkeit das nationale Gedächtnis ständig und entlarvt die Brüche und Widersprüche der offiziellen Darstellung. Diese Fehlanpassungen sind die Grundlage für den Widerstand von unten und können ein Gegengedächtnis erzeugen, dass das kollektive Gedächtnis in Frage stellt.

Literatur

A Jewish and democratic state. Ministry of Education Department of Curriculum, Jerusalem, 1999

Althusser, Louis (1968), Über die Beziehung von Marx zu Hegel. In: Lenin und die Philosophie. A. d. Franz. v. Klaus-Dieter Thieme. Reinbek: Rowohlt 1974

Anderson, Benedict (1983), Die Erfindung der Nation. Dt. v. Ch. Münz und B. Burkard. Frankfurt am Main/New York: Campus 1996

Bar-Gal, Yoram (1993), Moledet and Geography in Hundred Years of Zionist Education. Tel-Aviv: Am Oved (hebr.)

Bar-On, Dan (1994), Between Fear and Hope. Bet Lochame Hagetaot and Hakibutz Hameuchad Press (hebr.)

Bar-On, Dan and Sela Oren (1991), »The vicious-circle« between relation to reality or relation to the Holocaust among young Israelis, in: Psychology B/2: 126-38 (hebr.)

Barzel, Alexander (1976), On Jewish identity in our epoch, in: A. Cohen und E. Carmon (Hg.), In the Shadow of the Yom Kippur War-Stories. Haifa: University of Haifa (hebr.)

Ben-Peretz, Miriam (1976), Implications of the Yom Kippur War on the planning of studies in Israel, in: A. Cohen and E. Carmon (Hg.), In the Shadow of the Yom Kippur War-Stories. Haifa: University of Haifa (hebr.)

Ben-Yehuda, Baruch (1996), The Essence of Jewish Consciousness; The Ministry of Education and Culture, Center for the Cultivation of Jewish Consciousness, Culture and Education (hebr.)

Bergmann, M. S. and M. E. Jucovy (1982), Generations of the Holocaust. New York: Basis Books

Bible, Curriculum for 1954. Government Printer, Jerusalem

Carmon, Arye (1981), The Holocaust as a Subject for the Senior Level of General

Schools. Teacher's Guide, Ministry of Education and Culture, Curriculum Center, Experimental Edition (hebr.)

Cohen, Erik (1989), Citizenship, nationality and religion in Israel and Thailand, in: Baruch Kimmerling (Hg.), The Israeli State and Society. Albany: State University of New York Press

Connerton, Paul (1989), How Societies Remember. Cambridge: Cambridge University Press

Curriculum, First to Fourth Grades, 1954. Government Printer, Jerusalem

Davidson, Shamai (1980), The clinical effects of massive psychic trauma in families of Holocaust survivors, in: Journal of Marital and Family Therapy 1, 11-21

Deepening Jewish consciousness in Public Schools, 1959. Instructions and curriculum. Jerusalem: Government Printer

Director-General's Circular 18/1, 30 August 1957. Appendix, sec. 692 »High Holy Days« and »Festival of Sukkot«

Director-General's Circular, 18/10, 12 February 1958. Sec. 839, »Jewish Consciousness«

Director-General's Circular, 22/9, 29 March 1962. Sec. 113a

Director-General's Circular, 25/8, 4 April 1965. Sec. 116

Director-General's Circular, 29/8, 1 March 1969. Sec. 125

Director-General's Circular, 36/8, 20 March 1977. Sec. 273

Director-General's Circular, 37/8, 20 March 1977

Elkana, Yehuda (1988): »In favor of Oblivion«, Ha'aretz 2 March, S. 13

Eshkoli, Hava (1994), Mapai and the Holocaust 1939-1942. Jerusalem: Yad Ben Zvi Press, (hebr.)

Firer, Ruth (1989), Agents of the Holocaust Lesson. Tel Aviv: Hakkibbutz Hamehuchad, (hebr.).

Foucault, Michel (1972), Die Archäologie des Wissens. A. d. Franz. v. U. Köppen. Frankfurt am Main: Suhrkamp 1995

Foucault, Michel (1984), The subject and power, in: B. Wallis (Hg.), After Modernism. New York: Museum of Contemporary Art

Gillis, John (1994), Introduction. Memory and identity: the history of a relationship, in: John R. Gillis (Hg.), Commemorations: The Politics of National Identities. New Jersey: Princeton University Press

Gur-Ze'ev, Ilan (1999), Philosophy, Politics and Education in Israel. University of Haifa and Zamora-Bitan Publishers (hebr.).

Halbwachs, Maurice (1968), Das kollektive Gedächtnis. A. d. Franz. v. Holde Lhoest-Offermann. Stuttgart: Enke 1967

Herman, Simon (1979), Jewish Identity – A Social Psychological Perspective. Hasifriya Haziyonit and Sifriyat Poalim

Kammen, Michael (1991), American culture in mystic chords of memory: the transformation of tradition, in: American Culture. New York: Alfred A. Knopf

Keren, Nili (1998), Preserving memory within oblivion: the struggle over teaching the Holocaust in Israel, Zmanim 16 (64), 56-65 (hebr.)

Keynan, Irit (1996), Holocaust Survivors and the Emissaries from Eretz-Israel: Germany 1945-1948. Tel Aviv: Am Oved, (hebr.)

Kimmerling, Baruch (1985), Between the primordial and the civil definition of the collective identity: Eretz Israel or the State of Israel? in: E. Cohen, M. Lissak and U. Almagor (Hg.), Comparative Social Dynamics, Essays in Honor of S. N. Eisenstadt. Boulder, Colorado: Westview Press

Ders. (1995), Academic history caught in the cross fire: the case of the Israeli-Jewish historiography, in: History and Memory 7 (1), 41-65

Ders. (1999), »Al Nakba«, Theory and Criticism – Special Issue: Fifty to Forty-Eight: Critical Moments in the History of the State of Israel 12 (13), 033-037 (hebr.)

Knapp, Steven (1989), Collective memory and the actual past, in: Representations 26, 123-49

Kreminzer, Mordechai (1996), Becoming Citizens: The Study of Civics for Pupils in Israel. Intermediate Report under the supervision of M. Kreminzer. Center of Curriculum, Ministry of Education, Culture and Sport, Jerusalem

Lewis, Bernard (1976), History: Remembered, Recovered, Invented. New Jersey: Princeton University Press

Lowenthal, David (1994), Identity, heritage and history, in: R. Gillis John (Hg.), Commemorations: The Politics of National Identities. New Yersey: Princeton University Press, S. 41-59

Morris, Benny (1987), The Birth of the Palestinian Refugee Problem, 1947-1949. Cambridge

Nerone, John (1989), Professional history and social memory, in: Communication 11, 89-104

Nerone, John and Ellen Wartella (1989), Introduction: studying social memory, in: Communication 11, 85-88

Nora, Pierre (1989), Between memory and history: les lieux de memoire, in: Representations 26: 7-25

Oran, Yair (1993), Jewish and Israeli Identity – A Study on the Attitude of Teacher Students from all Educational Trends to Contemporanean Judaism and Zionism. Siphriat Hapoalim. Publications and the College of education of the Seminar Hakibutzim

Our People's history in Recent Generations (1968). Proposal for Teaching History Chapters to Eighth Grade in State Schools, Jerusalem

Pappe, Ilan (1995): Critique and agenda: the post-Zionist scholars in Israel, in: History and Memory 7 (1), 66-90

Peri, M. (1979), Respone of the educational policy-making system in the Ministry of Education to demands of Education for Values, in: State, Government and International Relations 14, 67-87 (hebr.)

Ram, Uri (1995), Zionist historiography and the invention of modern Jewish nationhood: the case of Ben Zion Dinur, in: History and Memory 7 (1), 91-124

Raz-Krakotzkin, Amnon (1994), Exile within sovereignty: toward a critique of the »negation of the exile« in Israeli culture, in: Theory and Criticism 5, 113-32 (hebr.)

Renan, Ernest (1990, 1882), What is a nation? In: Homi Bhabha (Hg.), Nation and Narration. London: Routledge, 8-22

Resnik, Julia (1993), State-National Ideology in Israel: National Images in the Education System. M. A. Thesis in the Social Sciences. Tel-Aviv University (hebr.)

Schatzker, Chaim (1982), The Holocaust in Israeli education, in: International 5, 75-82

Schnapper, Dominique (1994), Le politique et le national, in: La Revue Tocqueville 15(1), 75-102

Schwartz, Barry (1982), The social context of communication: a study in collective memory, in: Social Forces 61, 374-402

Segev, T. (1991), Die siebte Million. Dt. v. P. J. Krause und M. Ueberle-Pfaff. Reinbek: Rowohlt 1995.

Shapira, Anita (1995), Politics and collective memory: the debate about the »New Historians« in Israel, in: History and Memory 7 (1), 9-40

Dies. (1996), The Holocaust: private memory and public memory, Zmanim 14(57), 4-1 (hebr.)

Shenhav, Yehuda (1999). Bringing Iraqi Jews to Israel, in: Theory and Criticism – Special Issue; Fifty to Forty-Eight: Critical Moments in the History of the State of Israel 12(13), 067-077 (hebr.)

Social Sciences Curriculum in Proposals for Curricula in High Schools (Four Years of Study, IX-XII), Fall 1956. Jerusalem: Government Printer, Government Compound (hebr.)

Sprinzak, Ehud (1988), Illegalism in the Israeli political culture: theoretical and historical footnotes to the Pollard Affair and the Shin-Bet cover-up, in: Jerusalem Quarterly Summer 47, 77-94

Ders. (1991), The Ascendance of Israel's Radical Right. New York: Oxford University Press

Study of History (Divrei Hayamim) in Elementary Schools Curriculum for State and the State Religious Elementary Schools, Jerusalem, 1955 (hebr.)

Weitz, Yechiam (1994), Aware but Helpless – Mapai and the Holocaust 1943-1945. Jerusalem: Izhak Ben Zvi (hebr.)

Yablonka, Hanna (1994), Foreign Brethren – Holocaust Survivors in Israel. Jerusalem: Yad Izhak Ben-Zvi and Ben-Gurion University of the Negev Press (hebr.)

Yakobi, Dani (Hg.) (1999), World in Change (Olam Shel Temourot). Jerusalem: Ministry of Education, Department of Curriculum (hebr.)

Zameret, Zvi. (1997), Across a Narrow Bridge – Shaping the Education System During the Great Aliya. Ben Gurion University of the Negev Press (hebr.)

Zertal, Idit (1996), The Jews' Gold. Am Oved Publishers (hebr.)

Zerubavel, Yael (1994), The historic, the legendary, and the incredible: invented tradition and collective memory in Israel, in: John R. Gillis (Hg.), Commemorations: The Politics of National Identities. New Jersey: Princeton University Press

Zuckermann, Moshe (1993), Shoa in the Sealed Room – The »Holocaust« in Israeli Press During the Gulf War. Tel-Aviv: Hamechaver Publications

Teil 2

Kunst und Kreativität als Verarbeitungsformen des Traumas

Ilany Kogan

Trauma, Resistenz und Kreativität.
Beobachtungen aus Analysen von Kindern
Holocaustüberlebender[1]

Einführung: Das Konzept der Resistenz

Die unmittelbaren und langfristigen Wirkungen schwerer psychischer Traumata auf unterschiedliche ethnische Gruppen sind bislang vor allem aus psychopathologischer Perspektive untersucht worden. Es gilt als nahezu unumstößlich, dass Menschen, die Verfolgung und mehrfache Verluste erlitten haben, verwundbarer sind als andere; dass sie unter einem post-traumatischen Stresssyndrom (PTS) und anhaltenden Symptomen von Vernichtungsangst, fehlendem Vertrauen, der Neigung zu Isolation und Gefühlstaubheit leiden.

Dennoch scheinen viele von ihnen durchaus in der Lage zu sein, ein produkti-

---

[1] Die Herausgeber danken dem Klett-Cotta Verlag für die Erlaubnis, den Beitrag abzudrucken, der mit geringfügigen Änderungen unter dem Titel »Trauma und Kreativität – kreative Betätigung in der Behandlung der Nachkommen von Holocaust-Überlebenden« erschienen ist in: Annette Streeck-Fischer (Hrsg.) Adoleszenz – Bindung – Destruktivität, Stuttgart 2004, S. 343-363

ves Leben zu führen und sogar vertrauensvolle Beziehungen einzugehen. In den letzten Jahren zeichnet sich ein neuer Ansatz ab, der die *Resistenz* (resilience) von traumatisierten Überlebenden und ihren Nachkommen in den Blick nimmt, denen es trotz erlittener Destruktion gelungen ist, ihrem Leben einen Sinn zu geben.

Das englische Wort *resilience*, das wir hier als »Resistenz« übersetzen, bezeichnet die Wiedererlangung von Stärke. Im Wörterbuch findet man für *resilience* »Unverwüstlichkeit«, »Spannkraft« und »Elastizität« als mögliche Übersetzungen. Der ursprüngliche Wortsinn meint das Zurückschnellen oder Zurückfedern eines Gegenstandes in seinen ursprünglichen Zustand, nachdem er gebogen, gedehnt oder zusammengepresst wurde. Psychosoziale Resistenz bedeutet analog das »Zurückfedern« einer Person in einen stabilen psychischen Zustand, nachdem sie heftigen Stressfaktoren unterworfen war (Valent, Resilience in child survivors of the Holocaust, in: The Psychoanal. Review, 85: 517-535.).

Das Konzept der Resistenz geht auf die Beobachtung an Kindern zurück, die widrigste soziale Bedingungen relativ unbeschadet überstanden hatten. Aus diesen Beobachtungen wurde zunächst das optimistische Konzept der »Unverwundbarkeit« abgeleitet (Anthony, 1974, The syndrome of the psychologically invulnerable child. In: E. J. Anthony & C. Koupernik, Hg., The Child in His Family: Children at Psychiatric Risk. New York: Wiley), das heute mehr und mehr durch das der Resistenz abgelöst wird. Resistenz beschäftigt sich mit den Faktoren, die langfristige Wirkungen schwerer Stressoren lindern können.

Wie können wir Resistenz angesichts massiver Traumatisierung erklären? Natürliche Begabung, Temperament, familiäre oder milieuabhängige Faktoren, die der Verfolgung voraus gingen, spielen ebenso eine Rolle für die Fähigkeit zur Resistenz wie die intrapsychische Struktur eines Individuums. Resistenz in einem speziellen Bereich bedeutet nicht notwendigerweise Funktionstüchtigkeit in anderen Bereichen.

Rutter (1993, Resilience: Some conceptual considerations. J. Adolescent Health, 14: 626-631) vertritt die Auffassung, dass Resistenz (Rutter, 1987, Psychosocial resilience and protective mechanisms. American Journal of Orthopsychiatry, 57: 316-331.1987) keine feststehende Eigenschaft ist, sondern von der Balance zwischen verschiedenen Mechanismen des Selbstschutzes und der Verwundbarkeit abhängig ist. Ihre Bestandteile sind sowohl milieubedingt als auch angeboren und können sich im Laufe der Zeit verändern. Dadurch wird es schwierig zu unterscheiden, was auf soziale Umwelt, was auf Veranlagung zurückzuführen ist.

Ich möchte aus meiner analytischen Arbeit mit Nachkommen von Holocaustüberlebenden einen der zentralen Faktoren, auf denen Resistenz beruht, näher betrachten: kreative Betätigung. Generell lässt sich sagen, dass wir desto besser in der Lage sind, belastende Umstände zu bewältigen, je mehr kreative Fähigkeiten wir zur Lösung von Problemen besitzen (Flach, 1988, Resilience – Discovering A New Strength At Times Of Stress. New York: Fawcett Columbine).

Bezogen auf die Nachkommen von Überlebenden des Holocaust definiere ich Resistenz als die Fähigkeit, den Schmerz, die Schuldgefühle und die Trauer anzuerkennen und durchzuarbeiten, die ihre Eltern ihnen aufgelastet haben. Mit diesem emotionalen Schmerz zurechtzukommen ist außerordentlich schwierig und verlangt Qualitäten wie Zuversicht, Hoffnung und den festen Willen zu überleben. Kreativität kann den Nachkommen der Überlebenden dazu dienen, die schmerzvollen Gefühle anzuerkennen, die ihre Eltern an sie weitergegeben haben. Das Durcharbeiten der »versteckten Wahrheiten«, die die Nachkommen durch ihre kreative Aktivität in ihrer psychischen Erbschaft entdecken können, hilft ihnen dabei, sie in einem sinnvollen Zusammenhang zu integrieren.

»Verwundbarkeit« ist, so wie ich den Begriff hier definiere, die Kehrseite der Resistenz. Sie umfasst die Leugnung und Verdrängung von Wahrnehmungen, Emotionen und Bedeutungen, die mit dem Überleben und damit verknüpften Bildern der Hoffnung unvereinbar sind.

Verwundbarkeit und Resistenz in der Generation der Opfer

Die ersten Berichte über die Verwundbarkeit der Überlebenden finden sich bei Niederland (1964, Psychiatric disorders among persecution victims: A contribution to the understanding of the concentration camp pathology and its after effects. Journal of Nervous and Mental Diseases, 139: 458-474.) und Eitinger (1964, Concentration Camp Survivors in Norway and Israel. London: Allen & Unwin)

Beide hoben hervor, dass die Verfolgung nachhaltige, häufig dauerhafte Folgen für die Überlebenden hatte. Ihrer Auffassung nach bedeutete das Ende des Krieges die Befreiung der Häftlinge aus den Konzentrationslagern und die Umsiedlung von Flüchtlingen keineswegs das Ende der durch die Gräuel der Nazis verursachten Wirkungen. Spätere Arbeiten zeigten, dass die Depressionen, in die viele Überlebende verfielen, zu völligem gesellschaftlichen Rückzug, Absonderung und Apathie führten (Lifton, 1978, Witnessing Survival. In: Transactions,

März 1978: 40-44). Außerdem wurde die Hypothese aufgestellt, dass die Überlebenden Schwierigkeiten dabei hätten, »erneut in das Leben zu investieren« und der Gründung neuer Familien zutiefst ambivalent gegenüber ständen (Krystal, 1968, Patterns of psychological damage. In: Henry Krystal, Hg., Massive Psychic Trauma. New York: International. Univ. Press).

Ein in der Holocaustforschung häufig beobachtetes Merkmal ist die als »psychische Taubheit« oder »psychische Abschottung« bezeichnete Oberflächlichkeit emotionaler Reaktionen der Überlebenden. Als sie während des Holocaust überwältigende Verluste und Belastungen erlitten und daraus resultierende Wut und Angst erlebten, blendeten die Überlebenden die Fähigkeit, Gefühle zu empfinden, zugunsten der Anpassung an eine sich ständig verändernde, feindselige Umgebung aus. Emotionale Präsenz hätte das Gefühl der Demoralisierung gesteigert und von der unmittelbar zu bewältigenden Aufgabe abgelenkt, den nächsten Tag zu überleben. Obwohl diese Abwehr seinerzeit notwendig war und zur Resistenz der Überlebenden beitrug, musste ihre Aufrechterhaltung negative Folgen haben (Lifton, 1968, Survivors of Hiroshima and Nazi persecution. In: Henry Krystal, Hg., Massive Psychic Trauma. New York: International Univ. Press; Hass 1996, The Aftermath – Living With The Holocaust. Cambridge: Cambridge Univ. Press).

In meiner langjährigen beruflichen Erfahrung mit Kindern von Holocaustüberlebenden bin ich immer wieder von der Vielfalt von Resistenzformen beeindruckt, mit deren Hilfe ihre Eltern mit dem Trauma umgegangen sind. Die Fähigkeiten, die sie benötigten, um die Gräuel und den Massenmord zu ertragen, sich extremen Situationen anzupassen und zu überleben, sind in der Literatur mit verschiedenen Ausdrücken bezeichnet worden: Man spricht von psychischer Stärke, wilder Entschlossenheit, inneren Ressourcen, Ausdauer, lebensbejahenden Verhaltensweisen und Einstellungen, unbezwingbarer Zuversicht (Lee, 1988, Holocaust survivors and internal strengths. Journal of Humanistic Psychology, 28: 67-96), von Trotz und der Entschlossenheit, nicht aufzugeben (Hogman, 1983, Displaced Jewish children during World War II: How they coped. In: Journal of Humanistic Psychology, 23: 51-66). Resistenzfaktoren, die die Ausbildung dieser Fähigkeiten förderten, sind die mentale Bindung an gute Objekte und die Hoffnung, diese wieder zu erlangen (Brenner, 1988, Multisensory bridges in response to object loss during the Holocaust. Psychoanalytic Review., 75: 573-587), der Wunsch, trotz aller Widrigkeiten zu leben und die Hoffnung auf Wiederherstellung eines autonomen Lebens, Liebe zum Leben und Überlebenswille, Durchhaltevermögen, Mut und die Fähigkeit zur Wiederherstellung und Integration –

all dies sind Resistenzfaktoren. Die in traumatischen Situationen entwickelte Findigkeit führte zu höheren mentalen und seelischen Ebenen der Resistenz. Kreativität half beim Überleben, weil sie die Hoffnung aufrechterhielt. Sie fand Ausdruck in Zeichnungen und Spielen, die in den Ghettos und den Konzentrationslagern entstanden. Ein gegen alle Widrigkeiten aufrecht erhaltener Entwicklungsdrang, Kreativität und Neugierde halfen den Überlebenden, die destruktiven und selbstzerstörerischen Kräfte zu bezwingen, die durch die traumatische Erfahrung frei gesetzt wurden.

Die Verwundbarkeit und Resistenz der Eltern, die ich hier nur kurz gestreift habe, sind ein Hauptbestandteil des familiären Umfelds, in dem die Kinder aufwuchsen. Bei der Diskussion des Phänomens der Resistenz in der nachfolgenden Generation werde ich mich auf Kreativität als eine ihrer wichtigsten Grundlagen konzentrieren.

Resistenz der Verwundbaren – die Generation der Nachkommen

Viele Wissenschaftler gehen davon aus, dass die pathologischen Folgen der Traumatisierung unvermeidlich von den Überlebenden an ihre Kinder weitergegeben werden (Kestenberg, 1972, Psychoanalytic contributions to the problem of survivors from Nazi persecution. In: Israel Annals of Psychiatry and Related Disciplines, 10: 311-325; Trossman, 1968, Adolescent children of concentration camp survivors. Canadian Psychiatric Association Journal, 12: 121-123). Demnach seien Überlebende nicht in der Lage, die Elternrolle zu erfüllen, da die Erfahrung des Holocaust ihre Fähigkeit, menschliche Beziehungen einzugehen, beschädigt oder zerstört habe. Dadurch seien erhebliche psychologische Probleme für ihre Kinder entstanden. Barocas und Barocas (1973, Manifestations of concentration camp effects on the second generation. American Journal of Psychiatry, 130: 820-821) stellen fest: »Aufgrund klinischer Erfahrungen mit solchen Patienten (Kindern von Überlebenden, d. A.) ist unser Eindruck, dass diese Individuen eine Symptomatologie und psychiatrische Züge aufweisen, die eine auffallende Ähnlichkeit mit dem in der internationalen Fachliteratur beschriebenen Überlebenssyndrom von Häftlingen in Konzentrationslagern erkennen lassen.«

Die an die zweite Generation weiter gegebene Hinterlassenschaft besteht darin, dass die Kinder die Trauer ihrer Eltern in sich tragen, die diese sich versagt haben. Sich der Trauer zu versagen, war Teil eines langwierigen Anpassungsprozesses nach dem Holocaust. Der psychische Aufwand, der nötig war, um das Leben neu zu gestalten, um zu arbeiten, eine Familie zu gründen, Kinder aufzuziehen, ließ vielen Überlebenden keine Zeit zu trauern. Das Vergessen traumatischer Erinnerungen war eine lebensnotwendige Anpassungsleistung, aber es diente auch den Kräften des *Thanatos*, insofern es die Aufgabe jener Anteile des Selbst voraussetzte, die der Vergangenheit angehörten (Laub, 2003, Thanatos and massive psychic trauma: The impact of the death instinct on remembering and forgetting. JAPA 51/2: 433-464).

Obwohl die Anpassungsleistung der Überlebenden durch Resistenz gekennzeichnet war, hatten ihre Nachkommen dafür einen hohen emotionalen Preis zu zahlen. Was die Überlebenden in dieser Hinsicht an ihre Kinder weitergaben, verursachte bei ihnen Gefühle des Schmerzes, der Scham und der Schuld oder das unwiderstehliche Bedürfnis, die Geschichte der Eltern im eigenen Leben zu reinszenieren, um das Trauma zu bewältigen. Der Kern des Zwanges, die traumatischen Erfahrungen der Eltern im eigenen Leben zu reinszenieren, bestand in der Identifikation des Kindes mit dem beschädigten Elternteil – einer »primitiven Identifikation« (Freyberg, 1980, Difficulties in separation-individuation as experienced by offspring of Nazi Holocaust survivors. American Journal of Orthopsychiatry, 5: 87-95; Grubrich-Simitis, 1984, From concretism to metaphor. Psychoanalytic. Study Child, 39: 301-319; Kogan, 1987, The second skin. International Review of Psychoanalysis, 15: 251-61; dies., 1995, The Cry of Mute Children – A Psychoanalytic Perspective of the Second Generation of the Holocaust. London & New York: Free Association Books; deutsch: Der stumme Schrei der Kinder – Die zweite Generation der Holocaust-Opfer. Frankfurt: S. Fischer 1998; dies., 1998, The black hole of dread: the psychic reality of children of Holocaust survivors. In: Joseph H. Berke, Stella Pierides, Andrea Sabbadini and Stanley Schneider, Hg., Even Paranoids Have Enemies – New Perspectives on Paranoia and Persecution. London & New York: Routledge, S. 47-59; dies., 2002, »Enactment« in the lives and treatment of Holocaust survivors' offspring. Psychanalytic Quarterly, LXXI: 251-273; dies., 2003, On being a dead, beloved child., Psychoanalytic Quaterly, 72:727-767.). Diese Identifikation hatte bei den Kindern der Überlebenden den Verlust der Empfindung zur Folge, ein eigenes, von dem beschädigten Elternteil getrenntes Selbst zu besitzen. Die Koexistenz dieses Typs von Identifikation mit der Verleugnung des Traumas der Eltern bewirkte eine Kluft, die ich an anderer Stelle als »psychisches Loch« bezeichnet habe (Kogan, 1998, Der stumme Schrei der Kinder). Das »psychische Loch« kann als komplexes Phänomen betrachtet werden, dessen eine Seite ein bewusstes Ignorieren des Holocaust und das unbewusste Wissen darum seine andere Seite darstellt.

Die Resistenz der Nachkommen von Überlebenden des Holocaust äußert sich in der Anstrengung, das Loch zu füllen und die aus der Spaltung resultierende fehlende Kontinuität des Bewusstseins zu überwinden. Sie beinhaltet den Mut, sich mit der traumatischen Vergangenheit der Eltern zu konfrontieren, den Versuch, sie in einen Sinnzusammenhang einzufügen und zwischen dem eigenen Leben und dem der Eltern unterscheiden zu können. Kreativität ist ein wichtiges Mittel, diese Resistenz zu ermöglichen.

Kreativität im Dienste der Resistenz innerhalb der analytischen Situation

In seinem Buch *The Act of Creation* (1974, New York: Macmillan) zeigte Arthur Koestler, dass der kreative Mensch »in die dunkle Nacht der Seele eintauchen« müsse, bevor er in der Helligkeit wieder auftauchen könne. Für die Söhne und Töchter von Überlebenden des Holocaust schließt die dunkle Nacht der Seele die dunkle Vergangenheit ihrer Eltern mit ein, die im Unbewussten der Nachkommen fortwirkt. Kreative Betätigung erleichtert Resistenz, indem sie es den Nachkommen ermöglicht, das Leiden ihrer Eltern in eine für sie selbst erträgliche Erfahrung zu integrieren. Kreative Betätigung hat im therapeutischen Prozess folgende Funktionen: a) sie überbrückt die Kluft zwischen Reinszenierung und Repräsentation; b) sie verändert die psychische Struktur des Individuums und seine Abwehrprozesse; c) sie hilft dabei, verborgene Wahrheiten zu entdecken und ermöglicht dadurch die Konstruktion eines kohäsiveren Narrativs.

Zwischen Reinszenierung und Repräsentation

Kinder von Überlebenden haben die Zeit des Holocaust nicht erlebt. Ihr Bild vom Holocaust besteht aus Erzählungen – solchen, die laut ausgesprochen und immer wieder erzählt wurden und solchen, die unausgesprochen von Generation zu Generation weitergegeben werden. Die Erfahrung eines psychischen Traumas setzt sich in der Erinnerung mehrerer Generationen fort (Laub & Auerhahn, 1984, Reverberations of genocide: its expression in the conscious and unconscious of post-Holocaust generations. In: S. A. Luel & P. Marcus, Hg., Psychoanalytic Reflections on the Holocaust: Selected Essays. Denver: Ktav Publishing House, S. 151-167). Die Kinder der Opfer werden so zu »geheimen Trägern« (Micheels, 1985, Bearer of the secret. Psychoanal. Inquiry 5: 21-30) einer ihnen nicht unmittelbar zugänglichen Bedeutungsschicht: Beladen mit Erinnerungen, die nicht ihre eigenen sind (Auerhahn & Prelinger, 1983, Repetition in the concentration camp survivor and her child. International Review of Psychoanalysis, 10: 31-46; Fresco, 1984, Remembering the unknown. International Review of Psychoanalysis, 11: 417-427), ahmen sie oft das, was in der inneren Welt ihrer Eltern existiert, durch die Reinszenierung der Vergangenheit nach (Bergmann, 1982, Thoughts on super-ego pathology of survivors and their children. In: M. S. Bergmann & M. E. Jucovy, Hg., Generations of the Holocaust, New York: Basic Books, 287-311; Kogan, 1998). Reinszenierung schließt die Symbolisierung der Vergangenheit aus und unterdrückt letztlich die Erinnerungsfunktion: Die Vergangenheit wird endlos wiederholt und eine Lösung des Traumas ist unmöglich.

Es gibt jedoch einen Bereich zwischen Reinszenierung und Repräsentation, der als Übergangsraum betrachtet werden kann, in dem sich Symbolbildung zu entfalten beginnt. Laut Winnicott entstehen in diesem Übergangsraum (Winnicott, 1985, Vom Spiel zur Kreativität, Stuttgart: Klett-Cotta) Modi der Repräsentation, so genannte *Übergangsphänomene*, die für die Entwicklung von Kreativität wichtig sind. Die kreative Betätigung von Kindern, die »immer vom Holocaust wussten«, deren Eltern jedoch nicht über ihre Erfahrungen sprechen konnten, enthält oftmals Symbole des Holocaust, die in diesem Übergangsraum angesiedelt sind. Diese Symbole erzählen die Geschichte durch ihre nonverbalen Bedeutungen. Kreative Betätigung wird so zu einem Stenogramm, einer Sprache jenseits der Worte, die Bedeutungen der Vergangenheit repräsentiert. Ich will dies anhand einer meiner Fallstudien veranschaulichen:

Kay, eine junge Frau und adoptierte Tochter eines Holocaust-Überlebenden, der von Mengeles Ärzten kastriert worden war, kommunizierte mit mir in der ersten Phase der Behandlung mittels kindlicher Zeichnungen. Eines ihrer Bilder mit dem Titel *Elektrizität* zeigte einen Mann, aus dessen Kopf eine Blume aus Draht entsprang. Erst später in der Analyse, als sie sich sprachlich mit mir verständigen konnte, waren wir in der Lage, ihre unbewusste Phantasie zu verstehen: Die Blume des Todes symbolisierte die traumatische Erfahrung ihres Vaters, der dem Tod entgangen war, indem er eine ganze Nacht, nackt in der Kälte stehend, zwischen den elektrischen Drahtzäunen des Konzentrationslagers zugebracht hatte. Wäre er hingefallen, hätte er den elektrischen Zaun berührt und wäre gestorben. Kays kreative Betätigung enthielt Symbole, wie etwa ihre Faszination, sich aus großer Höhe in die Tiefe zu stürzen (sie stieg oft auf die Dächer hoher Gebäude mit der Absicht, sich hinunterzustürzen), die wir als einen Versuch verstehen konnten, die Qual zu reinszenieren, die ihr Vater erfahren hatte. Das Verstehen und Durcharbeiten dieser Symbole führte schließlich zu einem Ende dieser Reinszenierungen, Kays gefährliches Verhalten nahm ab.

Der Einfluss kreativer Betätigung auf die psychische Struktur

Kreative Betätigung schafft Symbole und führt zu einer höheren psychischen Differenzierung. Als Kontextualisierung und Narrativierung von traumatischer Geschichte kann sie Einfluss auf die psychische Struktur des Individuums, auf sein Realitätsverständnis und seine Abwehrformation haben.

Das folgende Beispiel aus einer Fallstudie veranschaulicht dies: Nurit, eine Naturwissenschaftlerin, verheiratet und Mutter von drei Kindern, kam zur Analyse, weil sie unter zwangsneurotischen Symptomen litt, die ihr Selbstvertrauen bei der Erledigung alltäglicher Aufgaben beeinträchtigten und dadurch ihre Selbstachtung beschädigten. Ihr Problem bestand darin, dass sie immer wieder den Gasherd, den Kühlschrank, die Garagentüren oder ein Puderdöschen, das sie im Badezimmer aufbewahrte, darauf überprüfen musste, ob sie richtig geschlossen waren. Auch andere alltägliche Aufgaben wie das Stellen des Weckers oder die Adressierung von Briefen mussten immer wieder genauestens auf ihre Korrektheit überprüft werden.

Nurit war die einzige Tochter zweier Holocaust-Überlebender, die früher beide eine eigene Familie hatten. Beide hatten im Holocaust ein Kind verloren. Während des Krieges lebte Nurits Mutter mit ihrer kleinen Tochter in Warschau, ihr Mann war nach Russland geflohen. Als sie eines Tages von der Arbeit zurückkam, erfuhr sie, dass sowohl ihr kleines Mädchen als auch die Betreuerin, bei der es tagsüber in Obhut war, ermordet worden waren. Einige Monate später wurde die Mutter nach Bergen-Belsen abtransportiert, wo sie die folgenden zwei Jahre verbrachte. Nach dem Krieg kam sie nach Israel. Dort traf sie Nurits Vater. Nurit wurde geboren, als ihre Eltern um die vierzig Jahre alt waren.

In der Analyse beschrieb Nurit die schwierige Zeit zwischen ihrem elften und achtzehnten Lebensjahr, die sehr stark im Kontrast zu ihrer glücklichen Kindheit stand. Scheinbar verwandelte sich ihre liebende Mutter, die in Nurits Kindheit stets glücklich und voller Lebensfreude gewesen war, plötzlich in eine deprimierte und zornige Frau, die ihre Tochter ständig kritisierte. In dieser Zeit wurde die Mutter sehr zwanghaft und bestand auf der perfekten Erledigung alltäglicher Routinearbeiten. Geschah das nicht so, wie sie wollte, geriet sie in haltlose Wut. Nurit war anfangs völlig überwältigt von der Veränderung ihrer Mutter. Weil sie sich so hilflos und ausgesetzt fühlte, versuchte sie, den Zorn der Mutter durch perfekte Ausführung aller ihrer Aufgaben zu besänftigen.

Beim Versuch, die Vergangenheit zu rekonstruieren, fanden wir heraus, dass Nurits Probleme mit ihrer Mutter genau in dem Alter begannen, in dem ihre Halbschwester, das erste Kind ihrer Mutter, ermordet worden war. Das Verschwinden ihrer Tochter und die Nachricht von ihrem und ihrer Betreuerin Tod, waren ein Schock, der das Leben der Mutter beeinflusste. Wir können davon ausgehen, dass dieses Trauma sich wiederholte und verstärkte, als Nurit, die dazu verurteilt war, das verlorene Kind zu ersetzen, zu einer jungen Frau heranwuchs. Indem sie sich nach der Kindheit anders entwickelte, als die Mutter es gewünscht hatte, war Nurit nicht mehr in der Lage, die unbewusste Phantasie der Mutter zu erfüllen, ihr totes, geliebtes Kind wiederzuerwecken. Durch das Heranreifen des Mädchens zur Frau erlebte die Mutter vermutlich die Endgültigkeit ihres Verlusts. Auf der anderen Seite erkannte Nurit, dass sie die Liebe der Mutter verloren hatte: »Sie war nie in der Lage zu sagen, ›du hast einen Fehler gemacht, aber du bist immer noch meine Tochter‹«, konstatierte sie. »Stattdessen ließ sie mich fühlen, dass ich die Realität nicht verstünde, dass ich sie nicht recht zu begreifen wüsste, dass es unmöglich sei, mir zu trauen. Ich hatte das Gefühl, als hätte ich furchtbare Taten begangen und müsste mich ständig entschuldigen. Ich glaube, mein einziges Verbrechen war, dass ich anstelle ihrer ersten Tochter aufwuchs.«

In der Analyse arbeiteten wir Nurits narzisstische Verletzung durch, die aus dem Gefühl herrührte, nur dann geschätzt und geliebt zu werden, wenn sie das verlorene Kind ihrer Mutter zum Leben erweckte. Die Entwicklung eines autonomen Ich-Ideals verlangte von ihr ein hohes Maß an emotionaler Kraft, und sie war nur mit Hilfe der Analyse in der Lage, sich deshalb ihrer Mutter gegenüber nicht schuldig oder destruktiv zu fühlen. Nurits Entwicklung eines Ich-Ideals hing eng mit der Fähigkeit, ihre künstlerischen Talente zu nutzen, zusammen.

In dieser Phase des analytischen Prozesses begann Nurit mit einer Leidenschaft Kurzgeschichten zu schreiben, die alles andere überschattete. Ihre Geschichten waren oft wie unbewegte Bilder, die einen bestimmten Moment festhielten. Da sie diese Geschichten mit zur Analyse brachte, benutzten wir sie, um Einzelheiten aus der traumatischen Vergangenheit ihrer Eltern durchzuarbeiten. Dies half Nurit, sich von ihrer inneren, verfolgenden Mutter zu befreien, und ihre

Zwangssymptome verringerten sich drastisch. In einer solchen Kurzgeschichte mit dem Titel *Regina Schuhe* (ein Schuhgeschäft in München, wo die Mutter ihre Schuhe einkaufte) beschrieb sie beispielsweise das Leben ihrer Mutter in Deutschland nach dem Krieg, bevor sie in die von Zwang und Wut geprägte Phase ihres Lebens eintrat.

Während des analytischen Prozesses konnten die Zwangsymptome so bearbeitet und sublimiert werden, dass sie das Entstehen echter Kreativität (Chasseguet-Smirgel, 1971, Pour une Psychanalyse de l'Art et de la Creativite. Paris: Payot) ermöglichten. Der kreative Prozess wiederum erleichterte die Genesung, denn er half der Patientin, zwischen sich und ihrer Mutter, zwischen ihrem jetzigen Leben und den vergangenen Erfahrungen der Mutter zu differenzieren, überhaupt zwischen Realität und Phantasie zu unterscheiden. Die kreative Betätigung stärkte ihr Selbstwertgefühl und Selbstvertrauen und beeinflusste so die Art der Abwehr: Sie begann, ihren Sinnen zu vertrauen, und ihr Realitätsverständnis wuchs.

Dieser Prozess unterscheidet sich von jenem, von Klein (1975, The importance of symbol formation in the development of the ego. In: The Writing of Melanie Klein, London: Hogarth Press) konzeptualisierten Modell der Entstehung von Kreativität aus dem Bedürfnis nach Wiedergutmachung gegenüber einem Objekt, dessen Vergeltung gefürchtet wird. Indem sie die Geschichten um ihre Mutter durcharbeitete und zu verstehen versuchte, kam Nurit zu der Überzeugung, dass die perfekte Ausführung alltäglicher Routinearbeiten in der Realität des Holocaust von entscheidender Wichtigkeit für die hilflose, einsame Mutter gewesen war: Die Mutter hatte wahrscheinlich geglaubt, dass nur ihre zwanghaften Rituale sie gegen die grausame Realität zu schützen vermochten. So betrachtet, hatte diese später ihrer Tochter aufgezwungene Lebensweise für sie lebensrettende Qualität. Wenn wir tatsächlich in diesem Fall von Wiedergutmachung sprechen können, so versuchte Nurit, durch ihre Kreativität das wieder gutzumachen, was ihr Ich sich selbst in der Phantasie angetan hatte.

Die Aufdeckung versteckter Wahrheiten.

Kinder von Holocaust-Überlebenden leiden häufig an einem Gefühl der Leere und der Trauer um eine Vergangenheit, die ihnen unbekannt ist (Auerhahn und Prelinger, 1983; Fresco, 1984). Ich glaube, dass kreative Betätigung während der Behandlung ein Mittel zur Entdeckung versteckter Wahrheiten darstellt und so das psychische Loch füllt, die Lücke im emotionalen Verständnis der traumatischen Vergangenheit der Eltern, die ich in meinem Buch *Der stumme Schrei der Kinder* beschrieben habe.

Ich will dies anhand einer anderen Fallstudie veranschaulichen. Nilly, eine zweiunddreißigjährige Frau, suchte therapeutische Hilfe, da sie in letzter Zeit unglücklich mit ihrem Leben und ihrer Arbeit war. Sie war seit sieben Jahren verheiratet, hatte zwei Söhne im Alter von vier und sechs Jahren und arbeitete als Psychologin in einem großen Betrieb. Sie mochte die Firma nicht und betrachtete ihre berufliche Unzufriedenheit als Hauptursache für ihr Unglücklichsein. Nilly fühlte, dass sie eine große Enttäuschung für ihre Familie war, die seit ihrer Kindheit von ihr erwartet hatte, sie würde reich und erfolgreich werden.

Nilly war die jüngere Tochter von Eltern, die beide Wissenschaftler gewesen waren. Ihre Schwester, die nicht studiert hatte und in einem Kinderhort arbeitete, galt als Schande für die Familie. Ihr Bruder arbeitete im Außenministerium und reiste häufig ins Ausland; er war derjenige, der der Familie alle Ehre machte. Nilly fühlte, dass sie es gegenüber ihrem erfolgreichen Bruder wie auch gegenüber der Mutter, die in ihrer Jugend Feministin gewesen war, »nie geschafft hatte«, etwas darzustellen. Sie hielt sich in erster Linie für eine gute Mutter ihrer Kinder; nur in diesem Bereich fühlte sie sich ihrer Mutter überlegen.

Ich beabsichtige nicht, auf die schmerzvolle und komplexe analytische »Reise« der letzten sechs Jahre einzugehen. Ich möchte mich hier auf die Art und Weise konzentrieren, in der Nilly das Vermächtnis des Holocaust in ihrer Analyse durch kreative Betätigung – Gedichte und Bilder – zum Ausdruck brachte und welche Rolle dies für ihren Gesundungsprozess spielte.

Nillys hatte gewaltige Angst vor der Analyse. Als ich ihr zum ersten Mal die Tür öffnete, drehte sie sich um, als wollte sie davonlaufen. Am Anfang der Behandlung konnte Nilly nicht auf der Couch liegen, wenn ich hinter ihr saß. In dieser Position fühlte sie sich ausgeliefert und von paranoiden Ängsten überwältigt. Ich ließ sie die für sie richtige Position wählen, und schließlich legte sie sich hin und bat mich, vor der Couch Platz zu nehmen, so dass sie Blickkontakt mit mir halten konnte.

Während der ersten Phase der Therapie musste ich für einige Tage ins Ausland reisen. Nilly begann damals, Bilder und Gedichte mit zur Therapie zu bringen, die zeigten, was sie anlässlich unserer bevorstehenden Trennung empfand.

Flugzeuge, die mich von ihr wegbringen

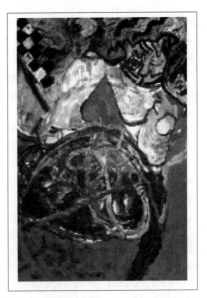
Nilly mit den Seilen

Nilly schrieb ein Gedicht über dieses Bild:

Du bist meine Retterin
Ich ziehe an unsichtbaren Seilen
Und versuche, zu dir empor zu klimmen
Mich an dir festzuhalten.
Doch ich bleibe hier unten mit
Einem Haufen Seilen, der mich fast völlig bedeckt
Und versuche, wieder und wieder zu ziehen
An den Seilen – zu dir hin
In meiner Phantasie – sehe ich dich in deinem Zimmer
Ich ziehe an deinen Schnüren
Du bläst dich auf wie ein Ballon
Und steigst auf und fliegst hinaus durch das Fenster deines Zimmers
Hinaus und hinauf – höher – immer höher.

Mithilfe dieser Gedichte und Gemälde und ihrer damaligen Träume begriffen wir, dass Nilly auf die Trennung mit großer Furcht und Ängsten reagierte. Wiederkehrende Motive in ihren Träumen kreisten um den Verlust ihrer Kinder, die in Gefahr waren, verletzt zu werden oder zu verschwinden. Nilly fühlte sich durch meinen Weggang allein gelassen mit der Bewältigung von Tod und Zerstörung.

Einige der Bilder, die sie zu den Sitzungen mitbrachte, ermöglichten uns, das verletzte und geschädigte Kind in ihr aufzudecken.

Das beschädigte Kind

Das Kind mit einem Grab und einem Baum, der aus seinem Kopf wächst

Das beschädigte Kind

In Verbindung mit diesen Bildern erinnerte sich Nilly an verschiedene Episoden selbstdestruktiven Handelns in ihrer Jugend, als sie Drogen und Alkohol nahm und mit Fremden per Anhalter fuhr. Offenbar hatte sie sich – auch wenn sie sich ungemein davor fürchtete – oft zum Tod hingezogen gefühlt.

In der Übertragung hatten Nillys Aggression und Wut, die durch meinen Weggang hervorgerufen wurden, keine Grenzen. Eine Episode aus dieser Zeit mag das veranschaulichen: Nilly sprach über ein Pflaster, dass ich einige Wochen vor dieser Sitzung wegen einer Hautoperation auf meiner Wange hatte: »Vor zwei Wochen sah ich ein Pflaster auf Ihrer Wange und schloss daraus, dass Sie sterben werden, wenn Sie ins Ausland fahren. Mir wäre es lieber, Sie wären tot, als dass Sie weggehen.«

In meiner Gegenübertragung spürte ich, dass Nilly in meinen »Sicherheitsbereich« (McLaughlin, 1995, Touching limits in the analytic dyad. Psychoanalytic Quarterly. 64: 433-465) eingedrungen war, insbesondere deshalb, da die Hautoperation eine Melanom-Biopsie gewesen war, die glücklicherweise negativ ausfiel. »Was für eine grausame, unbarmherzige Liebe ist das!«, dachte ich bei mir.

Ich musste zuerst meine eigenen Ängste durcharbeiten, die durch ihre »Bedürfnis-Beziehung« (Winnicott, 1964, Correspondence: Love or skill? New Society, February) hervorgerufen wurden, um Nillys Gefühle mir gegenüber zu erfassen, in denen sich ihre schmerzvolle und komplexe Beziehung zu ihrer Mutter und dem Bild von Mütterlichkeit spiegelten. Nach intensiver psychischer Arbeit kam Nilly zu folgendem Schluss, dem sie mit einem Gedicht Ausdruck verlieh. »Sie sagten, dass hinter dieser großen Liebe zu Ihnen eine Menge Wut steckt. Ich habe für Sie ein Gedicht über verzehrende Liebe geschrieben:«

Ein Fisch verschlingt einen Fisch der
Verschlingt einen Fisch der verschlingt einen Fisch.
Eine Mutter verschlingt ein Kind das
Verschlingt eine Mutter die verschlingt ein Kind.

Dieses Gedicht drückte Nillys Gefühl des Ineinander-Verschlungenseins von Mutter und Kind im Generationenwechsel aus. Nachdem wir dies durchgearbeitet hatten, entdeckten wir eine Verbindung zum Holocaust und seiner Weitergabe.

Nillys Mutter war als Zwölfjährige während des Holocaust zusammen mit ihren Eltern aus der Tschechoslowakei geflohen. Ihre Großmutter, die einzige Überlebende der Familie, war bekannt als verbitterte, böse Frau. Sie hatte ihrem Mann nie verziehen, dass er sie ihrer Familie, die zurückgeblieben und im Holocaust umgekommen war, entrissen hatte. Ebensowenig verzieh sie ihrem Kind, Nillys Mutter, die der Hauptgrund dafür gewesen war, dass sie ihre Familie verlassen und nach Israel gekommen war. Das Kind wuchs mit der doppelten Botschaft auf, sowohl die Retterin als auch der Grund für die Vernichtung der Familie zu sein. Sie entwickelte paranoide Züge und fühlte sich oft schuldig wegen ihrer »Boshaftigkeit«. Sie schrieb die Wut und das Unglücklichsein ihrer Mutter ihren eigenen »vergiftenden« Eigenschaften zu, und im späteren Leben fürchtete sie, vergiftend für ihre eigenen Kinder zu sein. Anscheinend projizierte die Großmutter, die so viele Verluste erlitten hatte, die Bürde ihrer Depression und Schuld auf die Tochter. Nillys Mutter, die nicht in der Lage war, die Schuld und den Schmerz in sich selbst aufzuheben, projizierte sie ihrerseits auf ihr Kind und machte Nilly zu einem Behälter des Schmerzes (Bion, 1989, Experience in Groups. London: Routledge). Dies können wir an Nillys Bildern und an ihrem Gedicht erkennen.

Mutter, Kind und Dämon

Als kämpfte ich gegen einen großen Dämon
Den ganzen Tag lang
Und ich schlief ein
Und träumte
Von Kriegen und bösen Menschen
Und Gefahren und Gaskammern.

Nilly verband den Dämon, der ihre Mutter in Gedanken verfolgte, mit dem Holocaust. Sie fühlte, dass dieser Dämon im Arm des Kindes eingraviert war. Nilly sah sich selbst als die Trägerin dieser traumatischen Vergangenheit in der dritten Generation.

Zu den Sitzungen brachte Nilly das Gemälde einer Frau, die zwei übereinander gelagerte Gesichter hatte.

Die Frau mit zwei Gesichtern

In der Analyse fanden wir heraus, dass die erfolgreiche äußerliche Fassade ihrer Wissenschaftler-Mutter das Bild einer kranken Frau überlagerte. Die Mutter litt unter vielen körperlichen Beschwerden und unterzog sich mehreren Operationen. Es gab Zeiten, in denen sie höchstwahrscheinlich psychotische Episoden durchlebte. Nilly beschrieb Begebenheiten, bei denen die Mutter völlig verwildert aussah, schmutzige Kleider trug und Menstruationsbinden in der Wohnung verstreute. Die Mutter nahm alle Küchengeräte im Haus auseinander, um sie zu säubern, konnte sie jedoch nie wieder zusammensetzen, wodurch sie in sehr konkreter Weise ihren Gefühlen der Fragmentierung Ausdruck verlieh. Sie sprach nie mit ihren Kindern, sondern kommunizierte mit ihnen über den Vater. Oft wurde sie von paranoiden Wahnvorstellungen heimgesucht: Sie litt unter der Angst, ihr Essen könne ihre Kinder vergiften oder sie würden von Erbkrankheiten dahingerafft werden. Katastrophen und Tod zeichneten sich ständig am Horizont ab. Nilly fühlte sich oft physisch und emotional von ihrer Mutter verlassen. In diesen Situationen empfand sie große Angst und fühlte sich von Vernichtung bedroht. Aufgrund ihrer Kindheitserfahrungen hatte Nilly Angst, ihre Kinder auch nur für kurze Zeit allein zu lassen: Beides, verlassen wie verlassen werden, bedeuteten für sie Preisgabe und Zerstörung.

Darüber hinaus konnten wir in dem Bild mit den übereinander gelagerten Gesichtern entdecken, dass auch Nilly mehr als ein Gesicht hatte. Sie war nicht nur das geschädigte Kind, sondern indem sie sich völlig mit der Mutter identifizierte, wurde sie selbst zu der vergiftenden, destruktiven Mutter. Ihre paranoiden Ängste gingen oft in paranoide Wahnvorstellungen, die eigenen Kinder zu vernichten, über, und sie hatte schreckliche Angst davor, sie zu verletzen.

Das kastrierte Kind

Als wir die Bedeutung dieser Bilder durcharbeiteten, entdeckten wir Nillys Angst und ein Gefühl der Schuld, überhaupt geboren worden zu sein Die wichtigste Frage, die uns beschäftigte, war: »Sollte ich geboren werden oder nicht? Sollte ich in einer Welt leben, in der so viele umgekommen sind?«

Schrecken und Geburt

Als wir uns das Bild des Kindes mit einem Grab und einem Baum, der aus seinem Kopf wächst, noch einmal ansahen, verstanden wir schließlich, dass es auch das Vermächtnis des Holocaust symbolisierte. Nilly fühlte sich als verlassenes Kind, hilflos und überwältigt von Urängsten, denn das Kind in Nilly trug ebenso wie das in ihrer Mutter den Tod und die Vernichtung einer zurückgelassenen Familie mit sich.

Nilly wehrte sich gegen dieses Vermächtnis, wie wir an ihrem folgenden Traum sehen können: »Ich träumte, meine Großmutter sei nicht tot und sie und meine Mutter nehmen an einer Beerdigung teil. Beide tragen sehr ausgefallene riesige Hüte, obgleich sie in schwarze Trauerkleidung gehüllt sind. Sie sehen klein und grotesk aus in dieser Aufmachung. Ich will nicht so sein wie sie.« Mithilfe dieses Traums brachte Nilly ihren Wunsch zum Ausdruck, frei zu sein von der Aura der Trauer, der Depression und der Schuld, die ihre Mutter und Großmutter zeitlebens umgab.

Nillys kreative Betätigung erlaubte uns den Eintritt in das schmerzvolle Terrain des Holocaust, das ihre Mutter und Großmutter so nachhaltig beschädigt und geprägt hatte. Nur in der Therapie war sie in der Lage, an den Schmerz zu rühren, der über zwei Generationen an sie weitergegeben worden war. Ein von Nilly geschriebenes Gedicht gibt dies anschaulich wieder:

In meinem Herzen sind Kapseln des Schmerzes
Viele Jahre zuvor sorgfältig verpackt
Von meiner Mutter und Großmutter
Kapseln voll mit kleinen Kugeln des Schmerzes
In vielen Farben
Gepackt in transparentes Papier, orange und blau.

An manchen Tagen schmilzt die Verpackung
Und ein leichter Stich des Schmerzes durchdringt meinen Körper
An manchen Tagen
Zerbricht keine der Kapseln.
Und gestern, in Ihrem Zimmer
Zerbrachen plötzlich viele Kapseln
Und der Schmerz begann zu strömen
Durch meinen Körper, überwältigte mich und floss
Aus der Mitte zu den Seiten hin.

Schluss

Immer noch zählen die klassischen Studien Freuds zu den am systematischsten ausgearbeiteten psychoanalytischen Einsichten in die Natur der Kreativität (Freud, 1986, Manuskript N. In: S. Freud, Briefe an Wilhelm Fliess 1887-1904, Frankfurt am Main: S. Fischer, S. 267-270; Ders., 1941, Der Dichter und das Phantasieren. GW Band VII, S. 213-223; Ders., 1941, Vorlesungen zur Einführung in die Psychoanalyse. GW Band XI). Basierend auf dem Kleinschen Konzept der depressiven Position, aus der Kunst hervorgehe, wies insbesondere Segal der Kunst eine restituierende Funktion zu (Segal, 1981, A psychoanalytic approach to aesthetics. In: The Work of Hanna Segal. New York: Jason Aronson, 101-109; Klein, 1930). Segal entwirft – darin Klein folgend – eine positivere Sicht der Kreativität als Freud. Während Freud im Bedürfnis nach künstlerischer Betätigung ein Abwehrpotential sah, das ein vom neurotischen Konflikt freier Mensch nicht brauche, sieht Segal im künstlerischen Schaffen einen Entwicklungsprozess.

An diese Idee anknüpfend scheint es mir sinnvoll, kreative Betätigungen von Nachkommen Holocaust-Überlebender während der Behandlung als Entwicklungsprozess zu sehen. Ich will dies aus verschiedenen Perspektiven heraus begründen:

1.) Kreative Betätigung stellt eine Transformation von Reinszenierungen zu Metaphern dar. In diesem Sinn ist sie ein Übergangsobjekt: Sie verkörpert einen Zustand des »Dazwischenseins«. Das konstituierte Objekt ist die Entfaltung eines Prozesses (Parsons, 2000, Creativity, psychoanalytic and artistic. In: The Dove that Returns, The Dove that Vanishes. London & Philadelphia: Routledge, 146-171).
2.) Kreative Betätigung führt ein Element des Spiels in die Realität des Traumas ein und ermöglicht so eine gewisse Distanzierung vom traumatischen Ereignis. Die Bilder des Traumas werden bunter und plastischer, das Ereignis wird nicht nur als geschichtliches Faktum *reproduziert,* als sei es des Kindes eigene Geschichte, sondern es wird auch *metaphorisiert.* Dies ermöglicht im Gegensatz zur bloßen Reinszenierung das Durcharbeiten traumatischer Prozesse.
3.) Kreative Betätigung basiert auf einem reparativen Impuls: Der Patient sucht nach Wegen, den Schaden wieder gut zu machen, den die mit den traumatisierten Eltern geteilten Phantasien angerichtet haben. In solchen Fällen kann kreative Betätigung ein Mittel zur Kontrolle von Regression sein, so dass sie zu einer »Regression im Dienste des Ich« (Kris, 1952, Psychoanalytic Exploration in Art. New York: International Univ. Press) wird: sie ermöglicht, sich primärprozesshafte Momente zu Nutze zu machen, anstatt sie zwangsweise zu reinszenieren.
4.) Kreative Betätigung ist die treibende Kraft bei der Suche nach einem geeigneten Ausdrucksmittel. Sie resultiert sowohl aus dem Bedürfnis, die äußere Realität zu beherrschen, als auch dem, die innere Erfahrung dieser Realität zu reorganisieren (Auerhahn & Laub).
5.) Der *Mythos des Überlebens* der Eltern (H. Klein, 1981, Symposium in the Holocaust. Proceedings, September 1981; ders. & Kogan, 1986, Identification and denial in the shadow of Nazism. International Journal of Psychoanalysis, 67: 45-52), der aus gegensätzlichen Gefühlen und unbewussten Wünschen nach Leben oder Sterben besteht, hat einen großen Einfluss auf die Nachkommen und verstärkt ihren eigenen Konflikt im Umgang mit Leben und Tod. Kinder von Überlebenden, die versuchen, in der Therapie kreativ zu sein, kämpfen oftmals nicht nur gegen die Neurose oder die Bedrohung ihrer inneren Objekte, sondern auch gegen die Bedrohung des Nicht-Seins.

Kreative Betätigung, die dem Konflikt und der Einheit von Lebens- und Todestrieb einen adäquaten Ausdruck verleiht (Grinberg, 1992, Analysis of guilt feelings and mourning in artistic creation. In: Guilt and Depression, London & New York: Karnac Books, 231-245), ist hier von allergrößter Bedeutung. Da, wie Winnicott sagt, eine Verbindung zwischen Kreativität und Leben besteht (Winnicott, 1985), wird kreative Betätigung im Kampf um das Leben mobilisiert.

In den Fallbeispielen, die ich hier vorgestellt habe, war die kreative Betätigung innerhalb der analytischen Situation der erste Schritt im Bemühen der Nachkommen, die traumatischen Erinnerungen der Eltern zu integrieren, um sie zu überwinden und sich schließlich von ihnen lösen zu können. Der zweite Schritt bestand darin, ihnen eine Bedeutung zu verleihen. Den Zusammenhang zwischen der Bedeutungszuweisung und dem Ursprung des Lebens hat Victor Frankl (1963, Man's Search for Meaning: An Introduction to Logotherapy. New York: Washington Square) in die Formel gekleidet: »Die Suche nach Bedeutung ist die primäre Quelle des Lebens.« Meiner Auffassung nach führt das Schaffen von Bedeutungen zu Resistenz. Bei den Traumata des Holocaust machte der damit verbundene (persönliche und gesellschaftliche) Bruch es oft unmöglich, ihnen eine konstruktive Bedeutung zu verleihen. Doch können die Nachkommen der Überlebenden mithilfe kreativer Betätigung versteckte Wahrheiten entdecken und die durch den Holocaust verursachten Traumata neu verarbeiten und ihnen eine Bedeutung verleihen, die ihre Lebensenergien stärkt.

Die Entwicklung von Kreativität setzt den psychologischen Heilungsprozess traumatischer Erinnerungen in Gang (Laub & Auerhahn, 1993, Knowing and not knowing massive psychic trauma: Forms of traumatic memory. International Journal of Psychoanalysis 74: 287-302). Kreative Betätigung, die die Hinterlassenschaft des Holocaust miteinschließt, lässt sich als die Suche nach Bewältigung und Befreiung verstehen. Indem sie dem Schmerz neuen Ausdruck verleiht, ermöglicht sie den Stimmen des Traumas zu sprechen und gehört zu werden. An die Stelle des Schweigens und des Todes kann eine neue Stimme treten, die nicht mehr nur von Tod, sondern von Leben kündet. Als ein Akt der Imagination ist kreative Betätigung ein Pfad zu Hoffnung und einem gehaltvollen Neubeginn.

Doron Kiesel

Zur Konstruktion visueller Identitäten: Darstellung der Shoah im israelischen Film am Beispiel von Tsipi Reibenbachs Film *»Wahl und Schicksal«*

»Die Protagonisten des Films waren das Ehepaar Yizchak und Fruma Reibenbach. Sie sind meine Eltern. Sie wurden dort geboren, in Polen – Angehörige einer Generation, die vom Holocaust gezeichnet ist. Der Film dokumentiert ihr heutiges Leben. Um sie zu verstehen, suchte ich ihre Geburtsorte auf. Auf dieser Reise wollten sie mich nicht begleiten. Eine Reise nach Polen, in die Tschechoslowakei und Österreich führte mich zu dem Schluss, dass ich dort nichts zu suchen habe. Ich verstand jedoch, dass wenn eine Chance bestehen sollte, irgend etwas zu verstehen oder zu fühlen, dann müsste ich in die Gedanken und Gefühle der Menschen schauen, die noch unter uns weilen. Die Kamera begleitet meine Eltern bei ihren alltäglichen Verrichtungen, wodurch wir einen Einblick in deren Einstellung zum Leben, sich selbst und ihrer leiblichen Versorgung gegenüber bekommen; in all diesen Szenen ist der Holocaust erkennbar. Dies ist ein Film über das Ende des Lebens, über das Altern, über Menschen, die Teil einer Generation sind, die ausstirbt, und mit ihnen geht auch die besondere jüdische Küche und die Überlieferung aus erster Hand verloren.« (Tsipi Reibenbach)

Tsipi Reibenbachs Dokumentarfilm *»Wahl und Schicksal«*[1] (*»Choice and Destiny«*) (1994) setzt sich mit den Überlieferungen aus der Zeit des Holocaust

---

[1] *»Wahl und Schicksal«* (1994) ist im Verleih der Freunde der Deutschen Kinemathek in Berlin erhältlich. Zum filmischen Werk von Tsipi Reibenbach zählen außerdem die beiden fiktionalen Kurzfilme *»The Garden«* (1976) und *»Hangers«* (1978), die Dokumentarfilme *»Widow Plus«* (1981), *»Shalosch ahayot«* (*»Drei Schwestern«*) (1998) und *»Eer lelo rahamim«* (*»Stadt ohne Mitleid«*) (2003).

auseinander. Im Verlaufe eines Interviews, das die Regisseurin mit ihren Eltern führt, werden Einblicke in die traumatischen Erfahrungen zweier Personen in der Zeit der Verfolgung entfaltet. Der Film stellt zwei unterschiedliche Muster der Konfrontation mit der Vernichtungserfahrung vor. Während der Vater seine traumatischen Erlebnisse emotional abspaltet und als Zeuge und Berichterstatter seiner eigenen Erfahrung auftritt, schweigt die Mutter über weite Teile des Films und beendet diesen Zustand erst am Ende des Films durch einen gewaltigen Aufschrei.

Der Film ermöglicht eine Introspektive sowohl in psychologische als auch in kommunikative Ausdrucksformen traumatischer Erlebnisse: Der Vater berichtet in mehreren Episoden des Films chronologisch im Sinne eines Narrativs, was ihm vom Moment der Zerstörung des Ghettos und der anschließenden Ermordung seiner gesamten Familie bis zu seiner Befreiung aus dem Konzentrationslager Mauthausen zugestoßen ist. Er äußert sich hierbei ausschließlich zu Ereignissen, die ihm selbst widerfahren sind. Seine Schilderungen sind geradezu analytisch und reflexiv formuliert. Sein Blick auf die Ereignisse gibt Auskunft über seine spezifische Verarbeitungsform der dramatischen Vorgänge im Lager. Er drückt sich klar, präzise und oft in einer minimalistischen Sprache aus. Jede seiner Äußerungen wirkt bedacht und ausgewogen. Er meidet jegliche Verurteilung der Personen, die im Lager über Leben und Tod entschieden, und neigt zu keinerlei Gefühlsausbrüchen während der Interviews. Dadurch, dass er das Verhalten der Opfer und der Täter aus einer distanzierten Perspektive schildert und die Strukturmuster ihres Handelns aufzeigt, gelingt es ihm, eine scheinbar ironische Sicht auf die damaligen Begebenheiten einzunehmen.

Die Art und Weise der Rückschau des Vaters auf jene Zeit hat wohl die Entscheidung der Filmemacherin für den Filmtitel beeinflusst: Wahl und Schicksal. Die Lebensphilosophie des Vaters wirkt paradox, da er die schier unmögliche Wahl zu treffen scheint, sich einem Schicksal auszusetzen, dem man nicht entfliehen kann. Durch die Darstellung der unterschiedlichen Standpunkte der am Vernichtungsprozess beteiligten Täter und ihrer Opfer kann ein Zustand unerträglicher Ohnmacht in einen Diskurs über die in mancher Hinsicht groteske Realität transformiert werden, womit affektbeladene Erinnerungen unter Kontrolle gehalten werden können. Durch diese rhetorische Figur lässt sich das Grauen aus unterschiedlichen Perspektiven betrachten, wodurch dem Zuschauer sowohl eine Binnen- als auch eine Außenperspektive präsentiert wird.

Durch diese Darstellung der Ereignisse wirkt der Vater wie ein begnadeter Geschichtenerzähler. Dadurch, dass er seine Erinnerungen nicht dramatisiert, behält er eine Distanz zu dem Geschehenen. Seine Sprache ist präzise und überaus konkret, er benennt dabei ohne Umschweife alle notwendigen Details, die zur Rekonstruktion der geschilderten Situation notwendig sind. Offensichtlich ist es gerade der streng analytische Blick auf die Ereignisse, die sich vor seinen Augen abgespielt haben, der es ihm ermöglicht, das traumatische Material zu bearbeiten. Als seine Tochter ihn fragt, was er fühlte, als er in Auschwitz ankam, antwortet er: »Wir fühlten... wir fühlten oft... oft sahen wir den Tod unmittelbar vor unseren Augen... wir sahen den Tod vor unseren Augen sehr oft. Wir haben uns daran gewöhnt. Wir gewöhnten uns daran. Wir gewöhnten uns an den Tod. Wir wussten, dass am Ende der Tod stehen würde. Ja, dies wussten wir.«

Die Antwort des Vaters verweist auf eine Beziehung zwischen Gefühlen, Wahrnehmungen und Wissen: Affekte werden zunächst in Sinneseindrücke und anschließend in Wissen verwandelt. Auf die Frage, was er gefühlt habe, antwortet er: »Wir sahen den Tod vor unseren Augen.« Der Vater erzählt die Geschichte eines Mannes, der die Todeszone durchquert, den sicheren Tod vor Augen – und all dies bei vollem Bewusstsein. Er verwandelt Erinnerungen an bestimmte Episoden und Erfahrungen seines Lebens in ein Gedächtnis, das von Fakten zu berichten weiß. Die Fähigkeit, seine traumatischen Erlebnisse in den Blick zu nehmen und über sie zu erzählen, mindert möglicherweise die Gefühle des Schreckens und der Angst. Zugleich ermöglicht sie ihm, über bestimmte Kenntnisse und Erkenntnisse zu verfügen, die anderen nicht zugänglich sind. Die Distanz, aus der der Vater seine eigenen traumatischen Erfahrungen betrachtet und zurückruft, ist genau die Distanz, die es ihm ermöglicht, das Trauma zu schildern, ohne davon überflutet zu werden. Seine Fähigkeit, eigene Erfahrungen mitzuteilen, eröffnet ihm auch die Möglichkeit, die Reichweite seines Traumas und dessen Grenzen zu identifizieren und die Todesgefahr, unter der er lebte, zu thematisieren. Dadurch, dass der Vater die traumatischen Ereignisse affektiv weitgehend unter Verschluss hält, kann er auch Abstand von ihnen gewinnen. In diesem Verarbeitungsmodus wird das traumatische Geschehen jedoch keineswegs verdrängt oder geleugnet. Das Erinnern verläuft vielmehr in »kontrollierten Bahnen«. Als Resultat wird ein Trauerprozess erkennbar, der nirgends in Melancholie umschlägt.

Der Vater weiß um den Verlust, der ihm zuteil wurde, findet aber einen Weg, mit diesem weiterzuleben. Der Preis für dieses Kontrollvermögen ist unübersehbar: Er vermeidet es – dies gilt gleichermaßen für alle filmischen Sequenzen –, über seine eigenen Gefühle zu reden. Weder Wut oder Scham, noch Schuld oder tiefe Verletzungen werden artikuliert. Er scheint sich vielmehr mit seinem

Schicksal abgefunden zu haben. Während er in einer obsessiven Weise Essen zubereitet, wiederholt er immerzu die unerschütterliche Einsicht: »Das ist es, das ist es.« Der Vater rezipiert den Holocaust als Ausdruck menschlichen Handelns, das man einerseits zu akzeptieren hat, andererseits jedoch verwerfen muss. Diese doppelte Überlebensstrategie charakterisiert seinen Lebensweg und fließt ein in den Titel des Films: Wahl und Schicksal. Sein Schicksal zwingt ihn, den Abgründen menschlicher Existenz gegenüberzutreten, diese zu identifizieren und zu bekämpfen, um dann sein Leben neu zu organisieren – trotz allem.

Das Verhalten der Mutter lässt sich einem stummen Schrei gleichsetzen. In den meisten Szenen des Films steht der Vater im Vordergrund, die Mutter bleibt dagegen im Hintergrund. Sie schweigt und bewegt sich wie ein Schatten um ihn herum. Ihr stummer Schrei ist ihr Weg, auf ihr Trauma aufmerksam zu machen. Während der Vater seine Geschichten erzählt, fokussiert die Kamera zumeist die alltäglichen Verrichtungen der Mutter. So bereitet sie Essen vor, putzt die Wohnung, legt Kleider zusammen oder gießt die Pflanzen. Diese rituellen Handlungen sind visuell eingebettet in die Geschichten des Vaters und verweisen somit auf die unbewussten Verbindungsstränge und Verstrickungen der beiden Protagonisten. Die Entscheidung der Mutter zu schweigen, währt bis zum Ende des Films: Mit einem dramatischen und gefühlsbeladenen Aufschrei kommt die Geschichte der Mutter erst dann ins Bild.

Schreien ist eine Facette des Schweigens. Intensive Gefühle, die über eine sehr lange Zeit hermetisch abgeschlossen waren, suchen sich ihren Weg in Form eines macht- und ausdrucksvollen Erinnerns des Traumas. Der Unterschied zwischen dem Schweigen und dem Schrei besteht darin, dass alles, was bislang unterdrückt und verborgen wurde, nunmehr der öffentlichen Wahrnehmung zugänglich ist. Als die Verzweiflung aus der Mutter herausbricht, verrät sie, dass sie schon mehrfach heimlich geschrien und geweint hat. »Als niemand zu Hause war, drehte ich mich manchmal um und schrie laut die Namen: ›Sara'le, Shimshele, ... wo seid ihr?‹« Erst als die Mutter dies ihrer Tochter erzählt, während ihre Familienangehörigen in ihrer Nähe sind und die Kamera auf sie gerichtet ist, kommt der Schrei voll zur Geltung.

Der Schrei der Mutter ist Ausdruck einer tiefen, im Film erkennbaren Melancholie. Die Mutter nähert sich der Realität aus ihrer Binnensicht. Es gelingt ihr nicht, diese aus der sicheren Distanz zu beobachten, die es dem Vater erlaubt, den Trauerprozess zu ertragen. Die Wucht der traumatischen Ereignisse hindern die Mutter daran, Bereiche auszumachen, in die das Trauma nicht hineinreicht.

Eine Geschichte hat üblicherweise ein überschaubares Ablaufschema. Da jedoch das Trauma die Mutter beherrscht, kann sie diesem keine Grenzen setzen. Ihre Geschichte ist eine Geschichte über die Unfähigkeit, eine Geschichte zu erzählen. Die Mutter redet zwar über die Möglichkeit, eine Geschichte zu erzählen, doch sie ist bestenfalls in der Lage, Situationen zu schildern. Sie wiederholt ihre Worte immer wieder in einem hypnotisch anmutenden Rhythmus und überlegt, wie sie ihr Leben in Form eines Narrativs wiedergeben könnte. Doch dazu ist sie nicht in der Lage. »Man könnte den ganzen Tag erzählen, jede Stunde war anderes, an jedem Tag geschah etwas anderes, so viele Ereignisse, so viele. Morgen werde ich etwas Neues erinnern, ich werde Dir etwas Neues erzählen. Ich habe Dir viel zu erzählen, eine Menge.«

Doch ihr Wunsch, eine Geschichte, ihre Geschichte, erzählen zu können, lässt sich nicht realisieren. Die narrative Struktur wird durch einen expressiven Aufschrei ersetzt, dessen Resonanz sich in der sprachlichen Struktur niederschlägt: in den Lauten und im Sprachrhythmus, die sich laufend wiederholen. Sie taucht ein in erschütternde Gefühle des Verlusts, der Abwesenheit und der abgrundtiefen sinnentleerten Traurigkeit.

Obwohl die traumatischen Ereignisse mehrere Jahrzehnte zurückliegen, kann sie keinen Abstand finden. Sie wird verfolgt durch die Gedanken an ihre engsten Verwandten, die sie im Lager verloren hat, obwohl sie deren Ermordung nicht beiwohnte. Sie kann in den Nächten nicht schlafen und stellt sich immer wieder vor, wie ihre Lieben umgebracht wurden. »Ich kann nicht einschlafen. Ich liege bis zwei Uhr nachts wach im Bett. Ich sehe Hashek mit Getza'le reden. Ich sehe, wie Abraham Leizer erschossen wurde, obwohl ich nicht dabei war. Ich stelle mir vor, wie er erschossen wurde, wie er weggetragen wurde. All dies stelle ich mir vor...«

In den Vorstellungen der Mutter tauchen die entsetzlichen Bilder immer wieder auf, obwohl sie ausschließlich der Kraft der Imagination geschuldet sind. Diese Bilder drängen sich ihr laufend auf. Während der Vater, der die Vernichtungsmaschinerie buchstäblich hautnah miterlebt hat, Wege und Zugänge zu einer posttraumatischen Realität entwickeln konnte, hat der Tod der Verwandten der Mutter nicht nur deren Leben zerstört, sondern die Existenz und das Selbstgefühl der Mutter nachhaltig geprägt. Die Mutter verwandelt die Deutung einer Erinnerung in eine reale Episode. Das Fehlen jeglicher Erinnerungsspuren der geliebten Familienangehörigen erschwert es, die Erinnerung zu beherrschen oder zu kontrollieren. Sie kann weder bearbeitet noch eingedämmt werden. Diese Erinnerungserfahrung drängt sich immer wieder in den Vordergrund und präsentiert sich entweder als melancholisches Schweigen oder als verzweifelter Aufschrei.

Die Mutter erlebt das Holocausttrauma als eine unbegreifliche, dauerhaft quälende Last, die sie verbal nicht zu vermitteln vermag. Im Gegensatz zum Vater, dessen Erinnerungen nur darum kreisen, was er tatsächlich erlebt und gesehen hat, klammert sie sich an das Trauma und kann die Bilder, die sie selber imaginiert, nicht los lassen. Auch ihre Körpersprache verrät die Dimensionen ihres Traumas. Ihre Bewegungen wirken starr und eigentümlich ›eingefroren‹, als sei sie in diesem eingesperrt, ohne dass sie jemals eine Chance zu fliehen hätte.

Das intensive Erleben der Mutter, das seinen Ausdruck in dem verzweifelten Schrei am Ende des Films findet, verbirgt sich während des gesamten Films in ihrem kommunikativen Schweigen. Es spiegelt eine psychische Situation wieder, in der eine Erfahrung nicht begriffen oder integriert werden kann und ihre Schilderung und Darstellung sich demnach dem narrativen Kontext entzieht. Die unvermeidliche Konfrontation mit dem Unmöglichen erzwingt Formen der Artikulation, die sich der Repräsentation verweigern. Ihre Unfähigkeit, eigene Erinnerungen, seien sie erlebt oder imaginiert, in einen erzählerischen Kontext einzubetten, sowie ihr bedrückend verzweifelter Aufschrei sind Ausdruck traumatischer Erfahrungen, die sich der Mutter anscheinend auf Dauer bemächtigt haben.

Die Tochter und Regisseurin, Tsipi Reibenbach, präsentiert beide Formen des Umgangs mit dem Trauma. Dabei fällt sie kein Urteil über die jeweiligen Bewältigungsstrategien, sie verhilft vielmehr mit ihrem Film beiden Traumatisierungsmustern zur Darstellung und somit zum Übergang aus der privaten Sphäre in den öffentlichen Raum. Die Nebeneinanderstellung dieser beiden Bewältigungsstrategien unterstreicht die Notwendigkeit beider Verarbeitungsformen der Extremtraumatisierung. Der Preis der Zähmung des Schmerzes kommt dem Verlust der Fähigkeit gleich, traumatische Erfahrungen affektiv zu erinnern, während die Folge der unmittelbaren Konfrontation mit dem traumatischen Schmerz Realitätsverlust und mangelnde Realitätskontrolle sein kann. Die Inszenierung dieser beiden Bewältigungsmuster ist Ausdruck des Wunsches der Regisseurin, mit dem »traumatischen Kern« in Kontakt zu treten – und zugleich eine Beobachterposition einzunehmen. Diese beiden Wahrnehmungskonzepte miteinander zu verbinden, bedingt eine dauerhafte, endlose und nicht auflösbare Anspannung und Zumutung. Sie zeugt vom notwendigen Scheitern des Versuchs, die traumatische Erfahrung des Holocaust verstehen zu wollen.

In Israel zeichnet sich seit den späten achtziger und neunziger Jahren innerhalb der Filmemacher der zweiten Generation eine Tendenz ab, das Erinnern des Holocaust zu privatisieren. Mit Israels zweiter Generation sind die Kinder derer gemeint, die der Shoah, dem organisierten Massenmord an über sechs Millionen

Juden im nationalsozialistischen Deutschland, entronnen sind; es sind die Kinder der Gründergeneration des Staates Israel.

Die Filme, von denen hier die Rede ist, – die beiden Dokumentarfilme: *»Wahl und Schicksal«* von Tsipi Reibenbach, (1994) und *»Wegen dieses Krieges«* von Orna Ben Dor (1988); der Spielfilm *»Aviyas Sommer«* von Eli Cohen (1988) – thematisieren sowohl die Auseinandersetzung der israelischen Gesellschaft mit der Erinnerung an den Holocaust als auch die der Überlebenden und ihrer Kinder mit der israelischen Gesellschaft. Daher reflektieren und gestalten diese Filme einen kulturellen Prozess, dessen Ziel es ist, sich der Frage anzunähern, was unter »israelischer Identität« zu verstehen ist. Es geht in den entsprechenden Filmen um die Rekonstruktion einer vergangenen Lebenswelt, deren Erinnerung eine schmerzhafte Trauer auslöst. Die Filme thematisieren Verlust und Zwiespalt gegenüber der ehemaligen »Heimat«.

Daher stellt sich die Frage, welche filmischen Strategien genutzt werden, um die Erinnerung an den Holocaust zu etablieren und die vergangene Welt der Eltern aufscheinen zu lassen.

»Wahl und Schicksal« insistiert nicht nur darauf, verdrängte Erinnerungen aufzudecken, sondern ist sich dessen bewusst, dass die Rekonstruktion des Geschehenen einer Wahrnehmung und Anerkennung der Kultur der Eltern, die von den Nationalsozialisten zerstört wurde, gleichkommt.

Der Film dokumentiert die Biographie von Tsipi Reibenbachs Eltern während des Holocaust und ihr Leben als älteres Ehepaar im heutigen Israel. Die Kamera folgt ihren alltäglichen Handlungen vom Moment des Aufwachens, bis sie ins Bett gehen. Sie führt den Zuschauer in das Privatleben des Paares und motiviert die beiden zum Reden. Der Zuschauer lernt auf diese Weise die bescheiden möblierten Räumlichkeiten kennen, in denen Itshak und Fruma Reibenbach wohnen. Der Vater, groß und kräftig, dürfte um die achtzig Jahre alt sein. Seine Bewegungen und Gesten wirken ritualisiert und kontrolliert, sie strahlen zugleich Strenge und Ruhe aus. Demgegenüber ist die Mutter eher zierlich, hyperaktiv, nervös und ruhelos. Sie ist dauernd beschäftigt. Der Zuschauer erfährt im Laufe des Film immer präziser, wie sich der Alltag des Paares gestaltet, indem er sie je einzeln und als Paar in ihren Interaktionen beobachten kann. Es entsteht der Eindruck, dass das Paar ein gutes Team ist, dass trotz auffälliger Unterschiede im jeweiligen Auftreten und Verhalten harmonisch aufeinander eingespielt wirkt. Nicht einmal die Kamera kann dieses Zusammenspiel stören.

Doch ist der Alltag der beiden Protagonisten nur eine Facette des Films: Der Zuschauer wird rasch von der Geschichte des Vaters vereinnahmt und in die Zeit des Holocaust versetzt. Durch die Erinnerung des Vaters, die scheinbar in all den Jahren nicht nachgelassen hat, begleitet der Zuschauer den Vater in die Vergangenheit und somit von einem Konzentrationslager ins nächste. Während das Narrativ des Vaters dem Zuschauer allmählich näher gebracht wird, strahlt die schweigende Mutter eine beständige Anspannung aus.

Tsipi Reibenbach bezeichnet ihren Film als ›Erinnerungs-Film‹, der den Alltag von Holocaust-Überlebenden thematisiert. Obwohl sie die ehemalige Heimat der Eltern aufsuchte, um sie besser zu verstehen, musste sie feststellen, dass sie dort nichts finden konnte. Wenn sie etwas über ihre Eltern erfahren wollte, so musste sie deren Alltag in Israel erkunden.

Die Eingangsszene des Films spielt im Wohnzimmer der Eltern. Sie hören das Nachrichtenprogramm auf Yiddish, Lech Walesa bittet das jüdische Volk um Verzeihung – auf Polnisch. In der anschließenden Szene werden die Eltern beim Einkauf auf dem sehr orientalisch wirkenden Markt ihrer Stadt gezeigt. Diese Szenenfolge dokumentiert den inneren und äußeren Spannungsbogen, in dem die Eltern existieren: Sie wirken fremd in ihrem sozialen Umfeld in Israel und zugleich den Orten, aus denen sie stammen, und den an sie geknüpften Erinnerungen, entfremdet. Das Bild eines doppelten Exils drängt sich auf: ein äußeres und ein inneres Exil als Ausdruck einer physisch und geistig entfremdeten Existenz als Überlebende.

Zeit ist eine herausragende Dimension dieses Films. Das Ticken der Uhr begleitet den Film ebenso wie das Paar ständig. Das tägliche Aufziehen der Uhr zu einem festgelegten Zeitpunkt strukturiert den Alltag und verfestigt immer wiederkehrende Rituale. Die Uhr nimmt einen festen Ort im Wohnbereich ein. Selbst die Geschichte des Vaters wird durch das Schlagen der Uhr unterbrochen, so dass er kurzfristig von der Vergangenheit in die Gegenwart wechseln kann. Die Uhr repräsentiert das Bedürfnis nach Wiederherstellung von Kontinuität im Vollzug alltäglicher Handlungen. Die Mutter sitzt zumeist unter der Uhr, wenn sie den Geschichten des Vaters aus dem Konzentrationslager zuhört. Unterhalb der Uhr sind Bilder der ermordeten Verwandten aufgehängt, so als würde die Uhr die Erinnerung an sie schützen.

In den Geschichten des Vaters dagegen hat Zeit nahezu keine Bedeutung. Er erzählt sie, ohne ihren Ablauf zeitlich festzumachen. Es bleibt unklar, wie alt er war, wie lange er in jedem Lager blieb oder wann seine Geschichten stattfanden. Die Zeit markiert in seinen Erzählungen keine Grenzen.

Die Eltern sprechen untereinander sowie mit ihrer Tochter Yiddish, obwohl sie die hebräische Sprache beherrschen, wie aus ihren Gesprächen mit den Enkeln erkennbar wird. Yiddish ist diejenige Sprache, die in den Familien der meisten Überlebenden gesprochen wurde. Die Eltern hören die Nachrichtensendung in Yiddish, lesen eine Tageszeitung auf Yiddish und besuchen Theateraufführungen in Yiddish. Hebräisch wird als Verkehrssprache außerhalb der Wohnung gesprochen. Yiddish dagegen ist die Sprache, die den Eltern vertraut ist.

Die Entscheidung der Eltern, Yiddish zu sprechen, verweist auf deren Hintergrund und ihre begrenzte kulturelle Identifikation mit der israelischen Gesellschaft. Der Umstand, dass Yiddish als Umgangssprache in zahlreichen Familien von Überlebenden gesprochen wird, führt nicht selten zu quälenden und widersprüchlichen Identifikationsmustern zwischen der familialen Umgebung und der israelischen Gesellschaft. Die Entscheidung Tsipi Reibenbachs, einen Film zu produzieren, in dem Yiddish die zentrale Sprache darstellt, ist ein Zeichen der Versöhnung und Akzeptanz ihren Eltern gegenüber. Bei vielen Angehörigen der zweiten Generation findet eine ähnliche Entwicklung statt. Ursprüngliche Schamgefühle wegen der Vergangenheit der Eltern haben sich in ein Gefühl der Akzeptanz und des Stolzes verwandelt, Kind genau dieser Eltern zu sein.

Vater und Mutter reden während der Dreharbeiten nur sehr selten miteinander. Die wenigen Worte, die sie miteinander austauschen, beziehen sich auf die Verrichtung alltäglicher Handlungen. Dennoch bedeutet der Mangel an verbalem Austausch keineswegs, dass sie sich emotional entfremdet haben. In mehreren filmischen Sequenzen wird eine wechselseitige Fürsorge erkennbar, auch wenn sie sich im Film kein einziges Mal berühren. Ähnlich wie andere Überlebende des Holocaust dominiert in der Familie Tsipi Reibenbachs die Sorge der Eltern um das Wohl der Kinder, sofern es sich um Lebensmittel und Kleidung handelt. Emotionale Nähe und Körperkontakt werden hingegen nur selten gesucht.

Das Essen spielt im Film eine gewichtige Rolle. Es entsteht der Eindruck, als seien die Eltern von früh bis spät damit beschäftigt, einzukaufen, zu kochen und zu essen. Mehr als die Hälfte des Films handelt tatsächlich vom Essen. Die Kamera beobachtet die Eltern beim Anrichten der Speisen, sie blickt in deren Gesichter, auf deren Hände und verfolgt die einzelnen Schritte bei der Zubereitung der Speisen, die mit großer Konzentration durchgeführt werden. Die Regisseurin begründet das Herausstellen des Essens im Film mit der Erfahrung der Eltern in Zeiten extremen Hungerns und des Mangels in den Konzentrationslagern. Hunger war ein dauerhafter, unvorstellbarer Zustand, berichtet die Mutter. Die Möglichkeit, sich in ihrem jetzigen Leben in Israel ohne Umstände Lebensmittel beschaffen zu können, erinnert sie immerzu an die Bedeutung des Essens und den schmerzlich erfahrenen Hunger. Der tägliche Kampf des Vaters gegen den Hunger in der Vergangenheit wird immer dann zum Thema, wenn Essen in der Gegenwart gezeigt wird. So wird das Essen filmisch zur Assoziationsbrücke zwischen Vergangenheit und Gegenwart.

Die zentrale Bedeutung des Essens ist zugleich auch Ausdruck des filmischen Konzepts, abstrakte und spirituelle Diskurse über den Holocaust auf ihre materielle Ebene herunter zu brechen: Es gilt demnach, nicht das Überleben zu glorifizieren und metaphysisch zu überhöhen, sondern sich mit dem Kampf ums nackte Überleben und den basalen physischen Bedürfnissen zu befassen.

Die Wichtigkeit der Versorgung mit Nahrungsmitteln, die Bedeutung des gemeinsamen Essens durchziehen den gesamten Film. Der Film beginnt und endet mit einem gemeinsamen Schabbatessen. Das Essen vereint auch die Familie: Eltern, Kinder und Großeltern kommen zusammen. Dies kann als Versuch gesehen werden, mit den Mitteln der osteuropäisch-jüdischen Tradition des gemeinsamen Essens bestimmter Gerichte, die an die Vergangenheit anknüpfen, Anschluss an eine ansonsten vergangene Welt zu suchen. Mehr als alles andere repräsentiert das Familienmahl das Überleben. Es steht für einen Neuanfang, es ist die Entscheidung für die ›Wahl‹ und gegen das ›Schicksal‹.

»*Wahl und Schicksal*« handelt weder von Tätern noch von Opfern, weder von Helden noch von Märtyrern, sondern vielmehr von der Brutalität des alltäglichen Kampfs um das Überleben in Extremsituationen. Gezeigt werden im Film nicht diejenigen Überlebenden, die aufgrund besonders mutiger Handlungen in der Zeit der Verfolgung öffentlich bekannt und gewürdigt wurden, sondern ›ganz normale‹ Überlebende, die weder geflohen sind, noch gekämpft oder rebelliert haben. Die von ihnen beschriebenen Ereignisse sind weder monumental noch ungewöhnlich dramatisch. Sie erzählen über ihr Leben im Konzentrationslager, den dortigen Alltag und seine Routinen. Nach ihrer Einreise nach Israel blieben sie weiterhin unauffällig und repräsentieren zugleich einen beachtlichen Ausschnitt der israelischen Gesellschaft. Das, was den Protagonisten dieses Films zugestoßen ist, entspricht mehr oder weniger auch den Erfahrungen zahlreicher anderer Überlebender in Israel, weswegen der Film das partikulare Ereignis transzendiert und als kultureller Ausdruck einer Verhältnisbestimmung zwischen der israelischen Gesellschaft, dem Holocaust und den Überlebenden betrachtet werden kann.

Der Minimalismus des Films unterstützt und unterstreicht seine Kritik am heroischen Diskurs über den Holocaust. Der Film greift an keiner Stelle auf bekannte kollektive Ikonographien des Holocaust zurück, sondern verortet sich bewusst in der israelischen Realität. Er greift nur begrenzt in den Alltag der

Protagonisten ein. Die Kamera interveniert nur selten aktiv; in der Regel beobachtet sie lediglich die Handlungen der Eltern. Doch in der Montage des Films werden Überblendungen, Parallelschnitte, Kontraste und filmische Rhythmen etabliert, so dass ein mehrdimensionales soziokulturelles filmisches Dokument entsteht.

Die Bedeutung des Films liegt in der Bereitschaft und Fähigkeit der israelischen Gesellschaft, sich auf die Generation der Überlebenden und deren Narrativ zu beziehen. Als ein Film, der von der Tochter von Überlebenden gedreht worden ist, bezeugt er auch eine veränderte Einstellung der zweiten Generation ihren Eltern, sich selbst und dem Holocaust gegenüber. Darüber hinaus bekundet er den Willen der Generation der Überlebenden, nach Jahrzehnten ihre Geschichten zu erzählen, da sich endlich auch genügend Zuhörer einfinden.

Literatur

Gross, Nathan und Jaakov Gross, Haseret Ha'ivri (Der hebräische Film). Jerusalem 1991

Haubl, Rolf, Franziska Lamott und Harald C. Traue (Hg.), Über Lebensgeschichten. Trauma und Erzählung. psychosozial 91/2003, 6 Jg.

Karpf, Ernst, Doron Kiesel und Visarius Karsten (Hg.), »Wegen dieses Krieges...« Perspektiven des israelischen Films. Marburg 1993

Kramer, Sven (Hg.), Die Shoah im Bild. München 2003

Oz, Amos, All our hopes. Essays on the Israeli Condition. Jerusalem 1998

Quindeau, Ilka, Trauma und Geschichte. Interpretationen autobiographischer Erzählungen von Überlebenden des Holocaust. Frankfurt am Main 1995

Rosenstone, Robert A., Visions of the Past. The Challenge of Film to our Idea of History. USA 1995

Schnitzer, Meir, Israeli Camera. Facts/Plots/Directors/Opinions. Jerusalem 1994

Margrit Frölich

Lebensläufe, Familiengeschichten und ›deutsche Zustände‹ nach dem Holocaust: Angelika Levis Film »*Mein Leben Teil 2*«

»Bin ich die Antwort meiner Mutter an die Shoah?« – fragt die Filmregisseurin Angelika Levi in »*Mein Leben Teil 2*« (2003), einem vielschichtigen Porträt ihrer christlich-jüdischen Familie.[1] Darin setzt sie sich mit ihrer Identität als in der zweiten Generation nach der Shoah Geborene auseinander. Indem sie schildert, wie sie während der sechziger und siebziger Jahre in der Bundesrepublik aufwuchs, macht die Regisseurin am Besonderen ihres Familienlebens exemplarisch das Kolorit jener Zeit sichtbar. Zudem ergänzt sie das gängige Bild dieser Epoche um die Dimension deutsch-jüdischer Erfahrung, die von Teilen der Mehrheitsgesellschaft nicht wirklich wahrgenommen wird. Sie dokumentiert den Einfluss dieser Erfahrung auf ihre Wahrnehmung der deutschen Gesellschaft und untersucht die eigenen Prägungen durch familiäre Strukturen. Deutsch-jüdische Erfahrung definiert sich hier in erster Linie über die Traditionslinie des Holocaust, weniger über die Religion. Letztendlich sind es mehrere Geschichten, von denen Angelika Levi in ihrem essayistischen Dokumentarfilm erzählt: Geschichten von Diskriminierung und Verfolgung während der Nazizeit, vom Exil, der Nachkriegsgeschichte der Bundesrepublik, von Krankheit, vom Hineinwirken

---

[1] »*Mein Leben Teil 2*« ist Angelika Levis erster abendfüllender Film. Er entstand im Auftrag des Kleinen Fernsehspiels im ZDF. Seine erfolgreiche Premiere hatte der Film in der Sektion »Internationales Forum« auf den Berliner Filmfestspielen 2003. Am 12. Mai 2003 wurde er in der Reihe »*Kämpferinnen*« im Kleinen Fernsehspiel des ZDF ausgestrahlt und gelangte im Dezember 2003 in die Kinos. Der Film ist im Verleih der Freunde der Deutschen Kinemathek in Berlin erhältlich.
Während des Regiestudiums der Filmemacherin an der Deutschen Film- und Fernsehakademie in Berlin entstandenen mehrere Kurzfilme, darunter »*Désiree & Polylepis*« (1994), »*Auf geht's – aber wohin*« (1989), »*Das kleine Objekt a*« (1992).

des Holocaust in die Gegenwart und die öffentlichen Diskurse sowie seinen psychischen Spätfolgen im Leben der Opfer und ihrer Kinder.

Die Familiengeschichte der Regisseurin beleuchtet eine eher selten beachtete Facette, die von den religiösen Institutionen gern geleugnet oder bestenfalls als kulturelle Variante religiöser Zugehörigkeit hingenommen wird, während sie zahlenmäßig an Bedeutung gewinnt: die Synthetisierungen unterschiedlicher Traditionen in christlich-jüdischen Ehen und in den Lebensentwürfen ihrer Nachkommen. Dass angesichts dieses spezifischen Familienhintergrunds der Umgang mit der eigenen Herkunft nach dem Holocaust eine spannungsvolle Komplexität erlangt, lässt sich vermuten. Ebenso, dass der Wunsch nach Abgrenzung von den Tätern einerseits und die Identifikation mit den Opfern andererseits, der für die Selbstverortung insbesondere der nicht-jüdischen zweiten Generation in Deutschland immer wieder eine erhebliche Rolle gespielt hat, zu einem *double bind* gerät. Letzteres berührt der Film kaum; vielmehr umgeht die Regisseurin die Auseinandersetzung mit den Folgen dieser doppelten Hypothek, indem sie in ihrem Film die Mutter – und damit ihr jüdisches Familienerbe – in den Mittelpunkt stellt.

Ursula Becker, geborene Levi, starb 1996 nach jahrzehntelanger schwerer Krankheit während der Vorbereitungen zum Film. Geboren wurde sie 1926 als Tochter einer konfessionslosen Mutter und eines jüdischen Vaters in Hamburg. Der Vater wanderte 1938, sechs Wochen vor der »Reichskristallnacht«, nach Chile aus. Seine Frau und die beiden Kinder überlebten die Bedrohung durch die Nazis in Deutschland. Erst 1947 folgten Mutter und Tochter dem Vater ins lateinamerikanische Exil. So wurde Ursula zu einer verspäteten Emigrantin aus dem untergegangenen Nazideutschland. In Chile begann für sie eine aussichtsreiche wissenschaftliche Karriere als Biologin, und sie reüssierte als erste Ökologin Chiles. Ein Stipendium der Alexander von Humboldt Stiftung brachte sie ein Jahrzehnt später gemeinsam mit der Mutter wieder nach Deutschland zurück. Während ihres Forschungsaufenthalts lernte sie einen evangelischen Theologiestudenten kennen, heiratete ihn und gab ihre wissenschaftliche Laufbahn auf. Angelika Levi kam 1961 als erstes von zwei Kindern dieses als exotisch geltenden Paares in Bonn-Bad Godesberg zur Welt. Der Frage nachsinnend, was Mutter und Vater bei der Familiengründung motiviert haben mochte, stellt die Regisseurin folgende Überlegung an: »War das freiwillige, evolutionstüchtige Sich-Anpassen, die Familiengründung mit meinem Vater ihre Antwort? Und bin ich nicht auch die Antwort meines Vaters an die Shoah – mit einem sentimentalen Versöhnungswunsch, aber blind gegenüber den konkreten Folgen von unterschiedlicher Geschichte?«

»I feel it in my genes« – Evolution und Genealogie

Zum einen Porträt der Mutter, ist der Film zum anderen Selbstverständigungsversuch der Tochter. Die Rekonstruktion der Biographie der Mutter gleicht einer Erkundungsreise in ein fremdes Leben und ist doch zugleich eine Reise zu sich selbst. So beginnt der Film mit Bildern, die während eines Aufenthalts in Chile entstanden. Dorthin reiste die Regisseurin 1996, unmittelbar vor dem Tod der Mutter, um Recherchen über das frühere Leben ihrer Mutter zu machen. Die Anfangssequenz zeigt eine mit exotischen Sträuchern und Gräsern bewachsene, steppenartige Dünenlandschaft. In langsamer Bewegung streift die Kamera entlang der wild bewachsenen Hügel, begleitet vom leisen Geräusch eines Eisenbahnzuges, aus dem heraus die Aufnahmen entstanden. Unterlegt sind sie mit der ruhigen, klaren Stimme der Filmemacherin: »Zu meinem achtzehnten Geburtstag überreichte meine Mutter mir ein Papier mit zehn Punkten, das sie mir als Vermächtnis auf meinem Weg in die Unabhängigkeit mitgab. Punkt eins lautet: ›Der Sinn unseres Lebens ist Evolution, hin zur Vollendung. Nichts, was entsteht und gut ist, wird weggeworfen. Es wird auf das schon Erreichte aufgebaut. Du stammst von Josefs Bruder Levi ab, der vor dreitausend Jahren lebte.‹«

Nach einem Bildschnitt ist sodann die Mutter der Regisseurin auf einer Wohnzimmercouch sitzend zu sehen, aufgenommen vermutlich während ihrer letzten Lebensjahre. Ruben und Levi, so erläutert sie ihrem Gegenüber hinter der Kamera, die Zwillingssöhne des biblischen Jakob, stünden am Ursprung dieser Genealogie. Der Name Levi – ihr Mädchenname – besitze für sie eine große Bedeutung, versichert sie ihrer englischsprachigen Interviewerin: »Yes, a real power. I feel it in my genes.« Lauthals bricht sie in Gelächter aus, kaum dass sie sich der komischen Doppeldeutigkeit ihrer Äußerung bewusst wird, die aus der Klangähnlichkeit der beiden englischen Worte »genes« und »jeans« resultiert: »Ich habe doch gar keine Jeans an«, albert sie. Mit ihrem Lachen über die unfreiwillig produzierte Komik relativiert sich unversehens das Ideologielastige ihrer Abstammungsthese, in dem sich biblisch überlieferte Genealogie mit evolutionstheoretischem Wunschdenken[2] aufs eigenwilligste mischen. Ihr schallendes Gelächter, bei dem ihre Mimik zu entgleisen droht, erscheint zudem wie die Ankündigung der ungewöhnlichen Lebensgeschichte einer provokanten und witzigen Frau. Nicht um das Repräsentative historischer Erfahrung geht es in diesem

---

[2] Die auf Lamarcks Evolutionstheorie zurückgehende Vorstellung von einem in jedem Organismus vorhandenen Drang zur Vollkommenheit, worauf die Mutter in ihrem eingangs zitierten Zehnpunkteprogramm rekurriert, hat sich als unhaltbar erwiesen.

Film, sondern um die individuellen Züge einer von Nationalsozialismus und Krankheit überschatteten, von tiefen Brüchen und enormen Lebensleistungen gekennzeichneten Biographie. Sie machen das Prägende aus, das jegliche Vorannahmen oder Typisierungen aus den Angeln hebt.

Sammeln, Archivieren und die Medien des Gedächtnisses

So wie die Mutter als Biologin seltene Pflanzen erforschte und in Herbarien sammelte, so dokumentierte und archivierte sie auch ihre eigene Geschichte. »Mein Bruder und ich betrachteten oft die Fotos aus Chile«, heißt es in der zuvor beschriebenen Eröffnungssequenz weiter. Dort schildert Angelika Levi ihre kindliche Neugier, welche die Fotos und Gegenstände aus dem ihr unbekannten, früheren Leben der Mutter in ihr weckten: »Sie stand mit Freunden auf Bergen und lachte, lief Ski und saß auf einem Pferd. Wir blätterten durch ihre botanischen Veröffentlichungen und Beschreibungen seltener Pflanzenarten, Expeditionsfotos, Zeichnungen, Landkarten und Vermessungen in den Anden. Seit meiner Kindheit kannte ich ihre Fotoalben und die Fotos von Verwandten, die von den Nazis ermordet worden waren. In einer Schublade im Wohnzimmerschrank durchstöberte ich heimlich ihre Schulhefte, Tagebücher, Zeichnungen, als sie noch Kind war.« Nach dem Tod der Mutter beschließt die Regisseurin, aus dieser Hinterlassenschaft einen Film zu machen, in dem sie die Lebensgeschichte der Mutter nachzeichnet.

»Unter der Photographie eines Menschen ist seine Geschichte wie unter einer Schneedecke vergraben«, schrieb Siegfried Kracauer 1927 in seinem Aufsatz über die Fotografie.[3] Dabei ging es ihm darum, den Zeichencharakter der Fotografie hervorzuheben, den diese mit dem Medium Film teilt. Im Gegensatz zum Gedächtnisbild, das sich deshalb bewahrt, weil es für denjenigen, der sich erinnert, eine – nicht immer bewusste – Bedeutung hat, erscheint die Fotografie sinnentleert. Sie fixiert Kracauer zufolge das räumliche Kontinuum eines Augenblicks, veranschaulicht aber nicht die Erkenntnis des Originals. Angelika Levi weiß darum, dass sich weder aus dem fotografischen noch aus dem gefilmten Bild die Geschichte eines Menschen oder die Wahrheit eines Augenblicks erschließen, obgleich Fotografie und Film als Träger von Geschichte und Erinne-

---

[3] Siegfried Kracauer, Die Photographie, in: Ders., Das Ornament der Masse, Frankfurt am Main 1963, S. 26.

rung in den gegenwärtigen Erinnerungsdiskursen einen kaum zu übertreffenden Stellenwert einnehmen. Die filmische Rekonstruktion der Lebensgeschichte ihrer Mutter gleicht daher auch einer subjektiv-assoziativen Suchbewegung. Dabei geht die Regisseurin den Bedeutungen nach, die sie den von der Mutter hinterlassenen Gegenständen und Materialien beimisst, und den Erinnerungen, die diese in ihr wachrufen. Kaleidoskopartig montiert sie eine Fülle von Materialien aus unterschiedlichsten Bild- und Tonquellen, wobei Bild, Stimme und Ton ein komplexes, nicht bloß illustratives Verhältnis zueinander eingehen. Neben den Kommentaren der Regisseurin kommen die Mutter, der Vater und die Großmutter in Tonausschnitten zu Wort. Ob es sich um Fotoalben handelt oder um Tagebuchaufzeichnungen, um BASF-Audiokassetten, Super-8 Filme aus dem Familienbestand, um 16mm Aufnahmen oder das auf S-VHS und Digitalvideo gedrehte Bildmaterial – stets visualisiert die Regisseurin auch die Materialität dieser unterschiedlichen Medien, die jeweils eine spezifische Geschichtlichkeit besitzen. Sie werden zu maßgeblichen Bedeutungsträgern des Films, zu »Zeichen, die an den Übergängen vom Materiellen zum Immateriellen in die Geschichte ragen«.[4]

Lebensgeschichte als Naturgeschichte

»Zu den Aufnahmen ihres Grabsteins im Schnee«, hören wir die Regisseurin über die Mutter nachsinnen, »fällt mir eine Tonaufnahme ein, die sie in den siebziger Jahren gemacht hat. Sie sprach über ihre früheste Kindheit, vielleicht sechs Jahre alt, so 1933: ›Damals, als ich immer in den Bäumen saß, hatte ich so ein Gefühl, als wenn das Leben in diesen Bäumen etwas Geheimnisvolles sei, etwas, was ich erforschen wollte. Und ich grübelte darüber nach, was das ist: Leben.‹« Gegenüber den tiefen Brüchen in der Biographie der Mutter scheint der Wunsch, das Leben ergründen zu wollen, eine der stärksten Konstanten gewesen zu sein. Bereits ihre ausdrucksvollen Kinderzeichnungen lassen die Faszination erkennen, welche die Natur von Kindheit an auf sie ausübte, ebenso wie ihre Begabung zur präzisen Beobachtung ihrer Umwelt. In diesen Zeichnungen spiegelt sich, in den Worten der Tochter, »eine Art paradiesische Vorstellung von Natur«. Während der Bombardierung von Hamburg im Jahre 1944, die sie als Achtzehnjährige erlebt, zeichnet sie dann ein Bild mit einem Hasen, der von einer Fliege angegrif-

---

[4] Madeleine Bernstorff, Geronnene Schmerzen, in: Freitag, 9.5.2003

fen wird – betitelt »Lümmel und das Störflugzeug« – und übersetzt so historisches Erleben in ein Naturbild.

Ihre Ankunft in Chile zwei Jahre nach Kriegsende – der ältere Bruder war unterdessen nach Amerika ausgewandert – und die dortige Wiederbegegnung mit dem Vater nach fast zehnjähriger Trennung müssen einer zweiten Vertreibung aus dem Paradies gleichgekommen sein. Es entflammte eine erbitterte Eifersucht zwischen Vater und Tochter in der Konkurrenz um die Mutter, die die während der Nazizeit entstandene enge Bindung zwischen Mutter und Tochter zu zerstören drohte. Ursulas Groll richtet sich nun gegen den jüdischen Vater, der ins Exil gegangen war, während sie als seine Tochter Diskriminierung und Angst vor Deportation hatte ertragen müssen. So stellte die Wiederbegegnung mit dem Vater nach ihren eigenen Worten die schwerwiegendste Zäsur in ihrem Leben dar, die aus ihr einen anderen Menschen gemacht habe: »Das war für mich vielleicht der größte Schock meines Lebens – das war ein noch größerer Schock wie die Nazis.« Gleichwohl ermöglichte die Emigration nach Chile der gerade erst Einundzwanzigjährigen den Aufbruch in eine erfolgreiche wissenschaftliche Karriere – über Wissensdrang und Abenteuerlust verfügte sie damals offensichtlich im Übermaß. Ihre wissenschaftlichen Arbeiten widmet sie der Mutter »in tiefster Liebe und Dankbarkeit« und unternimmt als einzige Frau unter Männern Forschungsexpeditionen in die Anden. Es gehört zu den amüsanten Momenten des Films, wenn sie davon berichtet, wie sie die mitreisenden Männer, die allesamt krank daniederlagen, während sie als robuste junge Frau »quietschfidel« war, mit einem Trank aus Zitronensaft und Traubenzucker von ihrer Höhenkrankheit kuriert hat.

»Vertriebene sind Entwurzelte, die alles um sich herum zu entwurzeln versuchen, um Wurzeln schlagen zu können«, schrieb Vilém Flusser, der während des Nationalsozialismus nach Brasilien emigrierte Philosoph der Kommunikationswissenschaften, über die Zusammenhänge von Exil und Kreativität. »Der Vertriebene«, heißt es da, »muss kreativ sein, will er nicht verkommen.«[5] Zwar versucht die junge Nachkriegsemigrantin nicht, Bäume zu entwurzeln, aber sie beginnt, Bäume zu erforschen. Auffallend ist, wie sich dabei – ähnlich wie in den Zeichnungen aus ihrer Jugend – Natur und Geschichte wechselseitig durchdringen. Ihr Forschungsinteresse richtet sich auf Pflanzen, die sich evolutionsgemäß aktiv der veränderten Umwelt anpassen und daher unter extremen Bedin-

---

[5] Vilém Flusser, Exil und Kreativität, in: Ders., Von der Freiheit des Migranten. Einsprüche gegen den Nationalismus, Berlin und Wien 2000, S. 107

gungen überleben können – was wie eine Analogie zur eigenen Lebenserfahrung erscheint: dem Überleben unter den Bedingungen der Nazizeit. Auf einem Foto aus dem Nachlass der Mutter sind die abgeholzten Stämme der Polylepis zu sehen, des einzigen Baums, der in den Anden in über viertausend Meter Höhe wächst und dessen Stämme infolge des Klimas verdreht sind. Über diesen Baum hatte die Mutter gearbeitet und daraufhin ein Humboldtstipendium nach Deutschland erhalten. Für die Tochter ist es »das Foto, das meine Mutter zurück nach Deutschland gebracht hat« – in den Worten der Regisseurin »eine Art Rückkehr ins Trauma«, durch die sich das Leben der Mutter ein weiteres Mal fundamental verwandeln sollte.

Die Wiederkehr des Traumas

Was zunächst als vorübergehender Forschungsaufenthalt geplant war, wird zur Lebensentscheidung, als die Mutter 1959 den Vater kennen lernt und beschließt, in Deutschland zu bleiben. Lakonisch knapp erzählt die Tochter die Liebesgeschichte der Eltern mittels filmisch in Bewegung gebrachter Dias aus dem Familienbestand – unterlegt mit den sehnsuchtsvollen Klängen spanischer Gitarrenmusik. Dass es der nach Deutschland zurückgekehrten Emigrantin an Wagemut zu herausfordernden Lebensentscheidungen nicht fehlte, spiegelt sich nicht zuletzt auch in ihrer Eheschließung mit einem angehenden evangelischen Pfarrer – eine Konstellation, die bis heute nicht ohne weiteres von allen Landeskirchen anerkannt wird. Vor dem Hintergrund der beginnenden, wenn auch in weiten Teilen zögerlichen Auseinandersetzung der Kirchen mit dem Nationalsozialismus verschaffte sie dem jungen Paar seinerzeit jedoch einen privilegierten Sonderstatus. »Es ging damals in der Tat um die Aufarbeitung auch der Vergangenheit in Deutschland«, erläutert der Vater im Gespräch mit der Tochter. »Und eine solche Verbindung zwischen ihr und mir als einem Vertreter der Kirche wurde gesehen als eine Art Versöhnung.« Die Hochzeit des Paares findet im Predigerseminar in Bad Kreuznach statt. Während die anderen Kommilitonen getrennt von ihren Frauen im Predigerseminar wohnen müssen, darf der junge Pfarrvikar mit seiner Frau in der Gemeindearbeit zusammen leben. Dieses Privileg wird ihm nach eigenen Worten eingeräumt, da er »als Mitglied der Kirche mit dazu beitrug«, dass eine solche ›Versöhnung‹ »im Rahmen der Kirche möglich wurde«.

Dass der unterschiedliche Hintergrund die Ehe der Eltern jedoch belasten würde, sollte sich bald zeigen. Offenbar tat sich die christlich-jüdische Remigrantin schwer mit der Rolle der evangelischen Pfarrfrau. Während der Vater seinen Aufgaben als Pfarrer nachging, kümmerte sie sich »recht wenig um die christliche Gemeinde«, in welcher der Vater tätig war. Ihre Abwesenheit von der Kirche begründet die ausgebildete Naturwissenschaftlerin, die 1940 evangelisch getauft und konfirmiert worden war, mit einer Art pantheistischer Lebensphilosophie: »Gott ist überall, und am ehesten findet man ihn in der Natur.« Sie leistet Pionierarbeit im sozialen Bereich und gründet vor Ort das erste spanische Gastarbeiterzentrum. In den siebziger Jahren sind es dann die vor der Diktatur Pinochets geflohenen Exilchilenen, zu denen sie Kontakt aufnimmt. Das mentale Klima Nachkriegsdeutschlands, in dem die Auseinandersetzung mit dem Nationalsozialismus eigentlich noch gar nicht stattgefunden hat, und seinem teils offenen, teils versteckten Antisemitismus bereitet der zurückgekehrten Emigrantin wachsendes Unbehagen. Misstrauisch begegnet sie Nachbarn, Pfarrfrauen und Gemeindemitgliedern und rührt mit ihrer kritischen Wahrnehmung der sie umgebenden Täter- und Mitläufergesellschaft an gesellschaftliche Tabus – was auch zu Rissen in ihrer Ehe führt. »Ich hab' mich da eigentlich so ein bisschen neutral gehalten«, kommentiert der Vater seine damalige Haltung gegenüber seiner Frau, »denn ich wusste, dass sie zu manchen Reaktionen neigte, mit denen sie auch anderen Menschen nicht gerecht werden konnte.«

»Es ist für den Vertriebenen beinahe so, als ob er aus seinem Körper hinausgetrieben wäre«[6], schreibt Vilém Flusser in dem bereits zitierten Essay über die Exilerfahrung. Ursula Becker, geborene Levi, hingegen scheint die mit der Rückkehr nach Deutschland verbundenen Folgen als Vertreibung aus dem eigenen Körper erlebt zu haben – um doch in ihrem Körper gefangen zu bleiben. Mitte der sechziger Jahre erkrankt sie an Morbus Hodgkin, einem Krebs des lymphatischen Systems, der sie für den Rest ihres Lebens massiv beeinträchtigen wird. Als der jüngere Bruder der Regisseurin geboren wird, ist die Mutter bereits krank. Mit der Krebserkrankung bricht das alte Trauma in ungeahnter Intensität wieder auf. »Klar, dass sie hier krank wird«, sagt ihr Vater, der seine gesamte Familie im Holocaust verlor, aber nicht darüber sprechen will, und nur alle zwei Jahre aus Chile zu Besuch kommt: »Warum ist sie auch zurückgegangen?« Es beginnt eine endlose Kette medizinischer Fehldiagnosen, und die Mutter muss ein weiteres Mal – ähnlich wie schon in der Nazizeit, wenn auch jetzt aus anderen Gründen – ums Überleben kämpfen. Vier Jahre lang besteht sie darauf, operiert zu werden, während die Ärzte sie für hysterisch erklären und behaupten, sie

---

[6] Ebd., S. 105

sei nicht krank. Als sie schließlich doch operiert wird, entdecken sie einen faustgroßen Tumor. Noch gelingt es der Mutter, mit ironischer Distanz, in Tagebuchnotizen zur eigenen Situation Bezug zu nehmen: »›Soll die Heldin sterben – ist das gut so?‹ ›Gut finde ich es schon, aber traurig. Zu traurig, das Ganze. Die Leute mögen das nicht – ihnen ist ein Happy End lieber.‹« 1972 erfolgt ein zweiter Schub der Krebserkrankung, der das zentrale Nervensystem befällt und zu einer Lähmung führt, die auch ins Gehirn zu gelangen droht. »Ist meine Wirbelsäule so stark beschädigt, dass ich nicht mehr lebensfähig bin?«, fragt sie in einer ihrer Tagebuchnotizen. Ein Jahr lang rechnen alle mit ihrem Tod. Während die Schwerstkranke Abschiedsbriefe schreibt, macht sie sich zum Gegenstand ihrer eigenen Beobachtung. Sie notiert in oft stündlichen Intervallen – gewissermaßen als Überlebensstrategie – mit naturwissenschaftlich objektivierendem Blick den Zustand ihres Befindens, ähnlich akribisch und präzise, wie sie einst ihrer botanischen Forschungen betrieb. Auf der Bildebene veranschaulicht die Regisseurin diese Parallele durch eine Montage der Zustandsprotokolle und des Herbariums der Mutter mit den darin sorgfältig aufgeklebten Blättern chilenischer Pflanzen.

Zur Krebserkrankung tritt nun noch eine massive psychische Krise mit Depressionen, Paranoia und wiederholten Selbstmordversuchen. Zeitweise kommt die Mutter in die Psychiatrie, wo sie von einem renommierten Arzt behandelt wird, in dessen Verwandtschaft es direkte Verbindungen zu Hitler gegeben hat, und »den sie als ›waschechten Nazi‹ bezeichnete«. Mit der psychischen Erkrankung der Mutter bahnt sich ein innerer Zerfall ihrer Ehe an. Eine von ihr rückschauend niedergeschriebene Tagebuchnotiz, die ebenfalls im Bild zu sehen ist, lautet: »Mein Mann ist damals 1972, als ich aus der Psychiatrie kam (geheilt), extra zu Prof. Klages gegangen, um von ihm psychische Tricks zu erfahren, wie er mich unterjochen und unterdrücken kann.« Von der Tochter nachträglich zu diesem Vorwurf der Mutter befragt, erläutert der Vater: »Ich fragte ihn einfach, wie ich mich denn verhalten könnte ihr gegenüber. Da hat er gesagt: ›Liebevoll, aber festbleibend. Fest, aber liebevoll.‹«

Zu welchem Anteil manche Äußerungen der Mutter auf paranoid verzerrten Wahrnehmungen beruhen oder inwieweit sie reale Ehekonflikte beschreiben, ist nicht immer genau auszumachen. Doch genau diese Ambivalenz berührt den Kern des Problems: Das Wissen um ihre psychische Erkrankung trug innerhalb der Familie dazu bei, ihren scharfsinnigen Wahrnehmungen der unaufgearbeiteten Widersprüche der deutschen Nachkriegsgesellschaft in Bezug auf Nationalsozialismus und Holocaust die Wahrheit abzusprechen und sie als pathologisch zu verwerfen: »Wenn man mal in dem Ruf ist, psychisch krank zu sein, dann ist der Teufel los. Da kommst du da nie wieder raus«, lautet die Schlussfolgerung der Mutter. Ihre aktuelle Lebenssituation parallelisiert sie mit ihren Erfahrungen der Nazizeit: »Es ist wie bei den Nazis«, notiert sie in ihr Tagebuch. Ihre Verinnerlichungen der Nazi-Perspektive auf sich selbst brechen auf, und sie beginnt, von sich in der Tätersprache zu sprechen: »Ich hocke den ganzen Tag in meinem Zimmer wie eine Gefangene, wenn ich nicht schufte. (...) Für mich ist das Ranschleppen von Tonnen von Lebensmitteln nicht zu anstrengend, aber bei der Familie darf sich so ein lahmes Judenschwein nicht sehen lassen.« Den Ehemann und ihre Kinder nimmt sie als bedrohliches Gegenüber wahr wie seinerzeit die Nazis: »Sie sagte«, erinnert sich die Regisseurin, »'dein Vater will mich durch psychische Folter umbringen, da er zu feige ist, die Judensau einfach zu ermorden.'« An einer Stelle des Films – man sieht die Mutter beim Kochen mit einem Stapelkochtopf aus Aluminium – ist andeutungsweise die Rede von den Auswirkungen ihrer schweren Erkrankung auf das kindliche Erleben der Tochter. Hier erinnert sich die Regisseurin, wie die Mutter beim Kochen weinte und sie daraufhin nichts mehr essen konnte, weil sie dachte, dass das Essen von den Tränen der Mutter vergiftet sei. Die wirkliche Tragweite dieser Auswirkungen gehört jedoch zu den unbelichteten Kapiteln des Films.

Die Familienfotos dokumentieren zwar den äußerlichen Veränderungsprozess der Mutter, doch weder die Fotos, noch die in dieser Zeit entstandenen Amateurfilme aus dem Familienbestand vermitteln etwas über das eigentliche Drama und seinen realhistorischen Hintergrund, über den in der Familie offenbar auch wenig gesprochen wurde. Die farbenfrohen Super-8-Filmausschnitte von Ferienaufenthalten am Strand – typische Amateurfilmbilder, wie sie fast jeder kennt, der in den späten sechziger und siebziger Jahren in der Bundesrepublik aufwuchs – vermitteln ein Bild harmonischen Familienlebens. Nichts an ihnen deutet auf die zunehmende Isolation der Mutter innerhalb der Familie hin, welche ihre Tagebuchaufzeichnungen bezeugen: »Wenn wir fort gingen«, notiert die Mutter, »nahmen sie den Liegestuhl mit, stellten ihn irgendwo auf, und zehn Meter dahinter breiteten sie sich aus, so dass ich sie weder sehen noch etwas zu ihnen sagen konnte. Ich wurde abgestellt.« Auch sagen die Aufnahmen vom Baden im Meer, auf denen die Kinder fröhlich der Mutter hinter der Kamera zuwinken, nichts über das schlechte Gewissen der Tochter gegenüber der Mutter. Aufgrund ihrer Lähmung musste die Mutter alleine am Strand zurückbleiben, während der Rest der Familie sich im Meer vergnügte. Erst aus dem rückschauenden Kommentar der Regisseurin erschließt sich ein Einblick in das, was die Bilder verschweigen. Als die Mutter es nach vier Jahren plötzlich wagt, alleine aufzustehen und im Meer zu schwimmen, spürt sie die Scham von Mann und Kindern angesichts ihrer Unbeholfenheit, während sie sich nach deren Anteilnahme und Unterstützung sehnt: »Ich hatte eine große Freude«, notiert sie in ihr Tagebuch. »Als ich herauskam, nahm niemand Notiz. Als ich sagte, ›seit vier Jahren zum ersten Mal wieder geschwommen‹, sagte mein Mann kurz ›ich wusste, du würdest es schaffen.‹ Keinerlei Hilfe oder Zuneigung.«

Bis zu ihrem Lebensende muss die Mutter sich entwurzelt gefühlt und ihren Status in Deutschland als fragil empfunden haben. Daher ihre Angst besetzten Vorkehrungen, die sie – die selbst keinen deutschen Pass mehr haben wollte, obgleich sie Deutschland als ihre »Heimat« begriff – zum Wohle ihre Kinder meinte treffen zu müssen: »Am Weihnachtsabend 76«, erinnert sich die Regisseurin, »lag neben anderen Geschenken unter dem Weihnachtsbaum ein Briefumschlag für meinen Bruder und mich. Er beinhaltete eine beglaubigte Kopie des chilenischen Passes meiner Mutter, eine Adresse in Zürich und die Kontonummer einer Schweizer Bank. Diese Dokumente sollten wir aufbewahren, für den Fall, dass wir aus Deutschland fliehen müssten.«

»Telescoping« im Film oder die transgenerationelle Traumatisierung

Ein erklärtes Interesse der Regisseurin ist es, mittels dieses Films das Fortwirken des Traumas der Mutter zu erkunden: »Ich wollte verstehen, wie ein Trauma, das ich gar nicht erlebt hatte, an mich weitergegeben wurde und auf welche Art es meine Wahrnehmung geprägt hat.« Mit der transgenerationellen Weitergabe von Traumata bei Überlebenden des Holocaust hat sich die psychoanalytische Forschung eingehend beschäftigt.[7] Als »Telescoping«[8] bezeichnet sie das »Ineinanderrücken« von Erfahrungen, das heißt den unwillkürlichen, unbewussten Identi-

---

[7] Vgl. dazu unter anderem: Martin S. Bergmann und Milton E. Jucovy (Hg.), Generations of the Holocaust, New York 1982; Ilany Kogan, Der stumme Schrei der Kinder. Die zweite Generation der Holocaust-Opfer, Frankfurt am Main 1995; Werner Bohleber, Transgenerationelles Trauma, Identifizierung und Geschichtsbewusstsein, in: Jörn Rüsen und Jürgen Straub (Hg.), Die dunkle Spur der Vergangenheit. Psychoanalytische Zugänge zum Geschichtsbewußtsein, Frankfurt am Main 1998, S. 256-274

[8] Haydée Faimberg, Die Ineinanderrückung (Telescoping) der Generationen. Zur Genealogie gewisser Identifizierungen, in: Jahrbuch der Psychoanalyse, Band 20 (1987), S. 114-142

fikationsprozess zwischen mehreren Generationen und die Wahrnehmung fremder Erfahrungen, so als wären es die eigenen; als »Transposition«[9] das Eingehen der Vergangenheit der Eltern in die Phantasien und das Gefühlsleben der Kinder. Schon der Titel des Films – »Mein Leben Teil 2« – deutet diese Thematik an: Das Leben von Mutter und Tochter scheint hier gleichsam ineinander gerückt – denn zweideutig ist auf den ersten Blick, von wessen Leben die Rede ist. Auf der visuellen Ebene rühren die scheinbar belanglosen, mit einer 16mm Kamera entstandenen Aufnahmen, als sich Mutter und Tochter Anfang der neunziger Jahre bei alltäglichen Verrichtungen gegenseitig filmten, an diese Thematik. Sie erscheinen wie eine Wiederholung dessen, was zuvor schon Mutter und Großmutter ähnlich praktiziert hatten, als beide sich gegenseitig – als Ausdruck ihres harmonischen Miteinanders – in denselben Posen fotografierten. Ein erschütterndes Beispiel für die Wiederkehr eines Generationen übergreifenden Traumas in neuer Gestalt sind die Selbstmordversuche der Mutter, von denen der Film erzählt. Wie einst ihre Großmutter, die darin den einzigen Ausweg vor der bevorstehenden Deportation nach Theresienstadt sah, versuchte auch die Mutter mehrfach, sich mit Schlaftabletten das Leben zu nehmen.

Symptome und Manifestationen der Traumatisierung der Mutter und deren Auswirkungen auf das Selbstverständnis der Tochter werden im Film punktuell erkennbar. Das Ausmaß derselben lässt sich freilich nur ahnen, so wie sich die verbleibenden Leerstellen zwischen dem Ausgesprochenen und dem Ungesagten bestenfalls mit Spekulationen füllen lassen. »Manchmal sah sie kritisch meine Nase an«, erinnert sich die Regisseurin, »und sagte: ›Du siehst nicht sehr jüdisch aus.‹« War »jüdisches Aussehen« während der Nazizeit Ursache am eigenen Leib erfahrener Stigmatisierung – etwa als der Schularzt bei der Einschulung der Mutter von den dunklen Haaren der damals Sechsjährigen auf ihre angeblich ebenso »schwarze Seele« schloss –, so verkehrt es sich nun im Selbstverständnis der Mutter zum positiven Attribut, das sie auf die Tochter überträgt und bei dieser ein Empfinden eigenen Makels weckt. »Von klein an sah ich die Dinge, die jüdisch waren oder die in den Augen meiner Mutter jüdisch oder nicht jüdisch waren«, heißt es weiter. »Haare, Namen, Nasen, Wörter, Humor, Mimik oder Gestik. Es waren Kriterien, die meine Wahrnehmung prägten, auch die meines eigenen Körpers. Ich mochte meine glatten braunen Haare nicht, viel lieber hätte ich so ausgesehen wie meine Mutter.« Während die Regisseurin aus dem Off von

---

[9] Judith Kestenberg, Neue Gedanken zur Transposition. Klinische, therapeutische und entwicklungsbedingte Betrachtungen, in: Jahrbuch der Psychoanalyse, Band 24, (1989), S. 163-189

ihrer kindlichen Identifikation mit der Mutter und der Ablehnung des eigenen äußeren Erscheinungsbildes spricht, sehen wir sie in einem Super-8-Filmausschnitt als kleines Mädchen, wie sie sich auf einem Foto, auf dem sie abgebildet ist, mit dickem Filzstift dunkelbraune Locken, ähnlich denen der Mutter, hinzu malt.

Fragen der Identität und der Konstituierung individueller Subjektivität werden so in erster Linie zu solchen der Wahrnehmung, des Sehens und des Dechiffrierens von Metaphern, Symbolen und Zeichen. Kehrseite davon ist eine Überdeterminiertheit der Wahrnehmung, der auch die unscheinbarsten Phänomene nicht entgehen. »Später kamen die Dinge gewandelt zurück. Sie waren voll verzerrter Bedeutung«, heißt es weiter. Die Filmregisseurin reflektiert, wie sie banale Gegenstände des Alltags, von der Außenwelt unbeachtet, als Träger jüdischer Symbole entziffert. So etwa ein als Aschenbecher benutztes gelbes Plastiksieb, dessen Raster sich bei genauer Betrachtung als eine Aneinanderreihung von Davidsternen erweist und das sie, wie um das Abseitige, von der nicht-jüdischen Mehrheitsgesellschaft Übersehene oder Vergessene zu dokumentieren, fotografiert.

Der Holocaust im medial vermittelten Diskurs

Um ihre Wahrnehmung der deutschen Gesellschaft und die Auseinandersetzung mit dem Holocaust in den öffentlichen, medial vermittelten Diskursen der Bundesrepublik geht es in mehreren Ausschnitten aus Sendungen des deutschen Fernsehens, die Angelika Levi in ihren Film montiert. Darunter findet sich ein Fernsehauftritt von Margarete Mitscherlich im Anschluss an die Ausstrahlung des amerikanischen Fernsehfilms *»Holocaust«* Anfang des Jahres 1979. In dem Ausschnitt erklärt die Analytikerin ihren Gesprächspartnern, dass der Nationalsozialismus in Deutschland deshalb fortwirke, weil die Deutschen meinten, durch Vergessen ihr verletztes Selbstwertgefühl reparieren zu können. Demgegenüber, so ihr Plädoyer, könne nur das Durcharbeiten der Vergangenheit zu einer Wiederherstellung deutscher Identität führen. Des Weiteren montiert die Regisseurin einen Ausschnitt aus Martin Walsers Rede in der Frankfurter Paulskirche vom Oktober 1998 anlässlich der Verleihung des Friedenspreises durch den deutschen Buchhandel. Diese Rede war Auslöser eines heftigen Streits zwischen Walser und Ignatz Bubis, dem damaligen Vorsitzenden des Zentralrats der Juden in Deutschland, der Walser »geistige Brandstiftung« vorwarf. Walser hatte in seiner Rede die Instrumentalisierung von Auschwitz kritisiert und behauptet, die permanente Thematisierung des Holocaust erziele einen Effekt des »Wegdenkens« und des »Wegschauens«. Zwischen Passagen dieser Rede ist ein Ausschnitt aus einer Fernsehsendung desselben Jahres mit dem Fernsehjournalisten Guido Knopp geschnitten, der das Ergebnis einer Umfrage zum Umgang mit der nationalsozialistischen Vergangenheit präsentiert. Danach plädiere eine knappe Mehrheit von fünfzig Prozent der Befragten für »den viel zitierten Schlussstrich«, während sich vierundvierzig Prozent dagegen ausgesprochen hätten.

In diesem thematischen Zusammenhang steht auch eine längere Gesprächssequenz zwischen Vater und Tochter. Darin äußert der Vater seine Überzeugung, dass die Vergangenheit von einem Menschen in einer Weise Besitz ergreifen könne, dass sie ihn am Aufbau eines neuen Lebens hindere. Seiner Auffassung nach traf genau das auf die Mutter zu, die erst infolge ihrer Erkrankung begonnen habe, »in ihrer Vergangenheit rumzuwühlen«. Angelika Levi weiß, dass es in Bezug auf die Geschichte ihrer Mutter keine leichten Antworten gibt. Dennoch ist ihr Unverständnis gegenüber dem Vater zu spüren – und dies obgleich sie, um unaufgeregte, sachliche Auseinandersetzung bemüht, sich im Gespräch jeglicher Kritik enthält. Zum Ausdruck kommen ihre Vorbehalte jedoch auf andere Weise. An einer Stelle des Films ist ein kurzer Ausschnitt aus dem populären Fernsehratequiz der siebziger Jahre *Dalli Dalli* mit Hans Rosenthal zu sehen, in dem er die Gäste seiner Quizshow auffordert, im Eiltempo zu beantworten, was für sie zum Weihnachtsfest gehört. Dieser Ausschnitt kommentiert nonverbal die Unfähigkeit der zeitgenössischen deutschen Mehrheitsgesellschaft, eine andere als die christlich geprägte Realität wahrzunehmen. Während sogar die Populärkultur von der christlichen Kultur als universalem Referenzrahmen ausgeht, unterschlägt die öffentliche Wahrnehmung die jüdische Identität eines der seinerzeit populärsten Medienstars, der wiederum sich in seiner jüdischen Identität lange Zeit nicht öffentlich zu erkennen gibt.[10] Indem die Regisseurin von dem Ausschnitt aus *Dalli Dalli* unmittelbar zum Vater überblendet, wie er in der weihnachtlich geschmückten Wohnung Violine spielt, gibt sie zu verstehen, dass auch er in ihren Augen Teil der christlich-deutschen Mehrheitsgesellschaft ist und als solcher trotz gut gemeinter Ambitionen »blind gegenüber den konkreten Folgen von unterschiedlicher Geschichte«.

---

[10] Erst 1980 veröffentlichte Hans Rosenthal, der als jüdisches Waisenkind versteckt in einer Berliner Laubenkolonie die Nazizeit überlebte, unter dem Titel *Zwei Leben in Deutschland* eine Autobiographie, in der er auch über seine Verfolgung durch die Nazis erzählte.

Jüdische Identität als Rebellion

Im Reflex auf die mit Unbehagen wahrgenommene deutsche Mehrheitsgesellschaft scheint über die Jahre das Bedürfnis der Regisseurin gewachsen zu sein, sich durch die jüdische Herkunft der Mutter zu definieren; die Besinnung darauf wird zum Ferment ihrer kulturellen – und zugleich politischen – Identität: »Für mich war Jüdisch-Sein in Deutschland immer ein Stück Rebellion gewesen, und nicht Religion oder Abstammung«, erklärt Angelika Levi im Film. Daher auch ihr Bedürfnis, eine Differenz zu ihrer nichtjüdischen Umgebung und damit zwischen ihrer persönlichen Familiengeschichte und der Mehrheitsgesellschaft zu markieren. Anfang der neunziger Jahre – in einer Zeit, als akut aufbrechender Antisemitismus, Fremdenfeindlichkeit und Rechtsextremismus das Klima des gerade wiedervereinten Deutschland bestimmten und elementare Bedrohungsängste bei Juden und anderen in der Bundesrepublik lebenden Minderheiten weckten[11] – lässt sie den Mädchennamen ihrer Mutter als Künstlernamen offiziell in ihren Pass eintragen. Hinter der Frage, die sie umtreibt, warum ihre Mutter nach Deutschland zurückgekehrt ist, erkennt sie erst später ihr eigenes Befremden gegenüber der deutschen Gesellschaft: »Sie war keine Deutsche für mich. Sie war Jüdin, Überlebende. Und so gab es keinen Weg, ihre Rückkehr zu erklären, außer eben als Opfer.« Erst als Angelika Levi auf ihrer Reise nach Chile im Jahre 1996 mit jüdischen Emigranten zusammentrifft, früheren Freunden der Mutter, die sich als Anhänger der Militärdiktatur Pinochets entpuppen, beginnt sie, ihr bisheriges dichotomes Bild von Tätern und Opfern selbstkritisch zu hinterfragen: »Die Widersprüche veränderten meinen Blick.«

So kann Angelika Levis Film letztlich auch als Prozess begriffen werden, durch die Auseinandersetzung mit der eigenen Herkunft den Blick für Widersprüche zu schärfen. In einem Interview hat sie es als Schwerstarbeit beschrieben, sich »von diesem Klotz, diesem Erbe zu befreien. Das war die eigentliche Arbeit: aus diesem ödipalen Dreieck herauszutreten. Das ist ja das Schwierige,

---

[11] In diesem realgeschichtlichen Kontext deutet die Regisseurin auch die psychischen Störungen, welche die Großmutter mütterlicherseits im fortgeschrittenen Alter plötzlich zu plagen anfingen: »1991 begann meine Großmutter, Stimmen zu hören. Sie bedrohten sie einzeln und in Chören«, heißt es in einer Sequenz des Films. Und während die Enkelin sich offiziell zu ihren jüdischen Wurzeln bekennt, geht die nichtjüdische Großmutter, die seinerzeit standhaft zu ihrem jüdischen Ehemann hielt, der sich gerade noch rechtzeitig ins chilenische Exil hatte retten können, aus Furcht den entgegen gesetzten Weg: »Die guten Stimmen rieten ihr, ihren Namen zu ändern, um die Stimmen, die sie beschimpften, loszuwerden. 1994 änderte sie Levi in ihren Mädchennamen Heins. Danach wurden die Stimmen friedlicher.«

wenn du einen Film über deine Eltern machst, dass du als Kind darin hocken bleibst.«[12]

»Leben ist Energie und fließende Bewegung«

Auf der Suche nach Antworten darauf, was ihre Identität sei, befragt die Filmemacherin den aus den Vereinigten Staaten stammenden liberalen Berliner Gemeinderabbiner Walter Rothschild, der ihr einen unkonventionellen Rat gibt: Natürlich könne »eine Dosis Judentum« bei der Lösung ihrer Frage nach Zugehörigkeit helfen, doch es habe daneben auch immer eine andere, pragmatische jüdische Antwort gegeben, nämlich: *Chaim* – Leben. Die kurzen Einblendungen aus der lesbischen Musikszene an dieser Stelle deuten an, worin für Angelika Levi, jenseits der Fragen religiöser Zugehörigkeit, Leben besteht.

Leben, so lautete das an der vorsokratischen Naturphilosophie angelehnte Credo der Mutter – die zuletzt glaubte, sie könne fliegen –, sei Energie und fließende Bewegung: »Wie Heraklit sagt, alles fließt. Das Wahre ist die Bewegung. Sie bringt Formen zustande, die aber veränderbar sind. Je nach Potential, Geschwindigkeit. Sie ist in uns, den Tieren, den Pflanzen und den Steinen. Diese Energie ist intelligent und unsterblich.« Der »biologischen Antwort« der Mutter – und damit auch deren Abstammungsideologie – hat Angelika Levi für den eigenen Lebensentwurf erklärtermaßen eine Absage erteilt. »Wir«, sagt sie über ihren Bruder und sich, »wurden hervorragend als Junge und Mädchen geplant und sind beide heute schwul und lesbisch, ohne Kinderwunsch.« Wohl aber hat sie das naturphilosophische Vermächtnis der Mutter in anderer Hinsicht beim Wort genommen, denn nicht nur Leben, auch Film ist – jenseits des Sammelns und Bewahrens – Bewegung.

---

[12] Manfred Hermes, ›Mich von diesem Klotz zu befreien‹, Interview mit Angelika Levi, in: die tageszeitung, 4.12.2003

Meike Herrmann

Spurensuche in der dritten Generation. Erinnerung an Nationalsozialismus und Holocaust in der jüngsten Literatur

In der gegenwärtigen Debatte um die Erinnerung an den Holocaust und den Nationalsozialismus wird den Medien der Überlieferung eine besondere Aufmerksamkeit entgegengebracht. Nach dem Tod der letzten Zeitzeugen, also in absehbarer Zukunft, wird diese Erinnerung nur noch durch Medien vermittelt werden können. Das Bewusstsein, an dieser Schwelle zu stehen, zeichnet sich im wissenschaftlichen Diskurs um Erinnerung und Gedächtnis ebenso ab wie in der Aufzeichnung von zahllosen Zeitzeugeninterviews, auf der Opfer- und auf der Täterseite.

Dies sind, insbesondere in Deutschland, Anzeichen einer Veränderung in der Beschäftigung mit dem Holocaust und auch in der Erinnerung und Auseinandersetzung mit dem Nationalsozialismus. Nicht nur im theoretischen Diskurs erscheint das vergangene Jahrzehnt als eine Hochzeit der Erinnerung, auch in der gesellschaftlichen und politischen Öffentlichkeit sind das mahnende Gedenken an den Nationalsozialismus und insbesondere an den Holocaust zu zentralen Anliegen geworden. Seit den neunziger Jahren ist eine zunehmende Öffnung und Internationalisierung dieses Diskurses zu beobachten. Speziell in Deutschland geht es in den öffentlichen Debatten dabei kaum noch um den Nationalsozialismus und den Holocaust als historische Ereignisse,[1] sondern im wesentlichen um ihre gegenwärtige Bedeutung und politische, gesellschaftliche oder generations-

---

[1] Bei der Goldhagen-Debatte 1996 und der Kontroverse um die Wehrmachtsausstellung standen noch weitgehend inhaltliche Fragen im Mittelpunkt.

bedingte Bedeutungszuweisungen.[2] Ich verstehe dies als eine Form von Historisierung, die jedoch nicht abschließende Deutung und historische Relativierung der Ereignisse bedeutet, sondern ein Dominantwerden von Metaperspektiven: Fragen von Erinnerung, medialer Repräsentation und der Weitergabe historischen Wissens stehen im Mittelpunkt.

Ganz zentral stellt sich dabei auch die Frage, *welche* Medien zukünftig die Erinnerung an den Holocaust sichern werden. Zuallererst natürlich die authentischen Zeugnisse: Filmaufnahmen, Fotos, autobiographische Berichte und die Literatur von Überlebenden. Aber mit der Zeit nehmen auch diese Zeugnisse einen historischen Charakter an, das Ereignis rückt unvermeidbar in die Ferne. Insofern müssen, so mein Plädoyer, aktuelle und – so unangemessen der Begriff in diesem Zusammenhang klingt – zeitgemäße Formen gefunden werden, um die Erinnerung an den Holocaust und den Nationalsozialismus lebendig zu halten, auch und gerade im Bewusstsein der wachsenden zeitlichen Distanz. Die belletristische Literatur ist dafür ein mögliches Medium. Ich möchte in diesem Artikel zentral vier Romane vorstellen, die in der jüngsten Literatur solche Formen suchen.

Überblick

Um allgemein anzusetzen: Wer beherrscht in der jüngsten deutschen Literatur, der Literatur des letzten Jahrzehnts, die Erinnerung an die Zeit des Nationalsozialismus? Zunächst fallen dem interessierten Leser sicherlich die »großen Alten« ein, die Autoren der deutschen Nachkriegsliteratur und Angehörigen der »ersten Generation«: Günter Grass, Walter Kempowski, Martin Walser, Jürgen Becker. Sie alle haben in den neunziger Jahren im »reifen« Alter Erinnerungsromane über die Zeit des Zweiten Weltkriegs und die Nachkriegszeit geschrieben, die jedoch den Holocaust und den Vernichtungskrieg weitgehend ausklammern. Gerade deshalb werden sie, wie sich beispielsweise in der Kritik von Walsers Roman *Ein springender Brunnen* (Frankfurt am Main 1998) zeigte, mit dem Vorwurf der unpolitischen Idyllik und des Revisionismus konfrontiert.[3] Grass,

---

[2] Die Walser-Bubis-Debatte 1998 und die Debatte um das Berliner *Denkmal für die ermordeten Juden Europas* seit Ende der achtziger Jahre oder die Debatte um Norman Finkelsteins Buch *»Holocaust-Industrie«* (2001) sind hierfür Beispiele.

[3] Vgl. Hubert Winkels, Einleitung, in: Deutsche Literatur 1998. Jahresüberblick, hg. von Franz Josef Görtz, Volker Hage und Hubert Winkels, Stuttgart 1999, S. 5-39, hier S. 7-12 sowie

Walser und Co. sind sicherlich immer noch die bekanntesten Autoren der deutschen Gegenwartsliteratur. Aber sind sie auch die zeitgemäßesten?

Die deutschsprachige Literatur ist seit Mitte der neunziger Jahre von einer »Rückkehr der Geschichte«[4] geprägt. Neben einer Welle autobiographischer Erinnerungsliteratur erscheinen zahlreiche Romane, die die nationalsozialistische Vergangenheit fiktional darstellen. Bernhard Schlinks *Der Vorleser* (Der Vorleser, Zürich 1995) ist ein herausragendes Beispiel. Auf dem literarischen Markt sehr erfolgreich, repräsentiert er die deutsche Literatur auch im Ausland. *Der Vorleser* ist gewissermaßen der typische Roman eines Vertreters der zweiten, der unmittelbaren Nachkriegsgeneration.[5] Er erzählt die Liebesgeschichte zwischen einem Jugendlichen und einer wesentlich älteren Frau in den fünfziger Jahren. Wie der junge Mann erst Jahre später, während seines Jura-Studiums, erfährt, war die Frau Aufseherin in einem Konzentrationslager und wird für ihre Taten nach Jahrzehnten verurteilt. *Der Vorleser* ist ein Aufarbeitungsroman, dem man durchaus eine Tendenz zur Entschuldigung der Verbrechen unterstellen kann.[6]

Auch Hans-Ulrich Treichels *Der Verlorene* (Der Verlorene. Frankfurt am Main 1998) oder Christoph Ransmayrs *Morbus Kitahara* (Frankfurt am Main 1995) können als charakteristische Romane der zweiten Generation gelten.[7] Noch sind also alle Generationen von Autoren auf dem Feld der Erinnerungsliteratur vertreten.

Ich möchte unter den Neuerscheinungen des letzten Jahrzehnts nun ausschließlich Romane der jüngeren Autoren, der Angehörigen der dritten Generation, behandeln: Marcel Beyers Romane *Flughunde* von 1995 (Frankfurt am

---

Stephan Speicher, Wortmusik für den Hund. Deutsche Menschen, Nietzsche und die Kunst: Martin Walsers Roman *»Ein springender Brunnen«*, in: Berliner Zeitung, 28.7.1998

[4] Hubert Winkels, Einleitung, in: Deutsche Literatur 1995. Jahresüberblick, hg. von Franz Josef Görtz, Volker Hage und Hubert Winkels, Stuttgart 1996, S. 5-27, hier S. 6, spricht von einer *»Wiederkehr der Geschichte«*.

[5] Der Autor ist Jahrgang 1944, der Protagonist hat ein ähnliches Alter.

[6] Mit der Scham über ihren Analphabetismus – also mit ihrer Unaufgeklärtheit – lassen sich die Taten der Protagonistin zumindest begründen. Vgl. auch Volker Hage, Unter Generalverdacht. Kulturkritiker rüsten zu einer bizarren Literaturdebatte, in: Der Spiegel 15 (2002), S. 178-181

[7] *Der Verlorene* illustriert an einem Familienportrait aus der frühen Nachkriegszeit die Traumatisierung eines Jungen, dessen älterer Bruder während der Flucht und Vertreibung verloren ging. *Morbus Kitahara* entwirft eine alternative Nachkriegsgeschichte, in der das ehemalige Deutsche Reich, bis in einen »steinzeitlichen« Zustand deindustrialisiert, in Sühneverpflichtungen erstarrt und in der sich die Kinder der Täter und der Opfer in einer exklusiven und destruktiven Lebensgemeinschaft zusammenschließen.

Main) und insbesondere *Spione* von 2000 (Köln); Lena Kuglers 2001 erschienenen Roman *Wie viele Züge* (Frankfurt am Main); den im Frühjahr 2003 in den deutschen Feuilletons gefeierten Roman des jungen Amerikaners Jonathan Safran Foer *Alles ist erleuchtet* (Köln) sowie Tanja Dückers' Anfang 2003 erschienenen Roman *Himmelskörper* (Berlin).

Als kontrastierende Folie zu Dückers werde ich auf Günter Grass' Novelle *Im Krebsgang* (Göttingen 2002) eingehen. Anhand der vier zentralen Romane von Beyer (*Spione*), Kugler, Foer und Dückers möchte ich zeigen, dass die dritte Generation die Zeit des Nationalsozialismus zeitgemäß thematisiert.

Spurensuche

In der gesellschaftlichen Debatte des letzten Jahrzehnts gilt nicht mehr das Primat der »Vergangenheitsbewältigung«, sondern das der Erinnerung. Aleida Assmann stellte angesichts der Walser-Bubis-Debatte 1998 fest: Was für Walsers Generation noch eine Gewissensfrage war, ist in der jungen Generation zur Gedächtnisfrage geworden.[8] Was bedeutet das für die dritte Generation? Diese dritte Generation, das sind die Enkel der Zeitgenossen des Nationalsozialismus und des Holocaust, geboren etwa seit Mitte der sechziger Jahre. Sie haben keine persönliche, biographische Erinnerung an die Ereignisse. Insofern kann Erinnerung, wenn man damit das individuelle Gedächtnis meint, nicht das leitende Paradigma oder Erzählmodell ihrer Literatur sein. Dennoch konnte der FAZ-Autor Thomas Steinfeld angesichts einer Reihe von Neuerscheinungen (nicht deutschsprachiger Autoren) 1998 feststellen: »Plötzlich erinnern sich die Nachgeborenen an Dinge, die sie nicht erlebt haben.«[9]

Ganz ähnlich formuliert auch ein junger deutscher Autor des Jahrgangs 1965: »Selbst wenn ich nicht [in der Zeit des Nationalsozialismus] gelebt habe, trage ich doch Spuren davon in mir [...]. Ich selbst habe keine Familiengeschichten zur Verfügung, die ich hätte ausschlachten können. Ich wollte aber doch etwas über

---

[8] Vgl. Aleida und Jan Assmann, Niemand lebt im Augenblick. Interview, in: Die Zeit, 3.12.1998, S. 43-44

[9] Thomas Steinfeld, Der bittere Geschmack des Augenblicks. Leibhaftige Zeugen und erfundene Gefährten: Nach sechzig Jahren schreiben Schriftsteller über eine Geschichte, die sie nicht erlebt haben, in: Frankfurter Allgemeine Zeitung, 6.10.1998

meine eigene Geschichte erfahren und musste dieses Vakuum so mit eigenen erfundenen Stimmen füllen.«[10]

Dieses Zitat stammt von Marcel Beyer, dem Autor des nach wie vor prominentesten Romans eines Angehörigen der dritten Generation: *Flughunde* von 1995.[11] Der Roman erzählt die Geschichte von Hermann Karnau, einem Toningenieur im Nationalsozialismus, der das Ziel hat, die gesamte Welt der menschlichen Laute zu kartographieren. Dafür ist ihm jedes Mittel recht. Auf einer zweiten Erzählebene beschreibt Helga Goebbels, die älteste Tochter des Propagandaministers, aus kindlicher Sicht den Nationalsozialismus. Helga und ihre fünf Geschwister werden in den letzten Kriegstagen im Bunker getötet. Fünfzig Jahre später konfrontiert sich der Toningenieur Karnau mit der Frage seiner Mitschuld am Mord der Kinder, die er offenbar erfolgreich verdrängt hat. *Flughunde* wurde in der Literaturkritik und Literaturwissenschaft sehr positiv aufgenommen.[12] Der Roman wagt sich unmittelbar an die Täter heran und erzählt in einer, in den beiden Erzählstimmen stark begrenzten Perspektive eine erschreckend nüchterne und alltägliche Handlung aus dem Zentrum der nationalsozialistischen Macht. Wie ist der Autor zu dieser Geschichte gelangt?

Mit einer ausführlichen Romananalyse lässt sich zeigen, dass sich die Handlung durchaus im Rahmen der historischen Wahrscheinlichkeit bewegt und dass nahezu alle Figuren an historische Personen angelehnt sind.[13] Beyers Roman basiert also auf einer ausführlichen historischen Recherche des Autors, ohne dass diese im Roman selbst zum Thema wird.

Naiv betrachtet, gibt es also zwei Möglichkeiten für den Autor beziehungsweise den Erzähler: Zum einen die Erfindung wahrscheinlicher Geschichten oder fiktiver Erinnerung, wie sich am Beispiel *Flughunde* zeigen lässt; zum anderen die Möglichkeit der Spurensuche, indem die Recherche der Vergangenheit selber zur Romanhandlung wird. In der Mehrheit der Romane der dritten Generation ist es tatsächlich nicht so, dass sich die jungen Autoren, wie Steinfeld sagt, an Dinge erinnern, »die sie nicht erlebt haben«. Im Gegenteil, sie machen keinen Hehl

---

[10] Zitat aus Klaus Bednarz, Marcel Beyer *»Flughunde«*, in: Von Autoren und Büchern. Gespräche mit Schriftstellern, hg. von dems. und Gisela Marx, Hamburg 1997, S. 65-72, hier S. 65f

[11] Marcel Beyer, *»Flughunde«*. Roman, Frankfurt am Main 1995

[12] Vgl. für einen Abriss der Rezeption Bernd Künzig, Schreie und Flüstern. Marcel Beyers Roman *»Flughunde«*, in: Baustelle Gegenwartsliteratur. Die neunziger Jahre, hg. von Andreas Erb, Opladen 1998, S. 122-153, hier S. 124ff

[13] Vgl. Meike Herrmann, Der Nationalsozialismus in der fiktionalen Literatur der neunziger Jahre. Magisterarbeit, Humboldt-Universität, Berlin 2001, S. 78-86

daraus, dass sie keine eigene Erinnerung haben, sondern nähern sich der Zeit, aus der sie erzählen wollen, in einer Spurensuche an. Dabei wird die Spurensuche selbst zum Hauptthema der Romane.

In einer Betrachtung von etwa fünfzehn seit 1990 erschienenen Romanen über die NS-Zeit bin ich zu folgendem Ergebnis gelangt: Kaum einer der Romane setzt die erzählte Zeit – 1933 bis 1945 oder die frühe Nachkriegszeit – und die Erzählzeit in eins. Stattdessen rekonstruieren die Romane die Handlung aus der Gegenwart und verweisen so auf die Distanz zwischen Ereignis und Erzählung.[14] Dieses Modell gilt für alle Romane, die ich im Folgenden bespreche. Es veranschaulicht die realen Bedingungen und Grenzen des Sprechens über den Nationalsozialismus in der dritten Generation.

Um die Darstellung der Romane in diesem begrenzten Rahmen zu vereinfachen, konzentriere ich mich im Folgenden auf die Motive der Spurensuche und auf die Generationsmodelle. Wiederholt tauchen zwei Motive der Spurensuche auf: das Fotoalbum und die Reise an die Orte des Geschehens. Sie sollen in den folgenden Romanbesprechungen die Leitmotive sein.

Marcel Beyer: *Spione*

In Marcel Beyers Roman *Spione*[15] (2000) geht die Spurensuche vom familiären Sofa aus. Dafür braucht es nur das Fotoalbum und die erzählerische Phantasie. Vier Cousinen und Cousins, einer davon der Ich-Erzähler mit demselben Geburtsjahrgang wie der Autor, versuchen in den Ferienaufenthalten ihrer Kindheit Ende der siebziger Jahre, ihre von Geheimnissen geprägte Familiengeschichte zu erforschen. Allmählich ahnen sie, dass ihr Großvater in den dreißiger Jahren Pilot in der Legion Condor war, die als Luftstaffel im spanischen Bürgerkrieg Francos Truppen unterstützte. Die Großmutter, eine erfolgreiche Opernsängerin, ist offenbar früh gestorben. Anhand von Fotos, vor allem aber anhand auffälliger Lücken im Familienalbum, imaginieren die vier Kinder die Geschichte der Großeltern. Die Fotos geben Anhaltspunkte, die Lücken Anregungen für die Phantasie: Ist die Großmutter womöglich gar nicht gestorben, sondern nach einem langen Krankenhausaufenthalt vom Großvater und seiner neuen Frau verjagt worden? Wohnt der Großvater noch heute unweit der Kinder und beobachtet diese?

---

[14] Damit referiere ich die vorläufigen Ergebnisse meiner Arbeit an einer Promotion zum Thema.
[15] Marcel Beyer, *Spione*. Roman, Köln 2000

Sicherheiten lösen sich in Vermutungen auf.

Es gibt in Beyers Roman zwei zentrale Kategorien: *das Optische* (die Betonung der Perspektive sowie Motive, die den Roman in den verschiedenen Handlungszeiten zusammenhalten: der Türspion, die Kamera, die Augen) und *das Geheimnis*. Die Kinder haben den größten Spaß daran, Rätseln und Geheimnissen auf die Spur zu kommen, sei es dem des Großvaters, dem Familienmerkmal der dunklen Augen oder der Herkunft von Patronenhülsen an einem verlassenen Schießstand im Wald. Wie ein Rezensent sagte, entspricht diese Stimmung den »5 Freunde«-Romanen Enid Blytons:[16] Geschichte ist ein Abenteuer, und wer sich die fantastischsten Geschichten ausdenkt, hat gewonnen. In der Literatur lässt sich ein solches »prekäres Grenzgebiet zwischen zuverlässiger und unzuverlässiger Erzählerschaft«[17] natürlich hervorragend inszenieren. Tatsächlich bleiben im Roman noch in der Erzählzeit, also Ende der neunziger Jahre, praktisch alle Fragen offen. Dies verweist darauf, wie nah sich Erinnerung und Rekonstruktion einerseits und Erzählung und Konstruktion andererseits sind: Obwohl in *Spione* nur eine einzige Erzählstimme am Werk ist, stehen verschiedene, einander widersprechende Versionen der Geschichte nebeneinander. Keine ist als die wahrhaftige oder auch nur wahrscheinlichste gekennzeichnet. Auch wenn der Roman nicht in erster Linie eine Geschichte über den Nationalsozialismus erzählt, veranschaulicht er die Aura des Geheimnisvollen, die diese Zeit für die Kinder besitzt. Vor allem aber zeigt er, wie das Schweigen über die Familiengeschichte – gegenständlich gemacht durch die Lücken im Fotoalbum – zur Motivation einer eigenen Erzählung werden kann.

Betrachtet man das Generationsmodell in diesem Roman, fällt auf, dass die Eltern der vier Kinder seltsam abwesend und bedeutungslos sind. Das erscheint durch das »5 Freunde«-Erzählmuster begründet: Wo die Kinder die handelnden Akteure und Geheimnisforscher sind, können die Eltern per se keine bedeutende Rolle spielen. Auch die erste Generation ist abwesend – tot, weggezogen oder im Familienkrach auseinander gegangen –, aber sie ist bedeutungsvoll. Erst durch ihre Abwesenheit werden die Großeltern zum Kristallisationspunkt für die Phantasie der jungen Generation.

---

[16] Vgl. die Online-Rezension Rolf-Bernhard Essig, Beyer: *Spione*, www.wienerzeitung.at/frameless/buch/buch.htm?ID=8959

[17] Ursula März, Die Lüge im Visier. *»Spione«*: Marcel Beyers gelungener Versuch über das Sehen und das Sichtbare, in: Berliner Zeitung, 17.10.2000, Magazin

Lena Kugler: *Wie viele Züge*

Der kurze Roman *Wie viele Züge* der 1974 geborenen Autorin Lena Kugler ist ein Debüt aus dem Jahr 2001, veröffentlicht in der für deutschsprachige Debütanten vielversprechenden »Collection S. Fischer«. Erneut fällt zunächst die übereinstimmende Generationszugehörigkeit von Protagonistin und Autorin auf. Die Protagonistin Jula hält sich, wiederum in der Gegenwart der Zeit um die Jahrtausendwende, als Sprachstudentin in der Ukraine auf. Der Roman entsteht als eine Kolportage aus Julas Erinnerungen an den verstorbenen Vater, Reminiszenzen aus der Kindheit und der Schilderung des Aufenthalts in der Ukraine. Julas jüdischer Vater hat den Holocaust durch die Flucht aus einem ukrainischen Dorf und den Anschluss an eine Partisanengruppe überlebt. Über verschiedene Ostblockländer kam er Ende der sechziger Jahre in die Schweiz und heiratete hier, selbst schon über fünfzig, eine deutliche jüngere, nicht-jüdische, deutsche Frau, Julas Mutter. Die Eltern lebten den Großteil der Ehe getrennt, die Mutter und Jula in Deutschland, der Vater bis zu seinem Tod Ende der achtziger Jahre in der Schweiz. Nun, zehn Jahre nach seinem Tod, ist Jula eher zufällig in die Ukraine gereist. Inmitten der anderen, so selbstbewussten Sprachstudentinnen wird sie sich ihrer eigenen Identität immer unsicherer. In einer kleinen jüdischen Gemeinde trifft sie auf einen alten Maler, der sie im Nachdenken über ihre Familiengeschichte begleitet. Angesichts der politischen und wirtschaftlichen Umbruchsituation, die Jula in der Ukraine erlebt, kommt sie auf die Idee, nach den Besitztümern ihres Vaters zu suchen, einer Villa und einem Weinberg in einer Kleinstadt. Jula fährt in das heute slowakische Städtchen, findet aber anstelle von Villa oder Weinberg nur eine winzige heruntergekommene Kate. Julas Vater hatte den Verlust seiner Familie und seiner Heimat offenbar durch die Erfindung einer glorreichen und wohlhabenden Herkunft zu kompensieren versucht: »»Alles haben sie mir genommen‹, hatte ihr Vater immer gesagt, ›die Villa, den Weinberg, alles.‹«[18] Die Tochter bleibt mit der Lebenslüge des verstorbenen Vaters alleine zurück.

Mehr als die anderen Angehörigen der dritten Generation empfindet Jula ihre Identität als problematisch. Das scheint vor allem daran zu liegen, dass sie rechnerisch sowohl der zweiten wie der dritten Generation angehört. Im Roman wiederholt sich das bereits aus *Spione* bekannte Motiv der verhinderten Erinnerung durch fehlende oder vorenthaltene Fotos. Noch viel expliziter als in Beyers Ro-

---

[18] Lena Kugler, Wie viele Züge. Roman, Frankfurt am Main 2001, S. 115

man ist es die Mutter, die Jula die Familiengeschichte vorenthält und die Vergangenheit entsorgt – scheinbar, um die Tochter zu schützen. Nach dem Tod des Vaters liegen alle seine Sachen auf dem Speicher, den die Mutter aber vor Jula verschließt und bald ganz leer räumt. Jula wünscht sich, sie besäße das Photoalbum des Vaters als Zeugnis seiner Vergangenheit, »diese [...] namenlosen Gesichter, die stumm vor sich hin gilbten, zu denen man Geschichten erfinden konnte, die man [...] je nach Lust und Laune mit einer flexiblen Legende versehen konnte.« Ist es da ein Wunder, dass Jula in der Ukraine, der ursprünglichen Heimat ihres Vaters, zu einer Spurensuche aufbricht? Vor Ort kommt sie nur durch ihre Begegnungen mit den letzten alten Juden an ihre Familiengeschichte heran, angesichts des allmählichen Versterbens der Überlebenden also auf die letzte Minute.

Jonathan Safran Foer: *Alles ist erleuchtet*

Der Debütroman eines jungen Amerikaners, Jahrgang 1977, wurde im deutschen Literaturbetrieb im Frühjahr 2003 gefeiert: Jonathan Safran Foers *Alles ist erleuchtet*. Der Protagonist des Buchs heißt genauso wie der Autor, ein zwanzigjähriger amerikanischer Jude und angehender Schriftsteller, der im Jahr 1997 in die Ukraine reist, auch er auf den Spuren seiner Vorväter. Die Romanfigur Jonathan ist mit dem professionellen Reiseanbieter »Heritage Touring« unterwegs, wird von dieser Organisation aber mit zweitklassigen Betreuern abgespeist. Jonathans Übersetzer ist der gleichaltrige Ukrainer Alex; als Fahrer wird Alex' Großvater eingesetzt, der in absurder Sturheit behauptet, blind zu sein, und deshalb die aufdringliche Blindenhündin Sammy Davis jr. jr. mit sich führt. Hier wird schon deutlich: Die Szenerie und das Personal dieses Romans sind opulenter und skurriler als die der bisher besprochenen.

Der Roman lebt von der gespiegelten Figurenkonstellation und von den ukrainisch-amerikanischen Begegnungen in der ersten und dritten Generation. Es gibt zwei Jungen und zwei Großvatergeschichten: auf der einen Seite den Ukrainer Alex und seinen Großvater, auf der anderen Seite Jonathan, der die Geschichte seines Großvaters Safran recherchiert, der ursprünglich aus dem ukrainischen Shtetl Trachimbrod stammt und nach der Emigration in die USA früh verstorben ist. Jonathan hat seine Reise systematisch, wenn auch ein wenig naiv geplant. Er will die Frau finden, die seinen Großvater gerettet haben soll, als die Juden seines Shtetls von den einrückenden Deutschen grausam umgebracht wurden. Alex und sein Großvater scheinen von dieser Vergangenheit keine Ahnung zu haben. Alex möchte sich in seinem gebrochenen Englisch mit Jonathan lieber über amerikanische Frauen unterhalten, der Großvater schweigt und stänkert gegenüber dem »Juden [...] auf dem Rücksitz«.[19] Einen ganzen Tag lang suchen die Drei nach Trachimbrod. Niemand in der Gegend hat je von einem Ort dieses Namens gehört. Dann kommen sie zu einer alten Frau in einem einsamen Haus. Es ist zwar nicht die Gesuchte, aber die einzige Überlebende der Auslöschung des Shtetls, die noch am Leben ist. Sie hebt in ihrem Haus alles auf, was von dem Shtetl übrig geblieben ist. Dort, wo Trachimbrod einmal stand, ist dagegen nichts mehr zu sehen, nur flache Landschaft und ein Anfang der neunziger Jahre eingeweihter Gedenkstein. In der Nacht nach der Begegnung mit der alten Frau erzählt der ukrainische Großvater den beiden Jungen seine eigene Geschichte. Er selbst hat, wenngleich er nicht jüdisch ist, bis 1942 in einem der Nachbarshtetls von Trachimbrod gelebt. Hier hat er, als die Deutschen alle Bewohner des Ortes vor der Synagoge zusammentrieben, seinen jüdischen Freund verraten, um seine eigene Familie zu schützen. Am nächsten Tag endet die Reise der Drei. Zurück in den USA beginnt Jonathan die Arbeit an einem Roman. Er schreibt die Geschichte des Shtetls Trachimbrod und seiner Vorfahren vom 18. Jahrhundert bis hin zu seinem Großvater Safran, einen »Roman im Roman«. Derweil schickt Alex Jonathan Briefe aus der Ukraine. So erfährt der Leser, dass sich Alex' Großvater ein halbes Jahr nach der gemeinsamen Reise, scheinbar geläutert, umgebracht hat.

In Foers Roman kommt die zweite Generation wiederum so gut wie nicht vor. Die dritte hört – man kann schon sagen, wie es sich gehört – den Geschichten der ersten zu. Dabei werden zwei entgegengesetzte Erinnerungen effektvoll miteinander kontrastiert: einerseits die verschwiegene Schuld des ukrainischen Großvaters, der sich zunächst blind stellt und tatsächlich jahrzehntelang blind war gegenüber der Geschichte; andererseits die unaufgearbeitete Erinnerung der Opfer, die Kisten, Schachteln, Kleider- und Schuhhaufen in dem einsamen Haus der alten Frau, irgendwo in der Ukraine. Von diesem Museum der Überreste, das niemand je besichtigt, ist selbst Alex beeindruckt, wenn er in seinem gebrochenen Englisch die beiden Zimmer des Hauses beschreibt: »Ich konnte durch all die Fotos die Wand nicht sehen [...]. All die Kleider und Schuhe machten, dass ich dachte, mindestens hundert Menschen leben in diesem Zimmer. Das andere Zimmer war auch sehr dicht bevölkert. Dort waren viele Schachteln, die mit

---

[19] Jonathan Safran Foer, Alles ist erleuchtet. Roman, Köln 2003, S. 57

Dingen überflossen. [...] Ein weißes Tuch kroch aus der Schachtel hervor, auf der ›Hochzeiten und andere Feiern‹ stand. Die Schachtel, auf der stand: ›Privates; Tagebücher / Skizzenbücher / Unterwäsche‹, war so überfüllt, dass sie bereits schien zu platzen.« Eindringlicher und metaphorisch gelungener kann man die Abwesenheit der Bevölkerung eines ganzen Ortes kaum beschreiben.

Jonathans Spurensuche ist also erfolgreich gewesen: In diesem Haus findet er alles, was von dem Shtetl seiner Vorfahren übrig ist. Aber er interessiert sich nicht für die Überreste. Statt in den Schachteln und Bildern zu kramen und dem Shtetl durch Quellen auf die Spur zu kommen, schreibt er selbst eine Geschichte über die Vergangenheit von Trachimbrod. Dies ist eine ganz andere Form der Erinnerungsarbeit. Hier entsteht eine fantastisch angehauchte, fabulierende, oft lustige Erzählung, die mit dem Jahr 1942 plötzlich – und für den Leser so voraussagbar – ins Grauen kippt.

Tanja Dückers: *Himmelskörper*

Der vierte zentrale Text ist Tanja Dückers' Anfang 2003 erschienener Roman *Himmelskörper*. Auch hier tritt eine Ich-Erzählerin auf, die zur selben Altersgruppe wie die 1968 geborene Autorin gehört: Freia, eine Meteorologin um die Dreißig. Aus ihrer in der Gegenwart angesiedelten Erzählung fällt sie immer wieder in die Kindheit und verschiedene Phasen des Erwachsenwerdens zurück. Freia ist mit ihrem Zwillingsbruder Paul und den Eltern am Stadtrand von West-Berlin aufgewachsen. Das bedeutete einerseits eine verträumte und beschützte Atmosphäre, in der die Zwillinge mit fantastischen Waldgeschöpfen spielten, andererseits eine beklemmende Enge im Dunstkreis der Eltern und Großeltern. Die Großeltern erzählen immer wieder dieselben Geschichten von Krieg, Verzicht und Vertreibung. Sie sind im Januar 1945 zusammen mit Freias Mutter aus Ostpreußen geflohen. Aber soviel die Großeltern auch reden, das Wesentliche scheinen sie in ihren Geschichten zu verschweigen. Freias Vater spricht kaum jemals ernsthaft, die Mutter schweigt, und wenn sie doch einmal etwas sagt, dann meistens in dem Versuch, die revisionistischen Kommentare der Großeltern zu korrigieren.

Als junge Erwachsene konfrontiert Freia die Großeltern immer häufiger mit Fotos und Bildbänden aus der Zeit des Nationalsozialismus. So erfährt sie, dass die Großeltern »Nazis der ersten Stunde«[20] waren. In ihren Kisten heben sie »selbst geschossene Fotos« von einem Besuch Hitlers auf. Kurz vor ihrem Tod offenbart die mittlerweile senile Großmutter das Familiengeheimnis: Im Januar 1945 wartete die Familie in Gotenhafen bei Danzig in Eiseskälte und großem Gedränge auf eine Möglichkeit zur Flucht per Boot. Als es darum ging, wer noch einen Platz auf dem Minensuchboot »Theodor« bekommt, sagte Freias damals fünfjährige Mutter zu einem Schiffsmann, die Nachbarn hätten schon sehr lange nicht mehr den Hitler-Gruß gemacht. So sicherte sie ihrer eigenen Familie den Platz auf der »Theodor«, die Nachbarn gingen auf die »Wilhelm Gustloff«, deren Untergang ja bekannt ist. Freias Mutter hat nach diesem Vorfall ihr Leben lang Schuldgefühle behalten. Dann, Monate nach dem Tod der Großeltern, Monate nachdem ihr Geheimnis offenbar geworden ist und sie zusammen mit Freia eine Reise nach Gotenhafen, heute Gdynia, gemacht hat, bringt sie sich um. Die Restfamilie fällt auseinander, und erst in der unmittelbaren Erzählgegenwart sind Freia und ihr Zwillingsbruder wieder zueinander gekommen. Sie betreiben jetzt gemeinsam das, was sie »Transformationsarbeit« nennen: Sie setzen die Fotos, Dokumente und Gegenstände, die die Großeltern hinterlassen haben, in ihre künstlerische Arbeit um. Paul malt, und Freia erzählt dazu Geschichten und Geschichtliches: »Hatte [Paul] seine Zeichnung oder sein Gemälde beendet, warf ich die entsprechenden Gegenstände weg, oft mit einem Gefühl der Befreiung.« Die Methode einer »aktiven Erinnerungsarbeit« wählt hier den Weg der Materialkunst, der Abstraktion, letztlich der sublimierenden Entsorgung der konkreten Gegenstände möglicher Erinnerung.

Die gemeinsame Reise von Tochter und Mutter nach Gdynia erscheint in Dückers' Roman wie der Abklatsch einer Spurensuche: Hier wird nichts gesucht und nichts gefunden. Über fünfzig Jahre nach der Flucht verläuft die Rückkehr an diesen Ort, den die Ich-Erzählerin als eine »Art polnische[s] Mallorca« beschreibt, selbst für die Mutter belanglos: »Eigentlich ist es doch schön, dass die Leute hier so fröhlich sind und dass man alles vergessen zu haben scheint. Man kann sich doch nichts Besseres für diesen Ort wünschen, oder [?]«

Auch wenn die Mutter von den übrigen Figuren entschuldigt wird, trägt sie die Hauptlast der Vergangenheit. Die Großeltern haben keinerlei Schuld- oder Unrechtsempfinden, obwohl sie es waren, die das Kind damals zum Spitzeln gegenüber Nachbarn und Spielkameraden angestachelt haben. Als eine typische Angehörige der zweiten Generation kennt sich die Mutter hervorragend mit den

---

[20] Tanja Dückers, Himmelskörper. Roman, Berlin 2003, S. 300

geschichtlichen Tatsachen aus. Sie hat es jedoch nicht geschafft, sich auch mit ihrer individuellen Geschichte zu konfrontieren: Als die Mutter den Nachlass der Großeltern ordnet, betrachtet sie nur die Rückseiten der alten Fotos, um sie nach ihrem Datum chronologisch zu sortieren. Ihr Scheitern wird durch ihren späten Selbstmord unterstrichen. Dieser Selbstmord wird in der Familie fast schmerzlos aufgenommen. Der Roman kommentiert diese Schmerzlosigkeit zwischen den Figuren, die den Suizid beinahe beliebig erscheinen lässt, nicht. Dem darin implizit beschriebenen Scheitern der zweiten Generation wird jedoch die oben beschriebene künstlerische »Transformationsarbeit« der dritten entgegengesetzt: Diese junge Generation fragt, forscht – und verarbeitet.

Generationsspezifische Deutungshoheit

Es drängt sich thematisch auf, Tanja Dückers' Roman die Novelle von Günter Grass entgegenzustellen, die im Frühjahr 2002 in den Feuilletons für Furore sorgte: *Im Krebsgang*,[21] das Buch, das angeblich das Tabu der Vertreibung der Deutschen gebrochen haben soll. Auch in Grass' Novelle lassen sich plakative Generationsmodelle aufzeigen. Der Stoff sei nur sehr knapp rekapituliert: Der Ich-Erzähler wurde 1945 auf einem der wenigen Rettungsboote der »Wilhelm Gustloff« geboren. Als typischer Vertreter der 68er-Generation arbeitet er die Geschichte, wiederum aber nicht ihre persönliche Seite, auf. Er kann das Gerede seiner Mutter von der Vertreibung und dem Schiffsuntergang nicht mehr hören. Sein Sohn Konrad dagegen, ein Teenager, betreibt heimlich eine rechtsradikale *Website*, auf der er in revanchistischem und antisemitischem Grundton Person und Schiff Wilhelm Gustloff würdigt. Per *Chat* trägt Konrad einen schnell eskalierenden Konflikt mit einem gleichaltrigen deutschen Juden im Internet aus. Dann verabreden sich die beiden zu einem persönlichen Treffen, und Konrad erschießt den jungen Juden. Er sieht darin offenbar eine Umkehrung des Mords an Wilhelm Gustloff durch einen jüdischen Attentäter im Jahr 1936.

Die Generationsmodelle von Dückers und Grass könnten unterschiedlicher nicht sein: Tanja Dückers zeigt in der dritten Generation aufgeklärte und abgeklärte, verantwortliche junge Menschen, Günter Grass einen revanchistischen Neonazi. Beide Autoren beanspruchen eine generationsspezifische Deutungshoheit. So erklärt Günter Grass im Interview: »Es kam mir darauf an, [...] darzu-

---

[21] Günter Grass, Im Krebsgang. Novelle, Göttingen 2002

stellen, wie irregeführt heute junge Menschen auf die Geschichte reagieren.« Angesichts der »wachsende[n] Zahl der Rechtsradikalen [...], die sich einseitig informiert haben«, plädiert Grass für sein Konzept, Geschichte in Zusammenhängen darzustellen.[22] Mit dieser Sicht kann Grass natürlich kaum Tanja Dückers meinen. Die junge Autorin äußert anderswo: »Meine Generation ist die erste, die einen nüchternen Blick auf dieses Thema wagen kann. Ich fände es bedenklich, wenn aus der Tatsache, dass meine Generation den Krieg nicht erlebt hat, ein Authentizitätsdünkel der Älteren erwüchse.«[23] Dückers' Aussage gibt ihrerseits keine Antwort auf Grass. In einem imaginären Gespräch zwischen erster und dritter Generation reden die beiden Autoren wahrlich aneinander vorbei.

Thesen und Diskussion

1. Zunächst fällt auf: Die Erzählmodelle der vier vorgestellten Romane ähneln einander stark, egal ob die Protagonisten in ihrer Familie die Spuren von Opfern oder von Tätern des Nationalsozialismus suchen. Das Erzählmodell der Spurensuche erscheint also zeitgemäß: Für Opfer- wie für Täternachkommen illustriert es den forschenden, fragenden Blick der dritten Generation.
2. Es geht den Protagonisten auch auf einer erfolgreichen Spurensuche nicht in erster Linie darum, Einzelheiten aus der Zeit des Holocaust und des Nationalsozialismus herauszufinden, aufzudecken und nachzuerzählen. Nicht die recherchierte Geschichte, sondern die Spurensuche selbst – ob als Phantasie-Reise auf dem elterlichen Sofa oder als tatsächliches Reise-Abenteuer in der Ukraine – steht im Mittelpunkt der Romane.
3. Den Romanen ist durch ihr Erzählverfahren bereits die Distanz zwischen dem Ereignis und seiner Erzählung eingeschrieben. Von der Gegenwart ausgehend, verhandeln die Romane vorrangig die Rolle und Bedeutung des Holocaust und des Nationalsozialismus im individuellen und im Familiengedächtnis, sie nehmen also eine Metaperspektive ein. Dadurch korrespondieren die Romane mit der aktuellen Debatte über Holocaust und Nationalsozialismus, die, wie eingangs

---

[22] Beide Zitate aus: Falsche Folklore und erfundene Volkstänze. Ein Gespräch mit dem Nobelpreisträger Günter Grass und den Historikern Michael Jeismann und Karl Schlögel über die Mythen der deutschen Vertreibung und die Literatur als Vorreiterin der Geschichtsschreibung, in: Literaturen, Heft 5 / 2002, S. 20-29, hier S. 21 und 25

[23] Zitat in Rebecca Casati, Der nüchterne Blick der Enkel. Wie begegnen junge Autoren der Kriegsgeneration? Ein Gespräch mit Tanja Dückers, in: Die Zeit, 30.4.2003

skiziert, gleichfalls Fragen der Erinnerung, Überlieferung und generationsspezifischen Bedeutungszuweisung in den Mittelpunkt stellt. Dies gilt insbesondere für die Romane von Tanja Dückers und Lena Kugler.

4. Die Spurensuche fördert nicht so sehr den Willen zur Wahrheit als vielmehr die erzählerische Phantasie. In Rückbezug auf die eingangs aufgezeigten zwei Möglichkeiten der Autoren, entweder Erinnerung zu erfinden oder eine scheinbar realistische Spurensuche zu beschreiben, zeigt dies: Auch eine auf Tatsächlichkeit angelegte Spurensuche führt zur Erfindung von Erinnerung. Die Autoren arbeiten nicht, wie man erwarten könnte, konkret dokumentarisch oder pseudodokumentarisch im fiktionalen Rahmen, sondern nutzen die erzählerische Freiheit der Literatur. Insbesondere die Ich-Erzähler in Marcel Beyers und Jonathan Safran Foers Romanen denken sich Geschichten aus, die, von den Lücken in der Überlieferung inspiriert, sagen: »So könnte es gewesen sein.« Indem Beyers Roman einander widersprechende Versionen einer Handlung nebeneinander stellt, untergräbt er die Zuverlässigkeit des Erzählers und verweist auf die Konstruktivität von Erinnerung überhaupt. Foer dagegen knüpft mit seiner fantastischen Geschichte vom Aufstieg und Fall des Shtetls Trachimbrod aus dem 18. Jahrhundert bis ins Jahr 1942, seinem »Roman im Roman«, an die Tradition jüdischen Erzählens und Fabulierens an. Er führt in diese Tradition – was mancher Leser als unerhört empfinden mag – die Schreckensgeschichten des Holocaust ein.

Aber selbst im Schreiben über den Holocaust hat dieses Erzählen schon literarische Vorläufer. Foers Roman lässt sich in die Tradition von Jurek Beckers *Jakob der Lügner* (Frankfurt am Main 1969) oder David Grossmans *Stichwort: Liebe* (München 1991) einordnen. Wie schon in der Literatur eines Sholem Aleichem oder Isaac Singer wird das fabulierende Erzählen hier nicht nur als Garantie der Erinnerung, sondern als »ein Sprechen gegen die Angst«[24] verstanden. Die tröstende Funktion des Erzählens dominiert über die Authentizität von Erinnerung. Beckers, Grossmans und auch Foers Romane kennzeichnet eine »offenkundige Fiktionalisierung«.[25] In einem »geöffneten Erzählsystem«[26] wird der Leser durch die Kontexte oder Paratexte des Romans zwar auf dessen Fiktiona-

---

[24] Peter Schünemann, Nachwort. ›Ein Garten hochphantastisch‹, in: Jüdisches Erzählen, hg. von dems., München 1993, S. 325-334, hier S. 328

[25] Vgl. Chloe E. M. Paver, Narrative and Fantasy in the Post-War German Novel. A Study of Novels by Johnson, Frisch, Wolf, Becker, and Grass, Oxford 1999, S. 196. Sie spricht von »overt fictionalization«.

[26] Jürgen H. Petersen, Erzählsysteme. Eine Poetik epischer Texte, Stuttgart / Weimar 1993, S. 118

lität verwiesen, dann aber zieht ihn die Macht der wohl komponierten Geschichte in den Bann. Dieser Kraft und Macht des Erzählens steht inhaltlich eine weitgehende Handlungsunfähigkeit der Figuren selbst gegenüber: Die Romane bleiben unabwendbare Geschichten über den Holocaust.

5. Aus den besprochenen Romanen lassen sich sehr klare, oft geradezu klischeehafte Generationsmodelle extrapolieren. Die erste Generation trägt noch den Schlüssel zur Vergangenheit und wird damit zum geheimnisvollen Bezugspunkt für die dritte. Traditionell nehmen die Großeltern gegenüber der jungen Generation die Rolle der Geschichtenerzähler ein. Es zeigt sich jedoch, dass sich Geschichten über die eigene Vergangenheit nicht leicht erzählen lassen. Und doch liegt in der Erzählung die Chance zur Läuterung: Dieses Muster findet sich in den Romanen durchgängig wieder.[27]

Die Angehörigen der zweiten Generation spielen in diesen Romanen – mit Ausnahme von Tanja Dückers' – kaum eine aktive Rolle. Indirekt behindern sie jedoch die Kommunikation zwischen erster und dritter Generation und tragen die Verantwortung dafür, dass die Geschichten der Großeltern aus ganz verschiedenen Motiven verschleiert werden.[28] Trotz umfassender Beschäftigung mit der Geschichte haben die Figuren der zweiten Generation ihre eigenen Traumata nicht aufgearbeitet.

Und die dritte Generation? Sie zeigt sich verantwortlich gegenüber der Vergangenheit, wendet sich konfrontativ gegen die Älteren und findet zu ihren eigenen Erzählungen. Mit Hinblick auf den Holocaust – und die Millionen verlorener Geschichten – erscheint es als ein Trost, wenn die Angehörigen der dritten Generation die Geschichten der Großeltern aufnehmen, weiter erfinden und weitererzählen. Wer künftig über den Holocaust und den Nationalsozialismus schreiben will, wird sich, ob als Nachfahre von Opfern oder von Tätern, auf einen der beiden Wege begeben müssen: die Erfindung von Erinnerung oder die Spurensuche auf dem immer länger werdenden Weg zurück in die Geschichte.

Vertraut man dem hier dargestellten Trend in der Literatur, wüssten wir die Erinnerung an den Holocaust und den Nationalsozialismus in den Händen der dritten Generation gesichert. Aber stimmt das so? Geht die dritte Generation so

---

[27] Vgl. ganz explizit Tanja Dückers, *Himmelskörper* (wie Anm. 20), S. 252. Die Großmutter redet lieber mit der Enkelin als mit der eigenen Tochter, weil die Enkelin ihr weniger vorwurfsvoll begegnet.

[28] So auch bei Foer, Alles ist erleuchtet (wie Anm. 19). Alex' Vater kümmert sich weder um den Großvater noch um den Sohn. Dabei müßte er, der als kleines Kind dabeigewesen ist, die Geschichte und die Schuld des Großvaters ja kennen.

verantwortungsvoll mit den Familiengeschichten um? Was sagen hierzu die Ergebnisse der empirischen Forschung?

Harald Welzer und andere: »*Opa war kein Nazi*«

Meine Darstellung der Generationenmodelle, aber auch der Erzählmodelle und Kommunikationsmechanismen in den Romanen lässt sich in vielen Punkten auf Harald Welzer und seine Kolleginnen beziehen, die mit ihrer im Herbst 2002 veröffentlichten Studie »*Opa war kein Nazi*« Aufmerksamkeit erlangten. Dort wie hier geht es ganz wesentlich um die Tradierung von Familiengeschichten aus der Zeit des Nationalsozialismus.

Welzer und seine Kolleginnen haben in vierzig Familien Gespräche mit drei Generationen geführt. Sie stellen fest, dass die Aufklärung über den Nationalsozialismus und den Holocaust in der dritten Generation im Allgemeinen sehr hoch ist, dass Schule und andere Institutionen das geschichtliche Wissen also erfolgreich vermitteln. Aber gerade deshalb befinde sich die junge Generation in einer Zwickmühle: »Je umfassender das Wissen über Kriegsverbrechen, Verfolgung und Vernichtung ist, desto stärker fordern die familialen Loyalitätsverpflichtungen, Geschichten zu entwickeln, die beides zu vereinbaren erlauben – die Verbrechen ›der Nazis‹ [...] und die moralische Integrität« der Großeltern.[29] So komme es, dass insbesondere die dritte Generation fleißig an der »kumulativen Heroisierung« der Großelterngeneration mitwirke. Im Familiengedächtnis würden die Tätergeschichten, die die Großeltern – erstaunlich genug – erzählen, nicht tradiert. Die Enkel hörten diese Geschichten zwar im Familiengespräch, gäben sie aber im Einzelgespräch nicht oder nicht so wieder.[30]

Heroisierung scheint in die Sphäre der Literatur zu gehören. Von einer Heroisierung der Großeltern kann aber bei den Figuren der hier dargestellten literarischen Texte keine Rede sein.[31] Vielmehr sind die Angehörigen der dritten Gene-

---

[29] Harald Welzer, Sabine Moller, Karoline Tschuggnall, »*Opa war kein Nazi*«. Nationalsozialismus und Holocaust im Familiengedächtnis, Frankfurt am Main 2002, S. 53. Weiter heißt es: »Die subjektive Syntheseleistung besteht [für die Angehörigen der dritten Generation] darin, die eigenen Vorfahren qua Heroisierung aus dem Geschichtswissen herauszunehmen und das ›Böse‹ der nationalsozialistischen Herrschaft und das ›Gute‹ der eigenen Großeltern und Urgroßeltern in friedliche Koexistenz zu bringen.« Ebd., S. 80

[30] Vgl. ebd., S. 67f

[31] Mit Ausnahme des Exoten unter den Figuren, des jungen Ukrainers Alex, der auf seiner Reise für »*Heritage Touring*« zum ersten Mal mit der Geschichte des Holocaust konfrontiert

ration in den besprochenen Romanen bemüht, die Wahrheit über ihre Großeltern und Familien herauszufinden. Sie konfrontieren ihre Großeltern und Eltern, anstatt sie in Schutz zu nehmen. Damit stellen die Romanfiguren der dritten Generation ein Gegenmodell zu den Ergebnissen von Welzers Studie dar.

Welzer und seine Co-Autorinnen untersuchen auch die Mechanismen der »Verfertigung der Vergangenheit im Gespräch«,[32] die Deutungsmuster und Topoi, an denen sich die in den Familiengesprächen erzählten Geschichten orientieren.[33] Demzufolge nehmen – das ist eins der frappierenden Ergebnisse – die Kinder und Enkel die Geschichten ihrer Großeltern, so unschlüssig diese auch sein mögen, einfach als Realität hin. Sie hinterfragen oder überprüfen sie nicht: »Es ist nicht zuletzt die wahrheitsverbürgende Situation des Familiengesprächs selbst, die logische Widersprüche und sogar hanebüchenen Unsinn wie selbstverständlich plausibel erscheinen lässt.«[34]

Was die Angehörigen der dritten Generation nach dieser Darstellung unterlassen, ist somit genau das, was die Protagonisten der von mir besprochenen Romane machen, nämlich die unvollständigen und widersprüchlichen Teilgeschichten, Gerüchte und offenen Fragen aus den Geschichten der Großeltern aufzunehmen. Das heißt entweder, sie durch Recherche bis zu ihrem Wahrheitskern zurückzuverfolgen oder aber sie in die Sphäre der Phantasie zu übertragen und weiterzuspinnen.[35] Die Literatur erscheint somit als ein Ort für die »guten, jungen Vor-

---

ist. Er ist in seiner wohlwollend naiven Art der einzige, der die Geschichte des eigenen Großvaters beschönigen will: Alex bittet Jonathan, er möge den Großvater in seinem Roman doch zum Retter von Jonathans eigenem Großvater machen. Jonathan geht darauf nicht ein. Vgl. Foer, Alles ist erleuchtet (wie Anm. 19), S. 254. Umso stärker scheint dadurch auf, was dieser Roman nicht will: Helden durch die Literatur »herstellen«.

[32] So die Überschrift von Kapitel 2 bei Welzer u.a., »*Opa war kein Nazi*« (wie Anm. 29)

[33] Bestimmte Geschichten werden gerade deshalb so oft erzählt, weil jeder sie kennt. Um erfolgreich tradiert zu werden, müssen die Familiengeschichten »offen und fragmentarisch sein, [...] Raum für Ergänzungen und Hinzufügungen durch die Zuhörer bieten.« Ebd., S. 196. Welzers Theorie ist sozusagen par excellence in den Familiengesprächen im Roman von Tanja Dückers umgesetzt. Die Großeltern von Freia reden unglaublich viel und oft in schon bekannten Geschichten. Eine davon hat, wie in Welzers Beispielen gängig, sogar einen Titel: Die »berühmte Bananengeschichte« erzählt in erbärmlicher Weise, wie die Großmutter einmal fast einem jüdischen Kind eine Banane geschenkt hätte, vgl. Dückers, Himmelskörper (wie Anm. 20), S. 104

[34] Welzer u.a., ebd. (wie Anm. 29), S. 209

[35] Das ist natürlich nur für Opfer-, nicht für Tätergeschichten denkbar. Wie sich für Foer, Alles ist erleuchtet (wie Anm. 19) zeigen läßt, setzt ein solches »Weiterspinnen« voraus, dass der fiktionale Gehalt des Textes eindeutig gekennzeichnet bleibt.

zeigedeutschen«, die sich der kollektiven und der individuellen Geschichte verantwortlich stellen. Die Empirie zeigt, dass eine solche Auseinandersetzung nicht repräsentativ ist.

Amia Lieblich

Die Darstellung von überlebenden Kindern des Holocaust in der Gegenwartskultur[1]

Wie sollen wir den Holocaust erinnern? Das ist die zentrale Frage, die sowohl Wissenschaftler als auch Laien beschäftigt, Juden und Deutsche – all jene, die sich für die Lehren der Geschichte interessieren. In der Soziologie oder der Psychologie lautet diese Frage: Was beinhaltet das kollektive Gedächtnis des Holocaust?

Am Vorabend des Holocaust-Gedenktages in Israel, der 2003 am 29. April stattfand, saß ich vor dem Fernseher und sah mir die Übertragungen des israelischen Fernsehens an. Neben der offiziellen Eröffnungsfeier in der nationalen Gedenkstätte Yad Vashem fielen mir vor allem zwei Sendungen auf. Eine davon war eine Biographie über den General der israelischen Armee Yossi Peled. Die Kamera begleitete ihn und seinen Sohn an die Orte seiner Kindheit in Belgien sowie zu den Konzentrationslagern, in denen seine Eltern interniert waren. Unmittelbar im Anschluss daran folgte eine Sendung mit dem Titel »Herzliche Glückwünsche zum Geburtstag«. Sie widmete sich einer Gruppe Überlebender, die ihren Geburtstag – dessen Datum manche nicht kennen – traditionell am 5. Mai feiern.[2] Im Mittelpunkt beider Sendungen standen Überlebende, die den Holocaust als Kinder erlebt hatten. Mit diesem Thema, das während der letzten Jahre mein Interesse bestimmt hat, werde ich mich hier beschäftigen.

---

[1] Der vorliegende Text basiert auf einer hebräischen Version, die bei Alpaiim erscheinen wird.
[2] Offenbar deshalb, weil sie sich an diesem Tag, nach Hitlers Selbstmord und kurz vor Kriegsende, zum ersten Mal getroffen haben.

Doch zunächst noch einmal zurück zu meiner Ausgangsfrage: Wie sollen wir den Holocaust erinnern? Von Wissenschaftlern wie Maurice Halbwachs[3] und James V. Wertsch[4] wissen wir, dass dem »kollektiven Gedächtnis« nichts Geheimnisvolles anhaftet. Es umfasst erstens kulturelle Gegenstände, zweitens wissenschaftliche Quellen, drittens gesellschaftliche Zeremonien und Rituale sowie viertens Internetquellen.

1. Kulturelle Gegenstände: Damit sind in erster Linie alle Arten von Texten und Kunstgegenständen gemeint: Bücher, Geschichten, Schulbücher, Filme, Bilder, die in Ausstellungen gezeigt werden, usw. Dies wirft allerdings die Frage auf, wer für die Veröffentlichung von Büchern verantwortlich ist, wer darüber entscheidet, ob im Schulunterricht die Gedichte dieses oder jenes Dichters behandelt werden, ob eine Ausstellung gezeigt, ob ein Film finanziert wird und so weiter. Freilich haben diese Entscheidungen mit der Qualität der Werke zu tun – man denke etwa an die Kunstwerke von Charlotte Salomon oder die Tagebücher von Etty Hillesum –, sie haben jedoch auch immer mit Politik und Machtverhältnissen zu tun, worauf ich im Folgenden jedoch nicht näher eingehen werde.

2. Wenn wir über Bücher oder Filme sprechen, sollten wir zwischen Fiktion und Dokumentarischem unterscheiden, zwischen Geschichte beziehungsweise »historischer Wahrheit« und »erzählter Wahrheit«. Mitte des zwanzigsten Jahrhunderts drehten sich viele Debatten noch darum, ob der Holocaust Gegenstand der Literatur sein könne. Diese Debatte ist jedoch, so scheint mir, inzwischen überholt, und fiktionale Darstellungen des Holocaust haben mittlerweile hinlänglich Akzeptanz gefunden (solange sie nicht vorgeben, Tatsachenberichte zu sein, wie im Falle der simulierten Erinnerungen von Binjamin Wilkomirski). Zudem sind es meiner Auffassung nach gerade die gut gemachten fiktionalen Produkte – ob Bücher, Kunstwerke oder Filme –, die, selbst wenn sie mit den historischen Tatsachen nicht exakt übereinstimmen, künftig den Holocaust im kulturellen Gedächtnis bewahren werden.

3. Wissenschaftliche Quellen: Eine andere Quelle des kollektiven Gedächtnisses sind wissenschaftliche Studien und historische Dokumentationen oder archivierte Zeugnisse. Gewöhnlich sind diese der allgemeinen Öffentlichkeit weniger zugänglich. Selbst wenn sie nicht veröffentlicht wurden, sind die Sammlungen unzähliger Zeugnisse von Überlebenden jedoch von äußerster Bedeutung sowohl für diese selbst als auch für deren Familien und für die historische Forschung.

---

[3] Maurice Halbwachs, Das kollektive Gedächtnis, Stuttgart 1967
[4] James V. Wertsch, Voices of Collective Remembering, Cambridge 2002

4. Gesellschaftliche Zeremonien und Rituale: Wenn es in einer Gesellschaft einen Gedenktag an den Holocaust gibt und anlässlich dessen Feierlichkeiten in Schulen, öffentlichen Institutionen und in den Medien stattfinden, hat dies eine große Wirkung auf das kollektive Gedächtnis. Darum sind der Holocaust-Gedenktag, der in vielen Ländern begangen wird, und der »Marsch der Lebenden« so bedeutsam.

5. Internetquellen: Zu den klassischen Dimensionen des kollektiven Gedächtnisses muss man gegenwärtig das weltweite Netz mit seinen mannigfaltigen, schier endlosen Informationskanälen, Organisationen, Aktivitäten, Publikationen und Foren zum Thema hinzuzählen. Da es im Internet weder Zensur noch redaktionelle Aspekte gibt, lassen sich dort so viele Versionen der historischen Ereignisse finden, wie man sich vorzustellen vermag, selbstverständlich auch viel antisemitisches Material bis hin zur Leugnung des Holocaust.

Mir geht es im Folgenden um einen spezifischen Aspekt dieses kollektiven Gedächtnisses, nämlich um die Darstellung überlebender Kinder des Holocaust (*child survivors*). Bei näherer Betrachtung erscheint es mir, dass in der westlichen Kultur gegenwärtig ein Zuwachs der Quantität und Vielfältigkeit von Darstellungen überlebender Kinder des Holocaust zu verzeichnen ist.[5] Es gibt immer mehr Stimmen von Überlebenden, die während des Holocaust Kinder waren, die nun ihre Geschichten auf unterschiedliche Weise und in unterschiedlichen Medien erzählen, und das Publikum scheint offener oder aufnahmefähiger für dieses Thema zu sein. Wenn General Yossi Peled zur Konfrontation mit seiner Vergangenheit bereit ist, ferner dazu, sie an seinen Sohn weiterzugeben und in der Öffentlichkeit zu weinen, dann leben wir möglicherweise am Ende einer Epoche der »Verschwörung des Schweigens«.

Eine weitere Frage, auf die ich gerne zu sprechen kommen möchte, bevor ich mich dem Thema der überlebenden Kinder zuwende, lautet: Wer darf als Überlebender gelten? Nach der engen Definition Personen, die in den Lagern waren. Diese Definition wurde jedoch allmählich dahingehend erweitert, dass auch Personen als Überlebende gelten, die sich während des Krieges in Europa versteckt hielten. Doch was ist mit all denen, die in den USA oder in Israel in Sicherheit lebten und durch den Holocaust »nur« ihre Familien oder die historischen Wurzeln ihrer Identität verloren? Zweifellos waren auch sie Opfer. (Ich selbst bin in Israel als Tochter polnischer Einwanderer geboren, die 1936 aus

---

[5] Diese Beobachtung bestätigt zum Beispiel auch Aharon Appelfeld – Konferenz in Cambridge, 2003.

Polen auswanderten und dort ihre Familien zurückließen. Ich habe meine Großeltern sowie viele Tanten und Onkel im Holocaust verloren, aber erst seit kurzem damit begonnen, mich selbst als eine »Überlebende« zu betrachten.)

Jedenfalls konzentrierte sich die erste Welle der den historischen Tatsachen nachspürenden Zeugnisse, Forschungen und Kunstwerke auf die enge Definition von Überlebenden, die so genannte »erste Generation«. Viele Psychologen setzten sich mit der Frage auseinander, ob die Überlebenden ein spezifisches psychologisches Profil aufwiesen, nämlich das, was als post-traumatisches Stresssyndrom (PTSD) bekannt wurde. Die Forschungsergebnisse unterschieden sich erheblich, je nachdem, ob Personen untersucht wurden, die therapeutische Hilfe in Anspruch genommen hatten oder ob die Stichprobenerhebung unter Überlebenden vorgenommen wurde, die nie psychologische Hilfe gesucht hatten. Allmählich traten dann die Nachkommen der Überlebenden, die »zweite Generation«, in den Mittelpunkt des Forschungsinteresses.[6] Erhebliche Kontroversen entzündeten sich in den Arbeiten unterschiedlicher Wissenschaftler darüber, ob von der »Übertragung des Traumas« von einer Generation an die nächste auszugehen ist oder über den Einfluss post-traumatischer Eltern und der von ihnen geschaffenen häuslichen Umgebung auf ihre Kinder. Entsprechende Fragestellungen wurden in letzter Zeit auch auf die »dritte Generation« ausgedehnt,[7] und zahlreiche Studien beschäftigen sich mit den intergenerationellen Beziehungen in den Familien von Überlebenden des Holocaust in Israel und den USA.

Ohne auf diese Debatten näher einzugehen, möchte ich zusammenfassend auf zwei Punkte hinweisen: a) Als Ergebnis der zwei oben genannten Prozesse – der Neudefinition des Begriffs »Überlebender« und der Einbeziehung der nachfolgenden Generationen – hat sich die Zahl der Individuen, auf die sich unser Interesse richtet, erheblich vergrößert. b) Es scheint mir, dass Überlebende, die den Holocaust als Erwachsene erlebt hatten, in den Jahren vor 1980 im Mittelpunkt des Interesses standen – in jener Phase also, die sich noch immer aufteilen lässt in die anfängliche Zeit des Schweigens und die des einsetzenden Diskurses über den Holocaust in der Folge des Eichmannprozesses. Nach 1980 beanspruchte und erhielt die »zweite Generation« für die nächsten beiden Jahrzehnte die größte öffentliche Aufmerksamkeit. Meinem Eindruck nach stehen Überlebende,

---

[6] Eine Übersicht über die Literatur zum Thema bieten Martin S. Bergmann und Milton E. Jucovy (Hg.), Generations of the Holocaust. New York 1982

[7] Vgl. beispielsweise Dan Bar-On, The Indescribable and the Undiscussible. Reconstructing Human Discourse after Trauma, Budapest 1999

die als Kinder den Holocaust durchgemacht haben, erst seit den letzten Jahren im Mittelpunkt des Interesses unserer Kultur.[8]

Überlebende, die als Kinder den Holocaust erfahren haben und nun selbst ins hohe Alter gelangen, erhielten in der Vergangenheit weitaus weniger Aufmerksamkeit. Mehrere Gründe mögen für diese Tatsache eine Rolle spielen: Unter allen Opfern des Holocaust ist vielleicht das Schicksal kleiner Kinder am tragischsten und am wenigsten nachvollziehbar. Ein unschuldiges Kind zu sein und die Erfahrung des Genozids zu machen, ist unvorstellbar. Als Gesellschaft verspürten wir womöglich alle die Notwendigkeit, uns diesem Gräuel zu entziehen oder es zu verdrängen. Diese gesellschaftliche oder ideologische Leugnung ging mit der naiven Vorstellung einher, dass kleine Kinder keine Erinnerung an ihre frühen Erfahrungen hätten oder dass sie im Lauf der Zeit ihre schlimme Vergangenheit vergessen würden, wenn niemand sie darauf anspricht. Zudem gaben sich viele überlebende Kinder nicht als solche zu erkennen; ihr Wunsch war, zu vergessen und »normal« zu werden.

Wir können hier eine Wechselwirkung zwischen den Bedürfnissen der Individuen und gesellschaftlichen Determinanten erkennen. Die Rolle der Gesellschaft – womit ich insbesondere die israelische Gesellschaft meine – lässt sich auf zwei völlig unterschiedliche Weisen begreifen: In positiver Hinsicht dürfen wir sagen, dass die Gesellschaft das Wohlbefinden dieser jungen Überlebenden zu schützen suchte, indem sie sie nicht stigmatisierte, sondern als »normale Kinder« behandelte. Zur negativen Seite zählt, dass in der israelischen Gesellschaft allgemein Verdrängungs- beziehungsweise Unterdrückungsprozesse stattfanden, insofern die Opfer nicht willkommen geheißen wurden und es den schwachen Mitgliedern der Gesellschaft generell nicht gestattet wurde, ihre realen Erfahrungen zu artikulieren. Auf diese spannenden historischen Fragen kann ich an dieser Stelle jedoch nicht weiter eingehen.

Als die einstigen überlebenden Kinder älter wurden und sich zu sorgen begannen, dass ihre Geschichten mit ihrem Tod untergehen würden, wurde auch die israelische Gesellschaft milder gestimmt und toleranter gegenüber Schwäche und Schmerz. Als Ergebnis dieser miteinander zusammenhängenden Entwick-

---

[8] Diese Schlussfolgerung lässt sich ziehen, wenn man beispielsweise die Geschichte des Diskurses über den Holocaust in israelischen Kibbuzim betrachtet – ein Thema, das Micha Balf vor kurzem in seiner an der Universität Haifa abgeschlossenen Dissertation untersucht hat: Micha Balf, A Respite from Outrage and a Refuge for Hope. Commemoration and Memory of the Holocaust within the Kibbutz Movement, The Hebrew University of Jerusalem 2002 (auf Hebräisch).

lungen finden wir in der gegenwärtigen Kultur immer mehr Darstellungen von überlebenden Kindern, immer mehr Zeugnisse ihrer Geschichte, ihrer Probleme und den daraus gezogenen Lehren.

Ich möchte diesen Trend am Beispiel einiger israelischer Fernsehsendungen, wissenschaftlicher Studien sowie nicht-israelischer, das heißt in diesem Fall deutscher und kanadischer Belletristik veranschaulichen.

Beispiele aus den Massenmedien

In den aktuellen israelischen Fernsehsendungen über den Holocaust, auf die ich mich eingangs bezogen habe, stehen Überlebende, die den Holocaust als Kinder erlebt hatten, im Mittelpunkt. Yossi Peled war ein Baby, als er zusammen mit seinen zwei Schwestern einer christlichen Familie in Antwerpen anvertraut wurde. Sechs Jahre lang lebte er unter anderem Namen bei dieser Familie, wo er christlich aufwuchs. Seine Pflegeltern hielt er für seine wirklichen Eltern. Seinen Vater, der in Auschwitz ermordet wurde, kannte er nicht. Als seine Mutter, eine kranke, von Mengeles Menschen-Experimenten zerstörte Frau, wieder auftauchte, weigerte er sich zunächst, sie als seine Mutter anzuerkennen. Doch musste er mit ihr eine winzige Wohnung beziehen, in der sie versuchte, ihre Familie wieder zu vereinen. Bereits sechs Monate später übergab sie jedoch ihre drei Kinder der jüdischen Gemeinde, die sie in einem Waisenhaus unterbrachte. Als Jugendlicher emigrierte Yossi Peled nach Israel, wo er bei einem Onkel in einem Kibbuz lebte, bevor er schließlich in der israelischen Armee eine glänzende Karriere machte. Erst vor kurzem begann er, sich für seine Vergangenheit zu interessieren und häufig über sie zu sprechen. Als Erwachsener sieht er nun ein, dass er gegenüber seiner Mutter ungerecht war, als er sie für ihre Unzulänglichkeit als Elternteil verantwortlich machte. Mit anderen Worten: Ebenso wie die Gesellschaft insgesamt hat auch er gesündigt, indem er keine Empathie und kein Mitgefühl gegenüber den Überlebenden zeigte. Seine Geschichte scheint, so wie ich sie verstandenen habe, zwei Botschaften zu vermitteln: Erstens, das Leben kann nach einer solchen Kindheit normal, positiv und sinnvoll sein. Zweitens, es ist von großer Bedeutung, dass es einen starken jüdischen Staat gibt.

Die in der Fernsehsendung »Herzlichen Glückwunsch zum Geburtstag« porträtierte Gruppe überlebender Kinder aus Kovno – allesamt männlichen Geschlechts –, die ihren Geburtstag am 5. Mai feiern, betont ebenfalls Stärke und Lebenswillen und veranschaulicht die Fähigkeit der Überlebenden, nach ihrer schrecklichen Kindheit ein normales Leben zu führen. Mindestens einer von ihnen sprach explizit davon (was auch Aharon Appelfeld bestätigt), dass es entgegen landläufiger Überzeugungen für Kinder leichter als für Erwachsene gewesen sein kann, die schwierigen Lebensbedingungen im Lager zu ertragen – vorausgesetzt, sie wurden nicht sofort umgebracht –, da Kinder anpassungsfähiger sind, zu wenig Wirklichkeitssinn besitzen, um einen Vergleich zum Leben in den Lagern anstellen zu können, und einen stärkeren, vielleicht spielerischen Wunsch haben, weiterzuleben. Er sagte, dass Eltern, die ihre Kinder verloren hatten, oft auch den Wunsch oder die Kraft zum Weiterleben verloren, wohingegen die Kinder diese Erfahrung nicht teilten. Ihr Bedürfnis zu spielen war stärker als ihre Angst. All dies sind überzeugende und ungewöhnliche Beobachtungen. Die in der Fernsehsendung dargestellte Gruppe überlebender Kinder bestand ursprünglich aus 130 Kindern aus Kovno. Immerhin 22 davon überlebten Dachau und Auschwitz – ein wirklich bemerkenswerter Anteil.

Zwei Kommentare sind hierzu angebracht:

a. Wie bei allen Studien oder Anekdoten über den Holocaust müssen wir uns daran erinnern, dass die Stimmen, die uns geblieben sind, den Überlebenden gehören. Deren Brüder, Schwestern oder Freunde, die ermordet wurden, haben nur in den seltensten Fällten irgendwelche Zeugnisse hinterlassen, die uns etwas über ihre Erfahrungen und Gefühle mitteilen. Wie Psychologen wissen, müssen Überlebende, ungeachtet von Faktoren wie Willkür oder Glück, von vornherein außergewöhnlich resistente Menschen gewesen sein. Diese Resistenz ist bei den inzwischen alt gewordenen überlebenden Kindern besonders augenfällig, die in der Fernsehsendung »Herzlichen Glückwunsch zum Geburtstag« interviewt wurden, ebenso bei der Lebensgeschichte von Yossi Peled. Die Lehre, die wir ihren Lebensgeschichten entnehmen können, scheint sich in dem Ruf zusammenzufassen: Das Leben geht weiter! Wir haben ein gutes Leben! Doch können ihre Stimmen nicht als repräsentativ für sämtliche Opfer des Holocaust gelten.

b. Personen zeigen normalerweise nicht ihren Schmerz und ihre Schwächen, wenn sie von Fernsehkameras und Aufnahmeteams begleitet werden. Obwohl in diesen Sendungen vereinzelt Tränen flossen, legt die Fernsehberichterstattung den Akzent darauf, uns das Zuhause und die Familien von Überlebenden vorzuführen, ihre Hunde, ihre Autos und andere Zeichen eines normalen und erfolgreichen Lebens. Ich gehe jedoch davon aus, dass das Privatleben dieser Individuen – wie wir eventuell in einem persönlichen Gespräch hätten in Erfahrung bringen können – weitaus komplexer ist. Und genau das ist es, wie wir sehen werden, was Schriftsteller zum Bild vom überlebenden Kind und seinem Leben, von seinen inneren Welten, ergänzen können.

Unter der Voraussetzung, dass es sich bei diesen Beschreibungen nur um Halbwahrheiten handelt, frage ich mich als Psychologin, was zu dem eindrucksvollen mentalen Überleben der in den Fernsehsendungen Porträtierten beigetragen hat. Ich kann darauf zwei Antworten geben. Erstens: Bei Peled waren es die Liebe und Fürsorge der Pflegefamilie, bei der er während des Holocaust aufwuchs, die ihm die Grundlage seines Vertrauens zu anderen Menschen gab, welche die Basis einer gesunden Persönlichkeit darstellt. Zweitens: Bei der Gruppe überlebender Kinder, die im Alter von zehn bis zwölf Jahren in Auschwitz waren, hat die Tatsache, dass sie in einer festen Gruppe zusammenblieben, zur Entwicklung einer starken Gruppenidentität beigetragen. Ihr Anführer war ein älterer Bruder, der zu ihnen gestoßen war. Ihm gelang es, die Gruppe zu isolieren und eine Art eigene Welt inmitten der Hölle zu schaffen.

Dies sind freilich nur partielle und hypothetische Erklärungen. Ihr späteres Leben in Israel, ihr Beitrag und ihr Zugehörigkeitsgefühl zum jüdischen Staat haben vermutlich einige positive Komponenten zur Gesamtsumme ihrer Lebensbilanz hinzugefügt. Auf einige dieser Faktoren werde ich zurückkommen, doch sollten wir nicht vergessen, dass die Toten und die psychisch Gestörten nicht unter den Interviewten waren.

Beispiele aus wissenschaftlichen Arbeiten

Wissenschaftliche Studien befassen sich normalerweise mit Gruppen, beziehungsweise einer stichprobenartigen Auswahl von Personen anstatt mit Individuen. Nachum Bogner, ein Wissenschaftler der Gedenkstätte Yad Vashem in Jersualem, hat auf Hebräisch eine Studie publiziert, deren Titel lautet: *Der Gnade von Fremden ausgeliefert.*[9] Dabei handelt es sich um die kollektive Biographie einer bestimmten Gruppe von überlebenden Kindern: »die versteckten Kinder«, womit insbesondere jene gemeint sind, die während des Krieges in Polen bei christlichen Familien oder in Klöstern (in vieler Hinsicht der Biographie Peleds vergleichbar) versteckt waren. Bogners Studie stützt sich auf in Yad Vashem archivierte Aufzeichnungen sowie einige neue Interviews. Die typische Lebensge-

---

[9] Nachum Bogner, At the Mercy of Strangers. The Rescue of Jewish Children with Assumed Identities in Poland, Jerusalem 2000 (auf Hebräisch)

schichte der von ihm untersuchten Überlebenden lässt sich folgendermaßen zusammenfassen:

a. Das Leben in der Familie, dessen Kulminationspunkt die Entscheidung der Eltern war, ihre Kinder zu verstecken. Die Trennung von den Eltern ist, sofern die Betroffenen sich daran erinnern, der tragische Moment dieser Geschichten. Viele Überlebenden haben nie völlig akzeptiert, was sie als Verlassenwerden durch ihre Eltern erlebten.

b. Das Leben im Versteck, mit einer entliehenen Identität, in der gleichermaßen vorgegeben wie gelernt wird, man sei ein katholisches Kind. Einige der Familien oder Institutionen werden als ausgesprochen gütig und menschlich beschrieben, wohingegen andere als grausam und übergriffig erinnert werden. In den meisten Fällen fand eine langsame Anpassung an die neuen Lebensumstände und ein allmähliches Vergessen der Ursprungsfamilie statt.

c. Die Rückkehr der Eltern oder anderer Familienmitglieder, die das Kind zurückforderten. Oft waren es zionistische Organisationen (die »Konföderation«), die in Fällen, in denen die Eltern vernichtet worden waren, die Kinder zurückforderten. Obwohl dieser Übergang offiziell als »Rettung« oder »Rückkehr« bezeichnet wurde, war er tatsächlich ein wiederholter Verlust, der für viele überlebende Kinder höchst traumatisch war.

d. Bogners Studie nennt als nächste Phase die Ausreise – *Alyiah* – nach Palästina beziehungsweise Israel und die Anpassung an die israelische Kultur, Sprache und Gesellschaft. Wie im Fall von Yossi Peled sind die Erinnerungen der Betroffenen an die Aufnahmegesellschaft alles andere als schmeichelhaft.

Bogner untersucht die Geschichten der Betroffenen beziehungsweise die Auswirkungen dieser Erfahrungen nicht unter psychologischen Gesichtspunkten. Doch die Beschreibung ihres biographischen Profils sowie die Zitate aus den Aufzeichnungen und Interviews sind von großer Bedeutung.

Ein anderes Beispiel, das ich hier vorstellen möchte, ist eine kürzlich an der Universität von Haifa eingereichte Doktorarbeit von Sharon Kangisser-Cohen.[10] Ihre Studie basiert auf lebensgeschichtlichen Interviews jüngeren Datums mit israelischen Überlebenden, die im Holocaust Kinder waren und die entweder im Versteck oder in den Lagern überlebten. Ihre biographischen Profile ähneln weitgehend denen der von Bogner untersuchten Gruppe. Kangisser-Cohen beschäftigt sich in ihrer Untersuchung jedoch mit der Dialektik des Erzählens und Ver-

---

[10] Sharon Kangisser-Cohen, Finding their Voices. The Life Stories of Child Survivors of the Holocaust in Israel. The Hebrew University of Jerusalem 2003 (auf Hebräisch)

schweigens als durchgängiges Merkmal in den Lebensläufen der Befragten. Kangisser-Cohen zufolge war das Schweigen ein wichtiger Teil des Geheimnisses zu überleben. Im Versteck konnten die Kinder ihre Stimme nicht erheben; weder konnten sie über ihre wirkliche Geschichte noch über ihre Identität sprechen. Die Autorin bezeichnet dieses Phänomen als »gelerntes Schweigen«. Dieses Schweigen wirkte sich nicht automatisch auf ihre Erinnerungen aus, die in den meisten Fällen unter der Oberfläche zurückbehalten wurden. Mit Blick auf die gesamte Lebensgeschichte seit der Einwanderung nach Israel unterscheidet Kangisser-Cohen vier verschiedene Typen von Überlebenden: diejenigen, die immer schon über ihre Vergangenheit gesprochen haben; diejenigen, die immer über ihre Vergangenheit geschwiegen haben (obwohl sie mit der Interviewerin darüber sprachen), diejenigen – die größte Teilgruppe dieser Studie –, die zu Anfang ihres Lebens in Israel schwiegen und erst allmählich über ihre Vergangenheit zu sprechen begannen und schließlich diejenigen, die anfangs über ihre Vergangenheit sprachen, aber mit zunehmendem Alter schweigsamer wurden. Einige von ihnen erklärten, dass sie gegenwärtig zu schwach seien, um sich der emotionalen Erschütterung auszusetzen, die das Sprechen über die Vergangenheit mit sich bringe, und äußersten, dass das Schweigen wichtig für ihre Gesundheit sei. Kangisser-Cohen hingegen scheint den Standpunkt zu vertreten, dass das Sprechen über die Vergangenheit nicht nur vom historischen Standpunkt aus wichtig ist, sondern auch für das Selbstwertgefühl und das Wohlbefinden des Überlebenden, nicht zuletzt auch, um ein gewisses Maß an Integration des Selbst zu erreichen, was die hauptsächliche Aufgabe in der Entwicklung älterer Menschen darstellt. Sie konstruiert die Konstellation Schweigen kontra Sprechen als Resultat des Zusammenspiels indvidualpsychologischer Prozesse auf der einen und des sich wandelnden gesellschaftlich-ideologischen Klimas innerhalb der Kultur auf der anderen Seite.

Beispiele aus der Literatur

Anhand von zwei literarischen Texten jüngeren Datums möchte ich das gegenwärtige Interesse von Autoren an den Lebensgeschichten von überlebenden Kindern veranschaulichen: W. G. Sebalds Roman *Austerlitz* (2001)[11] und der Roman *Fluchtstücke* (1996)[12] der kanadischen Schriftstellerin Anne Michaels. Keiner

---

[11] W. G. Sebald, Austerlitz, München 2001

[12] Ann Michaels, Fluchtstücke, Berlin 1996

der beiden Romane ist autobiographisch. Beide schildern die Lebensgeschichte eines männlichen Überlebenden von der Kindheit bis zum Erwachsenenalter. Interessant ist für mich als Israelin, dass keiner dieser Romane von einem israelischen Autor geschrieben wurde (allerdings ist Michaels Jüdin) und dass die Romanhandlungen die Protagonisten nicht nach Israel führen, wie etwa im Fall der Überlebenden, die Bogner in seiner wissenschaftlichen Studie untersucht hat. Daher konnte ich mich beim Lesen und Analysieren nicht des Eindrucks erwehren, dass der Holocaust »übernommen« wurde, dass er »uns Israelis« oder sogar »uns Juden« enteignet wurde und ein allgemeines Sujet für die Leserschaft der gesamten Welt geworden ist.

Als Protagonist steht im Mittelpunkt der Romane jeweils ein Junge. Jacques Austerlitz, der Titelheld in Sebalds Roman, ist vier Jahre, und Jakob Beer, der Protagonist in Michaels' Roman, sieben Jahre alt, als beide ihre Eltern und Familie verlieren und allein in der Welt zurückbleiben. Dies ist der Moment, als beider Leben eine tragische, dramatische Wendung nimmt. Von diesem Moment an verläuft es im Schatten des erlittenen Verlusts, ein Trauma, von dem sie sich nie völlig erholen. Während die Handlung der beiden Romane sehr unterschiedlich ist, weisen sie Ähnlichkeiten in der Beschreibung eines geteilten, eines zerbrochenen Lebens auf, in dem die Existenz vor dem Desaster dramatisch anders oder weit entfernt als von dem, was danach geschieht. Diese Kluft ist in beiden Fällen das Kernstück der betreffenden Lebensgeschichte – wie ein Gravitationspunkt, der das gesamte Narrativ in ein gefährliches Vakuum zieht.

Der Autor G. W. Sebald wurde 1944 in Deutschland geboren und verbrachte den größten Teil seines erwachsenen Lebens in England, wo er im Dezember 2001 bei einem Autounfall ums Leben kam. Die Geschichte von Austerlitz ist die Geschichte eines Kindes aus einem Kindertransport, mit dem eine Gruppe Kinder aus Mitteleuropa für die Dauer des Krieges zu Familien nach Großbritannien gesandt wurden. Austerlitz jedoch weiß nichts von diesen grundlegenden Fakten seiner Vergangenheit. Er war vier Jahre alt, als er von seinen Eltern getrennt wurde und hat überhaupt keine Erinnerung an sein Leben mit ihnen und an seine ursprüngliche Identität. Die Pflegeeltern, ein kinderloses Paar, sind ein walisischer Prediger und seine tief depressive Ehefrau. Sie gaben ihm einen neuen Namen und sprachen mit ihm in einer ihm fremden Sprache, jedoch niemals über seine Vergangenheit. Sie boten dem heranwachsenden Jungen eine kalte, kärgliche und bedrückende Umgebung. Er spürt, dass etwas mit ihm nicht stimmt, ohne jedoch zu begreifen, was das ist. Während der Gymnasialzeit hört er zum ersten Mal, dass seine Eltern in Wirklichkeit Pflegeltern sind und dass sein Name nicht sein wirklicher Name ist. Doch anscheinend weiß er zu diesem Zeitpunkt seines Lebens mit dieser rätselhaften Information wenig anzufangen. Er wird Wissenschaftler, Experte in der Geschichte der Architektur, und verbringt den größten Teil seines erwachsenen Lebens als einsamer Mann, der unentwegt durch ganz Europa von einem Ort zum anderen zieht. Nach mehreren Nervenzusammenbrüchen gelangen schließlich, als er etwa fünfzig Jahre alt ist, einige seiner frühesten Erinnerungen in sein Bewusstsein. Er hat die Intuition, vor dem Krieg in Prag aufgewachsen zu sein, und dieser Eingebung folgend, kehrt er dorthin zurück, um nach seinen Wurzeln zu suchen. Er besucht auch die Konzentrationslager, insbesondere Theresienstadt, um sich dem Schicksal seiner Mutter zu nähern. Über seinen Vater erfährt er jedoch nichts und hält so die vage Hoffnung aufrecht, dass er noch am Leben ist. Sein mentaler Erregungszustand und die Erfahrung einer problematischen Identität verbessern sich nicht wesentlich durch die Rückkehr dieser Bruchstücke seiner Vergangenheit ins Bewusstsein. Er bleibt ein Wanderer, der immer weiter sucht...

Fluchtstücke von Anne Michaels beschreibt das Leben und die Persönlichkeit von Jakob Beer, einem anderen überlebenden Kind. Seine Geschichte beginnt mit seinem Trauma: Im Alter von sieben Jahren beobachtet er in einem Schrank hinter der Tapete versteckt, wie die Nazis in seiner polnischen Heimatstadt seinen Vater und seine Mutter ermorden. Seine ältere Schwester Bella verschwindet. Er läuft vor der blutigen Szenerie davon und versteckt sich tagelang allein in den Wäldern. Dort gräbt er sich im Schlamm ein, bis ein griechischer Archäologe namens Atos ihn dort bei Ausgrabungen entdeckt und rettet. Gemeinsam überleben sie die Jahre der deutschen Besatzung Griechenlands, und allmählich entsteht eine tief gehende Vater-Sohn-Beziehung zwischen ihnen. Im Roman wird Atos als der ideale Adoptivvater für ein traumatisiertes Kind dargestellt. Sein Wohlwollen offenbart sich auf zweierlei Weise: zum einen ist er ein wirklicher Menschenfreund, der dem verängstigten Jungen weise und warm völlige Unterstützung bietet; zum anderen lässt er den Jungen, obwohl er selbst Christ ist, an seinem Glauben nicht teilhaben, sondern erinnert Jakob an seine jüdische Identität und bringt ihm seine persönliche und nationale Vergangenheit nahe.

Vergleicht man die beiden Romane miteinander, so wird deutlich, wie sehr sie sich in der Beschreibung der Umstände nach der jeweiligen Rettung des Kindes voneinander unterscheiden: Austerlitz wächst in einer kalten Umgebung auf, die in völliger Diskontinuität zu der bisherigen Lebensgeschichte des Jungen steht. Im Falle Beers hingegen gelingt es seinem Betreuer, den Schmerz und Kummer des Jungen aufzufangen, ihm die nötige menschliche Wärme zu geben und die

Kontinuität seiner Lebensgeschichte zu erhalten, obwohl Jakob ein noch schwerwiegenderes Trauma erfahren hat und sich außerdem während des Krieges weitere Jahre in Griechenland verstecken musste.

Während die beiden Protagonisten dieser Romane große Ähnlichkeiten darin aufweisen, was man als die andauernden Wirkungen des frühen traumatischen Verlusts und der Trennungserfahrungen in ihrem Leben bezeichnen kann, sind die Resultate ihrer unterschiedlichen Erfahrungen nach ihrer Rettung bemerkenswert. Austerlitz bleibt eine einsame, ängstliche und hoch problematische Person, während es Beer gelingt, die Wirkungen des Traumas zu überwinden: Übereinstimmend mit Freuds bekannter Formel, wonach Arbeit und Liebe Indikatoren für mentale Gesundheit sind, findet Beer, wie Michaels uns erzählt, seine Selbstverwirklichung in Gedichten, Übersetzungen und Forschungen, die mit dem Holocaust verbunden sind; später erfährt er sogar wirkliche Liebe und heiratet. Die Geschichte von Sebald hingegen erzählt von der schicksalhaften Hilf- und Hoffnungslosigkeit eines Mannes. Demgegenüber erzählt Michaels eine Geschichte möglicher Erlösung durch Liebe. Psychologisch betrachtet weist meines Erachtens die Lehre, die uns diese beiden ausgezeichneten Schriftsteller übermitteln – ich vereinfache hier freilich stark – auf die immense Bedeutung der Bedingungen, denen die Überlebenden nach ihrer Rettung unterlagen: Sie wurden die entscheidenden Determinanten für den weiteren Verlauf ihres Lebens.

Der tatsächliche Wert dieser literarischen Werke besteht jedoch in der genauen Entwicklung und Beschreibung der inneren Welten dieser äußerst sensiblen Kinder. Diese inneren Welten machen das aus, was sowohl den wissenschaftlichen Studien als auch den meisten nicht literarischen Darstellungen fehlt, wie etwa den Fernsehsendungen, die ich zuvor beschrieben habe. Es bedarf des Talents guter Schriftsteller, um den Lesern das ständige Eindringen der Vergangenheit in das gegenwärtige Leben der Protagonisten durch verschiedene Visionen und *Flashbacks* während des Tages sowie in Träumen und Alpträumen während der Nacht vor Augen zu führen. Nur hervorragende Schriftsteller können veranschaulichen, was es bedeutet, in einem Stadium der Diskontinuität zwischen Vergangenheit und Gegenwart zu leben, ohne Familienbeziehungen und ohne eine feste Identität. Diese Autoren kämpfen um eine Sprache, die richtigen Worte und die angemessene Form, um die schreckliche Leere und Verzweiflung darstellen zu können, welche die Erfahrung eines überlebenden Kindes ausmacht. Sebald und Michaels bedienen sich einer Reihe von Techniken, auf die ich im Rahmen dieses Beitrags nicht näher eingehen kann, um die zerbrochene psychische Welt ihrer sich zwischen den Lebenden und den Toten bewegenden Protagonisten fühlbar machen zu können. Sebald erreicht dies durch die Einbeziehung von Schwarzweißfotos, die häufig als Teil der Erzählung auftauchen, die ansonsten weder durch Kapitel oder Abschnitte unterbrochen ist. Michaels erzielt dies durch ihren assoziativen Stil und die Einbeziehung von Gedichten. Beide Autoren beziehen detaillierte Beschreibungen von Orten und Gebäuden ein, was ich als den Versuch begreife, einen Ersatz für die Beschreibung der unmöglichen, unaussprechlichen menschlichen Geschichten über das Böse, über Opfer und Täter zu finden.

Zusammenfassend lässt sich sagen, dass die Zeit gekommen zu sein scheint, in der die überlebenden Kinder endlich das Wort erheben und in unserer Kultur eine Stimme haben. Diese Wende oder Veränderung ist auf mehreren kulturellen Ebenen erkennbar. Doch sind es vor allem die Schriftsteller, die einen immensen Beitrag zu unserem kollektiven Gedächtnis leisten. Die Debatten über den Ort und die Legitimität der Literatur über den Holocaust in unserer Kultur sind meines Erachtens vorbei.

Teil 3
Generation und Identität

Jackie Feldman

Israel als Enklave: Inszenierungen jüdisch-israelischer Identität in Polen[1]

»Primo Levi hat von dem unüberbrückbaren Abgrund gesprochen, der zwischen denen klafft, die dort waren, und denen, die nicht dort waren. Heute scheint sich dieser Abgrund erstaunlicherweise zu schließen. Viele von uns glauben, wir hätten dort gewesen sein können; und in gewisser Weise ist es, als seien wir dort gewesen. ... Unsere Jugend, die Kinder der zweiten und dritten Generation, werden von Auschwitz angezogen. Sie wollen den verfluchten Boden betreten, als wollten sie sich vergewissern, dass die Sonne dort tatsächlich dieselbe ist, die unsere Welt bescheint. Ich habe gesehen, wie sie sich aneinander festhalten, sich an die israelische Fahne klammern, weinen ... Wir sollten nicht glauben, dass wir anders sind als unsere Großväter und Großeltern, die in die Gaskammern gingen. Was uns von ihnen trennt, ist nicht die Tatsache, dass wir irgendwie neue Juden

---

[1] Eine englische Fassung dieses Beitrags wurde unter dem Titel »Marking the Boundaries of the Enclave: Defining the Israeli Collective through the Poland ›Experience‹« veröffentlicht in: Israel Studies, 7/2 (Herbst 2002), S. 84-114. Wir bedanken uns bei dem Autor und bei Indiana University Press, wo Israel Studies erscheint, für die Genehmigung zur Veröffentlichung einer deutschen Fassung.

sind. Der wichtigste Unterschied ist ein äußerer: Wir haben einen Staat, eine Fahne und eine Armee: Sie, gefangen in ihrer Tragödie, hatten das alles nicht.«[2]
Die Rede des israelischen Erziehungsministers Limor Livnat zum Holocaust-Gedenktag 2001 beschreibt weniger die Situation im heutigen Israel, als dass sie die Form des israelischen Holocaustgedenkens im allgemeinen und der israelischen Jugendreisen zu den polnischen Todeslagern im besondern festschreibt. Diese Besuche sollen den Schülern Erfahrungen vermitteln, die eine Weltsicht plausibel machen, in der der Holocaust im Grunde nie zu Ende ist und die Juden in Israel heute auf dem Weg in die Gaskammern wären, wenn es den Staat und seine Armee nicht gäbe.

Ich will in diesem Aufsatz zeigen, wie das israelische Ministerium für Erziehung und Kultur diese Weltsicht – nicht immer bewusst – in den Rahmen der rituellen Polenbesuche einbaut und dass diese Besuche eine deutliche, aber ständig bedrohte Grenze um das jüdisch-israelische Kollektiv ziehen, wobei diese Grenze so präsentiert wird, dass sie den Teilnehmern der Reisen völlig natürlich erscheint. Dabei stütze ich mich auf die Beschreibung der Praktiken der Enklave, die Mary Douglas entwickelt hat. Daran schließen sich einige Überlegungen zu den umfassenderen gesellschaftlichen Aspekten dieser Besuche an sowie einige Alternativvorschläge für Pilgerfahrten zu den Stätten des Holocaust.

Das Material für diesen Aufsatz stammt vor allem aus den Vorbereitungskursen des Erziehungsministeriums und aus sechs vom Ministerium organisierten Polenreisen (zwischen 1992 und 1997), an denen ich teilgenommen habe; davon waren fünf Reisen mit Schülern der säkularen staatlichen Schulen und eine, die letzte, mit einer nationalreligiösen Gruppe.

Jugendreisen nach Polen und das kollektive Holocaustgedenken

Seit Mitte der achtziger Jahren haben über 100 000 israelische Jugendliche an Reisen zu den Todeslagern in Polen teilgenommen, organisiert entweder von Schulen unter der Schirmherrschaft des Erziehungsministeriums, von Jugendgruppen oder privaten Reisebüros. Das Ministerium organisiert etwa ein Drittel der Reisen; die vom Ministerium erarbeiteten Reiseführer und das Vorbereitungsmaterial werden auch von anderen Reiseunternehmen benutzt. Die Schüler besuchen in Polen Vernichtungslager, Friedhöfe, Überreste jüdischer *Shtetl* und

---

[2] Limor Livnat, Of Holocaust and Heroism, Haaretz, 19. April 2001

aufgegebene Synagogen. Sie hören die Berichte von Überlebenden an den Orten, an denen sie gelitten und gekämpft haben, und führen Zeremonien im Warschauer Ghetto sowie an den Stätten der Vernichtung und den Krematorien durch. Zurück in Israel fungieren sie als »Zeugen der Zeugen« und sollen ihre Erfahrungen an Mitschüler, Freunde und Geschwister weitergeben.

Die Reise nach Polen ist zu einem zentralen Ritus der »zivilen Religion Israels«[3] geworden. Das Ziel der zivilen Religion ist die Heiligung der Gesellschaft, die aber nur dann gelingt, wenn der Einzelne seine Identität mit der des Kollektivs verschmilzt. Die drei wichtigsten Ausdrucksformen der Zivilreligion sind *Integration* (die Gesellschaft durch Zeremonien und Mythen vereinen), *Legitimation* (der Gesellschaftsordnung und ihren Zielen den Anschein des »Natürlichen« verleihen) sowie *Mobilisation* (die Energien der Gesellschaft für die Durchsetzung ihrer Ziele und Aufgaben aktivieren). Sie manifestiert sich in einer Reihe von Praktiken, die durch das Bildungswesen vermittelt werden: durch Kindergarten- und Geburtstagsfeiern,[4] Schulbücher,[5] Kenntnis der nationalen Sagen und Legenden, Wanderungen[6] und schulische Zeremonien.[7] Insgesamt sollen diese Erziehungsmethoden das Kind »im Bild und im Wesen des Staatsbürgers neu konstituieren: eines Bürgers, dessen ultimative Loyalität der abstrakten Idee des Nationalstaates gilt.«[8] Seinen Höhepunkt erreicht dieser Prozess im für junge Israelis obligatorischen Militärdienst.

Diese Praktiken sind mehr als ein popularisierter dramatischer Ausdruck von Ideologien im Dienste einer hegemonialen Elite. Ein solches Verständnis des Rituals würde die bewussten Inhalte des Denkens der Elite überschätzen. Gedenk-

---

[3] Charles S. Liebman and Eliezer Don-Yehiya, Civil Religion in Israel (Berkeley 1983). Vgl. auch Meira Weiss, Bereavement, Commemoration and Collective Identity in Contemporary Israeli Society, Anthropological Quarterly 97(2) 1993, S. 91-94

[4] Lea Shamgar-Handelman und Don Handelman, Celebrations of Bureaucracy: Birthday Parties in Israeli Kindergartens, Ethnology, 30 (4) 1991, S. 293-312

[5] Zum Holocaust in israelischen Schulbüchern und Lehrplänen vgl. Ruth Firer, Agents of the Zionist Lesson (Tel-Aviv 1989) [hebr.] und Julia Resnik, Particularist vs. Universalist Content in the Israeli Educational System, Curriculum Inquiry 29 (4) 1999, S. 485-511

[6] Oz Almog, The Tzabar: A Portrait (Tel-Aviv 1997) S. 274-288 [hebr.]. Tamar Katriel, Touring the Land: Trips and Hiking as Secular Pilgrimages in Israeli Culture, Jewish Ethnology and Folklore Review, 17 (1-2) 1995, S. 6-13

[7] Für eine kurze Diskussion israelischer Schulzeremonien (in Englisch) vgl. Ilana Bet-El und Avner Ben Amos, Rituals of Democracy: Ceremonies of Commemoration in Israeli Schools, Neue Sammlung 34 (1), S. 51-58

[8] Don Handelman, Models and Mirrors, (Cambridge 1990), S. 168

rituale sind imstande, selbst dann politische Solidarität aufzubauen, wenn ein ideologischer Konsens fehlt.[9] Bei der Untersuchung »konstruierter Traditionen« von nationalen Riten[10] achten wir, wie Bruce Kapferer sagt, »auf Interessen und Manipulation und übersehen dabei, dass die Mächtigen und die Machtlosen sich gleichermaßen im Rahmen der konstruierten Tradition bewegen«.[11] Zudem sind solche Traditionen niemals völlig erfunden, sondern machen vielmehr das implizite gemeinsame Verständnis explizit, das »viele Israelis im Kopf haben«. Die Schüler entwickeln Zeremonien wie die in Polen oft selbst, wobei sie sich unvermeidlich eines Standardrepertoires bedienen, das durch die wiederholte Verwendung in früheren Schulfeiern zur Norm geworden ist.

Das körperliche »Erleben« der Orte durch die Schüler und die dadurch ausgelösten Empfindungen und Gefühle gehen dem kognitiven Verständnis der staatlich geförderten »Botschaft« voraus. Nicht das Narrativ ist das wichtigste Mittel zur Einprägung der Erfahrungen in die Imagination der Schüler, sondern diskursiver Symbolismus: Musik, das Vorführen von Symbolen sowie sinnliche Erfahrungen: sehen und riechen. Diese Mittel umgehen bei der Produktion von Gefühlen kognitive Mechanismen. Nach den Besuchen der Vernichtungslager sind die Teilnehmer erfüllt von Symbolen, die ihnen, wenn sie von außen, insbesondere durch sinnliche Reize, ausgelöst werden, den Eindruck vermitteln, ihre Gefühle seien natürlich. Die »objektive« Macht dieser Gefühle entsteht aus der Fähigkeit der Symbole, Emotionen zu produzieren.[12]

Israel nimmt für die Teilnehmer an diesen pädagogischen Polenreisen aufgrund der Holocausterfahrung, die ja keine israelische Erfahrung ist, geradezu kosmische Ausmaße an und wird zum Mittelpunkt der Welt. Alles, was nicht israelisch ist, wird als lebensgefährlich erlebt, so dass Israel als einziger Ort der Sicherheit für Juden mythische Ausmaße bekommt. Weil Nichtjuden als antisemitisch erlebt werden, wird das jüdische Volk zum Zentrum der Identifikation.

---

[9] David Kertzer, Ritual Politics and Power (New Haven 1988), S. 4

[10] Eric Hobsbawm, The Invention of Tradition, in: Eric Hobsbawm and Terrence Ranger (Hg.), The Invention of Tradition (Cambridge 1983), S. 1-14. Pierre Nora, Between Memory and History: Les Lieux de Memoire, Representations 26 (1986), S. 7. Vgl. auch Benedict Anderson (1983), Die Erfindung der Nation. Dt. v. Ch. Münz und B. Burkard. Frankfurt am Main/New York: Campus 1996

[11] Bruce Kapferer, Legends of People, Myths of State (Washington 1988), S. 211

[12] Ich stütze mich hier überwiegend auf Clifford Geertz, The Interpretation of Cultures (New York 1973), S. 3-30, und Helmut Plessner, Laughter and Crying (Evanston Illinois, 1970), deutsch: Lachen und Weinen, in: ders. Philosophische Anthropologie, Frankfurt am Main 1970

Dadurch entsteht ein Weltbild, in dem »wir« durch undurchlässige Grenzen von »den anderen« getrennt sind. Ich behaupte, dass die Bedingungen und Praktiken,

Foto 1: Das Entfalten von Fahnen in Auschwitz beansprucht rituell einen umstrittenen Raum für das jüdische Volk und den Staat Israel, während es zugleich als kanonisches Reisesouvenir dient.
Im Hintergrund das Karmeliterkloster.

Foto 2: Auschwitz ist eine der größten Touristenattraktionen Polens. Busse holen von allen größeren Hotels in Krakau Besucher ab.

Israel als Enklave: Inszenierungen jüdisch-israelischer Identität in Polen

Foto 3: Auf dem zerstörten Krematorium liest am Ende des Besuchs einer Gruppe Jugendlicher ein überlebender Zeitzeuge ein Gedicht vor, das Gott anklagt, sein Volk verlassen zu haben. Er schließt mit den Worten: »Jungs und Mädels, gebt der Nation viele Söhne, so dass wir ewig leben!«

Foto 4: In den Gaskammern von Majdanek werden so viele Kerzen angezündet, dass die Wände der Gaskammer einem Altar oder der Grabstätte eines Heiligen ähneln.

die auf diesen Polenreisen die Erfahrung strukturieren, aufs engste mit den von Mary Douglas definierten Praktiken der Enklave verflochten sind.

Die grenzfixierenden Praktiken des Kollektivs in Enklavengemeinschaften

Mary Douglas hat gezeigt, wie verschiedene Gesellschaften die Welt klassifizieren, und eine Reihe von kulturellen Strategien, darunter Reinheit und Beflekkung, zur Beseitigung von Anomalien und zur Bewahrung der Klassifikation benannt.[13] In einer sehr viel späteren Arbeit[14] hat sie die Reinheitsvorschriften und Riten des Buchs *Numeri* (4. Buch Mose) mit der Gesellschaftsstruktur und der moralischen Ordnung korreliert, die dadurch verstärkt werden soll. In Hinblick auf Reinheit und rituelle Vorschriften identifizierte sie drei Arten von Gemeinschaften: hierarchische Gemeinschaften, individualistische Gemeinschaften und die Enklave.

Für Douglas ist eine Enklave »eine gesellschaftliche Einheit, die eine starke Grenze bewahrt, aber im Unterschied zu hierarchischen Gesellschaften tendenziell egalitär ist und deshalb eine schwach artikulierte Gesellschaftsstruktur besitzt«.[15] »Das charakteristische Problem einer Enklave ist der Verlust ihrer Mitglieder. Es gibt keine Möglichkeit, Deserteure durch Zwang zu bestrafen, weil das den Wegzug der Mitglieder nur beschleunigen würde; die einzig mögliche Kontrolle ist die moralische Überzeugung«.[16]

Douglas nennt drei Strategien, mit denen Enklaven ihre Mitglieder halten: erstens, die Betonung des freiwilligen Charakters der Zugehörigkeit zum Kollektiv; zweitens, die Betonung des einzigartigen Wertes jedes einzelnen Mitglieds bei gleichzeitiger Förderung eines egalitären Diskurses, mit dem vor allem auf individuelle Kritik reagiert wird; und drittens, »... die Grenze. Die engagierten Mitglieder der Enklave versuchen, die praktischen Widersprüche ihres Landes zu lösen, indem sie eine Mauer der Tugend zwischen sich und der Außenwelt er-

---

[13] Mary Douglas (1966), Reinheit und Gefährdung. Eine Studie zu Vorstellungen von Verunreinigung und Tabu. Aus dem Amerikanischen von B. Luches. Berlin 1985

[14] Dies., In the Wilderness: Tbe Doctrine of Defilement in the Book of Numbers, in: Journal for the Study of the Old Testament, Supplement Series 158 (Sheffield 1993)

[15] Ebd., S. 44-45

[16] Ebd., S. 52

richten, einer Welt, die sie unaufhörlich schmähen.«[17] Die Schmähung des Außenseiters rechtfertigt die gemeinschaftlichen Ziele und führt in der Mehrheitskultur zu Ressentiments: »Je stärker ihre Besonderheit ist, desto stärker werden sie von der Hauptgemeinschaft abgelehnt. Man verdächtigt sie der Subversion, verfolgt und diffamiert sie, was wiederum ihre Besonderheit verstärkt.«[18]

Die Polenreisen – Aufbau der undurchlässigen Grenzen des Kollektivs

Ich behaupte, dass die vom Erziehungsministerium durchgeführten Gruppenreisen nach Polen der israelischen Jugend ein Gefühl der Zugehörigkeit zu einem egalitären Kollektiv mit klar definierten, aber stets gefährdeten Grenzen einschreiben sollen. Das wird durch die Identifikation des undifferenzierten jüdisch-israelischen Kollektivs der Gegenwart mit dem Judentum der Diaspora im historischen Zeitpunkt seiner größten Gefährdung erreicht: mit dem Holocaust. Aspekte der Vergangenheit, die eine Teilung der Welt in Israel und Polen, in »wir« und »die«, in Leben und Tod in Frage stellen oder die Konflikte und die Fragmentierung der Gemeinschaft hervorheben, gelten als Anomalien und werden durch ähnliche Methoden zu beheben versucht, wie Douglas sie bei religiösen Enklaven festgestellt hat.

Ursprünge der Polenreisen – »Ich war froh, dass ich nicht nach Tschernobyl musste«

Die Ende der achtziger Jahre beginnenden Polenreisen reagierten auf eine gesellschaftliche Situation, in der durch die Entstehung ethnischer Identitäten und die Betonung individueller Selbstverwirklichung die gemeinsamen Grundlagen der nationalen Identität gefährdet schienen. Die alten mythischen Figuren – Pionier und Soldat – hatten viel von ihrer Attraktivität verloren, und die Identität bildete sich zunehmend um kleinere Einheiten – meine ethnische Gruppe, meine ökonomische Gruppe, ich.[19] Gleichzeitig wurde die Jugend zum wichtigsten Träger

---

[17] Ebd., S. 60

[18] Ebd., S. 53

[19] Vgl. die Aufsätze in Yoram Bilu and Eyal Ben-Ari (Hg.), Grasping Land: Space and Place in

der Globalisierung. Bei Jugendlichen populäre Praktiken (Fernsehen, Mode, Musik, MTV, Video, Internet) überschreiten nationale, geographische und Geschlechtergrenzen. Ethnische Fragmentierung und Globalisierung verringern den Einfluss der Nation auf die Konstruktion der Identität. Diese Tendenzen mögen zwar einen gewissen Niederschlag in sektiererischen Differenzen bei der Vorbereitung der Reiseprogramme gefunden haben,[20] doch primär wurden die Polenreisen als *Reaktion* auf diese Atomisierung der Identität propagiert, als Bollwerk gegen vereinheitlichende globale Kräfte und als Mittel zum Erhalt der Loyalität gegenüber dem nationalen Kollektiv. Oded Cohen, Leiter der Jugendabteilung im Erziehungsministerium und verantwortlich für die Organisation der Jugendreisen nach Polen, sagte 1994 in einem öffentlichen Vortrag: »Der Staat Israel wird (als Ergebnis der Reisen) eher als Ausdruck der Wiedergeburt, der Unabhängigkeit, der Fähigkeit zur Selbstverteidigung verstanden. Das ist die neue Botschaft der Verantwortung im Zeitalter des Verfalls moralischer Werte.«

Die gemeinsame Holocaust-»Erfahrung« der Teilnehmer in Polen soll die ethnischen und religiösen Differenzen in der israelischen Gesellschaft verringern, indem sie alle im Gefühl eines gemeinsamen Schicksals vereint. So sagte einer der Berater bei der Einführung des Besuchsprogramms: »Alle sozialen, ethnischen und ideologischen Unterschiede, die es unter uns gegeben haben mochte, verschwanden in Treblinka, Majdanek und Bergen-Belsen ... dort wurden wir zu einem Volk – dem Volk, das ermordet worden ist!«[21]

Contemporary Israeli Discourse and Experience (Albany 1997)

[20] Haim Hazan, The Three Faces of the Holocaust: A comparative Discussion on the Preparation of Students of Different Schools for the Voyages to Poland, Panim, II 1999, S. 66-75 [hebr.], und ders.: Simulated Dreams: Israeli Youth and Virtual Zionism (New York 2001), S. 35-55

[21] Nili Keren in: State of Israel, Ministry of Education, Culture and Sport. Youth and Culture Division, It is My Brothers I Am Seeking ...: A Youth Voyage to Poland, Jerusalem 1993, S. 103 [hebr.]. Das steht in Übereinstimmung mit der breiteren pädagogischen Praxis in Israel. Amnon Raz-Krakotzkin meint: »Im Lehrplan für die Abschlussprüfung liegen die üblichsten Fragen zu den Juden aus islamischen Ländern ausgerechnet in der Einheit ›Holocaust‹; die Schüler sollen nachweisen, dass Hitler alle Juden töten wollte, sie sollen sich mit dem Schicksal der thessalonischen Juden befassen und das Leiden der Juden in Nordafrika beschreiben. Das Erziehungsministerium hat diesen Weg zur Vermittlung des jüdischen Nationalbewusstseins gewählt – die Tatsache, dass wir ›ein Volk‹ sind –, um zu zeigen, dass Hitler nicht nur die Aschkenasim töten wollte.« (Amnon Raz-Krakotzkin, Exile Amidst Sovereignty. Towards a Critique of ›The Negation of Exile‹ in Israeli Culture, Theory and Criticism 5 1994, S. 127 [hebr.]) Die Beanspruchung der Geschichten der Überlebenden als nationales Erbes kann dazu dienen, das Leiden der Eltern sephardischer Schüler, das ihnen bei ihre Ankunft in Israel durch schon lange im Land lebende Aschkenasim widerfahren ist, durch den Vergleich herunterzuspielen.

Da der Schwerpunkt auf der Einheit aller Juden liegt, gestattet man den Enkeln von Überlebenden keine Sonderrolle und bemüht sich nicht darum, dass die Gruppe Orte besucht, an denen die Vorfahren einzelner (aschkenasischer) Schüler gelebt haben. Dennoch ignoriert dieser Diskurs die Reproduktion von Machtbeziehungen und gesellschaftlichen Brüchen auf den Polenreisen, an denen wegen der hohen Kosten ein überproportionaler Anteil von aschkenasischen Schülern teilnimmt.[22] Außerdem reisen die religiösen und säkularen Jugendlichen trotz der Bemühungen des Erziehungsministeriums um Integration überwiegend in getrennten Gruppen; die arabische Bevölkerung Israels ist von diesen Reisen praktisch ausgeschlossen.

In einem Vortrag vor Teilnehmern am Vorbereitungskurs für israelische Reiseleiter hörte man folgende Geschichte:

»Sie zeigten mir das Programm: Ein Treffen mit Komsomolzen (sic) hier und Komsomolzen dort, und dann das Jugendzentrum ... Ich sollte an diesem Tag nach Tschernobyl, aber der Herr – gepriesen sei er – kam mir zu Hilfe: an dem Tag gab es den Unfall im Atomkraftwerk ... Ich war froh über den Unfall, denn so musste ich nicht hin ...

Deshalb sage ich: ›Wissen Sie, für uns Juden – und wie Sie sehen, bin ich ein frommer Jude – wir lesen an Schabbat: Ich suche meine Brüder. Ich interessiere mich nicht für das Programm, ich suche meine Brüder.‹«

In dieser Geschichte, mit der einer der wichtigsten Initiatoren des Besuchsprogramms die zukünftigen Reiseleiter einstimmte, werden Nichtjuden bestenfalls mit moralischer Gleichgültigkeit betrachtet. Das heutige Polen interessiert nicht, es geht nur um nationale Identität: »Meine Brüder.« Vor allem das Nebeneinander von: »Ich war froh, dass es jemand anderem passiert ist, weil ich deshalb nicht nach Tschernobyl musste« und: »Ich suche meine Brüder« zeigt, dass der Gegensatz zwischen »uns« und »den Anderen« von Anfang an in die Reise eingebaut war.

---

[22] Die Reisen kosten zwischen 1000 und 1500 Dollar. Das Erziehungsministerium und lokale Verwaltungen stellen zwar einige Stipendien zur Verfügung, aber die Reise ist für viele interessierte arme Familien, überwiegend Sepharden, nicht zu finanzieren.

Körperfunktionen und polnische Unreinheit

Mary Douglas hat festgestellt, dass es einen Zusammenhang zwischen Einstellungen zu den Grenzen des Kollektivs und den Körperfunktionen gibt, und darauf hingewiesen, dass »Enklavenkulturen Unreinheit einsetzen, um die Antipathie gegen Außenseiter zu verstärken.«[23] Berücksichtigt man die strukturellen Beschränkungen der Polenreisen, kann man von einer Abscheu vor dem polnischen »Eindringen« in den Körper ausgehen. Das wird durch das Verhalten der Schüler belegt und in einem humoristischen Ratgeber illustriert, den eine Gruppe von »Polenerfahrenen« für zukünftige Gruppen zusammengestellt hat:

»Das Wasser aus polnischen Wasserhähnen ist braun und für den menschlichen Magen nicht geeignet. ...

Essen. Esst beim Abendessen so wenig wie möglich – es schmeckt ekelhaft; jeden Tag gab es dasselbe, es stinkt und führt zu Magenkrämpfen. Andererseits habt ihr Hunger. Also entscheidet euch.

Wenn ihr zu MacDonalds kommt, nutzt die Gelegenheit und esst für all die Tage mit, an denen ihr nichts gegessen habt und nichts essen werdet. Es ist billig und ein bisschen dreckig, lohnt sich aber...«[24]

»Ausscheidungen. Bringt euch Toilettenpapier von zu Hause mit. Polnisches Toilettenpapier gehört in die Holzwerkstatt.

Pausen sind selten, also nutzt jede Gelegenheit zum Pinkeln ...

Sicherheit. In den Hotels wimmelt es von Säufern und Huren. Wenn jemand versucht, euch anzufassen oder euch nachzulaufen, nicht in Panik geraten – sofort dem Sicherheitsoffizier Bescheid sagen.«

Die Liste umfasst so gut wie alle Körperöffnungen und -funktionen. Wahrscheinlich ekeln sich die Orthodoxen, denen die Speisevorschriften zur zweiten Natur geworden sind, stärker vor dem polnischen Essen; ein orthodoxer Reiseleiter hatte Essen für zehn Tage eingepackt und weigerte sich, etwas zu sich zu nehmen, das auf dem »unreinen polnischen Boden« gewachsen war!

---

[23] Douglas, In the Wilderness, S. 61

[24] Das McDonalds in Warschau oder Krakau, das die globale Kultur repräsentiert, wird als exterritorial und positiv betrachtet.

Taxonomie des Raums auf den Polenreisen

Auf der Reise ist die Welt streng zweigeteilt: Es gibt den inneren Raum als Verlängerung Israels und den äußeren Raum, der mit dem Polen des Holocaust identifiziert wird. Die folgende Tabelle zeigt die Unterschiede in den Wahrnehmungen und im Verhalten der Schüler:

Bus oder Hotel	**Welt außerhalb von Bus oder Hotel**
Eingekapselte Welt der Heimat	Fremdheit auf fremdem Boden
Israelische Snacks und Musik	»Ekelhaftes« polnisches Essen. Keine Musik
Sicherheit	Gefahr
Spaß und Geselligkeit	Trauer, feierliches Benehmen
Jugendliches Verhalten	Verhalten als Vertreter Israels
Gegenwart/Zukunft	Vergangenheit
Leben	Tod
Israel	Das Polen des Holocaust/ Judentum der Diaspora
»Wir«	»die«

Im Außenraum liegen die Besuche der Gedenkstätten und die Zeremonien; Gespräche, Mahlzeiten und Geselligkeit bleiben im Innenraum. Im Außenraum wird von den Schülern erwartet, sich feierlich zu verhalten und Israel zu vertreten; im Innenraum – Hotel und Bus – können sie sich zu Hause fühlen und sich ihrem Alter gemäß benehmen. Der Bus ist der Raum für eine insulare israelische Gemeinschaft; die Symbole des Todes und die Fremdheit des fremden Landes bleiben draußen, hinter den dunstigen und schmutzigen Fensterscheiben. Im Bus liegen Kleidungsstücke herum, werden israelische Süßigkeiten weitergereicht, israelische Musik gespielt, auch wenn sie durch das Dröhnen der Jelcz-Busse manchmal kaum zu hören ist. Der Lärm, die dösenden Schüler und die insulare Atmosphäre im Bus wischen den Raum zwischen den besuchten Orten effektiv weg und machen den Bus zu einer Art Zeitkapsel, wie einer der Schüler sagte. Der für Reisegruppen typischen Flüchtigkeit und Abkapselung von der Umwelt wird hier ein moralischer Wert unterlegt; sie wird zum Prototyp der imaginierten historischen Beziehung zwischen polnischen Juden und Nichtjuden. Die Schüler leben aus dem Koffer und bleiben nie länger als zwei Nächte in einem Hotel. Diese Heimat fern von der wahren Heimat – Israel – erinnert an die Fragilität des Lebens in der Diaspora. Das Verständnis von Diaspora, das hier vermittelt wird, ist charakterisiert durch eine feindselige fremde Umgebung, Umherziehen und dem unvermeidlichen Ende.

Sicherheit: Bewachung der Grenzen der Enklave

Der israelische Sicherheitsbeamte, der in jedem Bus mitfährt, verkörpert die »Augen und Ohren« des Staates, den Wächter an den Toren Polens. Er beobachtet die Straße von seinem Stammplatz neben der vorderen Tür, steigt als erster aus und ein und entscheidet, ob und wann Bus und Hotel betreten und verlassen werden dürfen. Seine äußerst sichtbare physische Präsenz an der Schwelle zwischen Innen und Außen garantiert die Undurchlässigkeit des eingekapselten Innenraums.

Die Sicherheitsmaßnahmen und die genau festgelegte Reiseroute schließen alle zufälligen Kontakte zu Polen aus. Die Gruppen müssen das Programm pünktlich einhalten (auch wenn das bedeutet, dass sie sich an den Gedenkstätten beeilen müssen). Einer der Reiseleiter warnte: »Der Zeitplan ist sehr eng. In dieser Hinsicht bin ich ein *Jecke* (Bezeichnung für deutsche Juden und Pedanten). Ich achte darauf, dass der Plan eingehalten wird. *Wir werden von oben, von den Sicherheitsleuten unter Druck gesetzt.* Der Zeitplan muss unbedingt eingehalten werden.« Die alles beherrschende Bedeutung der Sicherheitsmaßnahmen und des Zeitplans ist offizieller und integraler Bestandteil der Reise. Die ideologischen Annahmen, die sich dahinter verbergen, bleiben oft selbst den Reiseleitern verborgen.[25]

Verstärkt werden die Grenzen zwischen »uns« und »den Anderen« in Polen noch dadurch, dass die Gruppen zu großen Delegationen zusammengefasst werden, um Israels Präsenz auf polnischem Boden zu manifestieren und umstrittene Gedenkorte für den Staat Israel zu reklamieren.[26] Die Einheit der Gruppe und

---

[25] Als eine Lehrerin protestierte, die Schüler könnten durch den dichten, übervollen Zeitplan ja gar nichts aufnehmen, brüllte sie der Leiter der Delegation an: Wenn wir machen würden, was Sie wollen, müssten wir zwei Tage länger in Polen bleiben. Das würde noch mal 300 Dollar kosten. Wer würde das bezahlen?

[26] Zur Auseinandersetzung zwischen Juden/Israelis und Polen über die Bedeutung von Auschwitz vgl. James Young, The Texture of Memory: Holocaust Memorials and Meaning (New Haven 1993), S. 175-184; Jonathan Webber (1992), Die Zukunft von Auschwitz. Deutsch v. J. Raab und A. Winkelmann. Frankfurt am Main: Arbeitsstelle zur Vorbereitung des Frankfurter Lern- und Dokumentationszentrum des Holocaust 1993; Reihe Materialien 6; Andrew Charlesworth, Contesting Places of Memory: The Case of Auschwitz, Environment and Planning D: Society and Space, 12 1994, S. 579-593; Wladyslaw Bartoszewski, The Convent at Auschwitz, London 1990.

ihre Trennung von der polnischen Umgebung werden auch durch die blau-weißen Sweatshirts mit dem aufgedruckten Davidstern aus Stacheldraht und dem Wort »ISRAEL« deutlich, das die Jugendlichen tragen.

Im Handbuch für die Teilnehmer schreibt einer der Organisatoren der Reise: »Wir haben nun die Gelegenheit, ... die Reste zu besuchen und dabei auch unsere Präsenz zu zeigen ... Wir ... erinnern uns und die Polen an dieses dunkle Kapitel unserer und ihrer Geschichte. ... Wir erfüllen unsere Verpflichtung gegenüber den Mitgliedern unseres Volkes, die in Polen getötet wurden, und zwingen die Polen, sich erneut mit ihrer Vergangenheit und ihrer Rolle bei der Tragödie des jüdischen Volkes zu konfrontieren.«[27]

Die Begegnung mit polnischen Antisemiten zählt *nicht* zu den bewussten Zielen der Reise. Damit wären viele der Teilnehmer und der Pädagogen auch nicht einverstanden. Aber auch die, die sich den vom Ministerium organisierten Gruppen nur deshalb angeschlossen haben, weil es einfacher ist, sind plötzlich Teil einer 150-köpfigen Delegation. Eine solche Massenpräsenz macht umfangreiche und sichtbare Sicherheitsmaßnahmen nötig, die wiederum das Profil der Gruppe weiter schärfen. Entsprechend weiß jeder antisemitische Skinhead aus der Gegend, dass er in der »Hochsaison«, um die Zeit des Holocaustgedenktages, im lokalen Holocaust-Museum auf eine jüdische Gruppe treffen wird. Also kommt er, spuckt aus und brüllt: »Heil Hitler!« Die israelischen Jugendlichen, die Polen schon vorher für antisemitisch gehalten haben, finden jetzt Bestätigung für ihre Überzeugung. Mary Douglas hat zur Enklave gesagt: »Durch Verunglimpfung des Außenseiters rechtfertigt man die eigenen Ziele.«[28] Die Demonstration der Getrenntheit nährt Ressentiments und löst dadurch antisemitische Reaktionen aus, die es der Gruppe wiederum ermöglichen, sich zu konsolidieren und sich noch stärker von der Umgebung abzusetzen.

Klare Grenzen: Strategien für den Umgang mit Anomalien

Die Trennlinien zwischen »uns« und »Anderen« verlaufen entlang weit verbreiteter israelischer Positionen (zum Beispiel, dass Polen Antisemiten sind) und häufig auch entlang von Botschaften, die im Vorbereitungsprogramm vermittelt werden. Auf der Reise selbst neutralisieren der Zeitplan sowie rhetorische Mittel

---

[27] Keren, It Is My Brothers I am Seeking, S. 103
[28] Douglas, In the Wilderness, S. 61

die Phänomene, die die Grenzen dieser Taxonomie zu überschreiten scheinen. Mary Douglas hat fünf Strategien zum Umgang mit Anomalien benannt:
1. Die Entscheidung für eine von mehreren Deutungen reduziert Mehrdeutigkeiten.
2. Physische Kontrolle der Anomalie reduziert sie soweit, dass sie kaum noch sichtbar ist.
3. Das Anomale wird vermieden.
4. Die Definition anomaler Ereignisse als Gefahr vermeidet Diskussionen und erzwingt Konformität.
5. Die Verwendung mehrdeutiger Symbole im Ritual bereichert die Bedeutung und lenkt die Aufmerksamkeit auf andere Ebenen.[29]

Im Folgenden beschreibe ich einige Phänomene, die die Taxonomie der Polenreisen bedrohen, und zeige die Strategien auf, mit denen die Eindeutigkeit der kosmischen Ordnung gewahrt wird:

1. *Schönes Polen:* Das Polen, das israelische Schüler erwarten, entspricht den Schwarzweiß-Dokumentarfilmen über den Holocaust: nackter Beton, grauer Himmel, Schmutz, hässliche, graue Menschen. Gelegentlich sind sie sogar enttäuscht, wenn sie feststellen, dass polnische Landschaften, polnisches Wetter und polnische Menschen auch schön sein können. Bei der ersten Station der Reise in einem schönen Warschauer Park sagte der Reiseleiter den Schülern: »Bevor wir unseren Polenbesuch beginnen, wollen wir noch ein wenig Erfahrungen über den Aufenthalt in einem fremden Land sammeln.« Der hübsche Park muss also rhetorisch aus der Holocaust-Landschaft ausgeschlossen werden, die die Schüler erwarten. Die narrativen und rituellen Strategien, mit denen die Reiseleiter die Dissonanzen zwischen den Erwartungen der Schüler und dem, was sie in Polen sehen, verringern, werden im Lauf der Zeit internalisiert; wie die meisten Pilger lernen die Schüler, »sich ihren Weg durch die kulturellen Belanglosigkeiten zu bahnen, um das zu finden, was sie suchen; und alles, was sie dabei stört, werden sie, einfach ausgedrückt, beiseite lassen.«[30]

2. *Sich in Polen amüsieren – Ausflug versus Pilgerfahrt*: Die Organisatoren des Erziehungsministeriums haben erkannt, dass es nicht wünschenswert ist, wenn sich die Schüler allzu sehr in die Orte des Todes vertiefen. Die Innenräume des Hotels und des Busses werden zu »israelischen« Räumen, in denen es erlaubt ist, sich zu amüsieren und sogar zu raufen. Wenn die Schüler unmittelbar nach einem emotionsgeladenen Besuch in Majdanek in den Bus stürmen, israelische

---

[29] Douglas, Purity and Danger, S. 38-40
[30] Webber, Die Zukunft von Auschwitz, S. 8

Süßigkeiten auspacken und Rockmusik auflegen, begrüßt der »Held« des Besuchs, der Holocaust-Überlebende (der in der Regel diese Delegationen begleitet), dieses Benehmen als Verhalten »junger Israelis, stark an Geist und Körper«. Die Besichtigung einiger polnischer Sehenswürdigkeiten, die im Programm vorgesehen ist, bezeichnen die Organisatoren als »Verschnaufpause« und Erholung vom Ernst der Pilgerfahrt – das heißt der Pilgerfahrt zu den Orten des Todes.[31] Während dieser »Verschnaufpausen« werden Späße und sogar schlechtes Benehmen häufig toleriert. Manche Schüler ertragen die emotionale Intensität der Gedenkstätten nicht und konzentrieren sich stattdessen auf ihren Spaß. Dann fühlen sie sich schuldig; gelegentlich kommt es sogar vor, dass man ihnen zu Hause Versagen oder Verrat vorwirft. Ein Bericht über einen solchen Fall trug den Titel: »Der Ausflug, der nicht zur Pilgerfahrt wurde.«[32]

Bei den nationalreligiösen Jugendgruppen (Bnei Akiva) wird »Spaß in Polen« dagegen kaum legitimiert. In ihrem Handbuch steht: »Wir reisen nach Polen, weil wir an den Gräbern der jüdischen Gerechten (Zaddikim) stehen und beten, weil wir die Todeslager und die Orte besuchen wollen, die als Synagogen dienten ... deshalb lässt das Programm keinen Raum für Geldverschwendung und Einkaufsbummel.«[33]

Ein orthodoxer Gruppenleiter bezeichnete das Einkaufen in Polen als Versuchung, die überwunden werden müsse, und beschwor die Schüler, »den Polen keinen Pfennig mehr als nötig zu geben«. Als ihm später einige Schüler erzählten, sie hätten auf dem Markt etwas »mitgehen lassen«, ging er darüber hinweg, weil es sich um eine Sünde handele, die Ergebnis einer guten Tat sei – mit andern Worten: Es ist eine gute Tat, die Einnahmen der Polen zu schmälern.

3. *Der sympathische Ausländer*: In der Darstellung der Organisatoren und der Sicherheitsbeamten ist Polen ein äußerst gefährliches und bedrohliches Land, und entsprechend wird praktisch jeder Kontakt zu Polen vermieden. Die Begegnungen mit polnischen Schülergruppen, die unter dem ehemaligen Erziehungsminister Amnon Rubinstein (der sich bemühte, demokratischere, humanistische Werte einzuführen) während der Schulzeit in das Reiseprogramm aufgenommen wurden, sind schlecht geplant und finden in den »Verschnaufpausen« statt. Sie

---

[31] Oz Almog hat in seiner Untersuchung über die Sabres, die mythologischen Israelis, die in Israel geboren wurden, die *masa* umfassend und sensibel portraitiert. Vgl. Almog, The Tzabar, S. 268-284

[32] Shaharand Cassin, The Excursion That Did Not Become a Voyage, Panim 15 (2000)

[33] Yitzhak Alfasi (Hg.), So That You Remember: The Voyages of Youths to Poland, 2. Aufl. (Petah Tiqva 1994), S. 31 [Hebr.]

beschäftigen sich so gut wie nie mit Themen, die für die Pilgerfahrt wichtig sind, und werden nicht als signifikanter Teil des Programms erlebt.

Bei den nationalreligiösen Gruppen gibt es solche Begegnungen mit polnischen Schülern, die als Feind betrachtet werden, nicht. Der angesehene Rabbi Moshe Zvi Neriah schrieb in der Einleitung zum Bnei Akiva-Reiseführer, es sei »eine heilige Pflicht (für Juden), sich der Taten des polnischen Volkes zu erinnern, das von dem Gift des Hasses auf alle Juden durchtränkt ist – einem Hass, der bis zum heutigen Tag wirksam ist. Es waren diese Menschen, die bei der Durchführung des Massenmordes halfen und deren Kinder ebenfalls viele abgeschlachtet haben ... Wir müssen uns an all das erinnern, um nicht von einem ›anderen Deutschland‹ oder einem ›anderen Polen‹ enttäuscht zu werden, (um) die Welt, in der wir leben, mit offenen Augen zu betrachten – und solche Sicht und solches Wissen hat Folgen für unser Leben und unsere Sicherheit. ... Gedenkt unserer Ermordeten und erinnert euch unserer Mörder – wir werden nicht vergessen!«[34]

In seiner Beschreibung der nationalreligiösen Einstellungen in Israel sagt Charles Liebman: »Die Bagatellisierung universeller moralischer Normen auf Seiten vieler Rabbiner ... (verrät) eine Weltsicht, die zum Teil von grundlegenden halachischen Vorstellungen geprägt ist, nach denen die Welt in richtig und falsch, gut und böse, rein und unrein eingeteilt wird. Diese Einstellungen und Werte ... werden selten artikuliert. Sie werden indirekt und selbstverständlich vermittelt, als Grundannahmen nicht nur des Judaismus, sondern des Menschen an sich und des Kosmos.«[35] Orthodoxe Teilnehmer und Leiter der Jugendreisen zu den Todeslagern zitieren, wenn es um das Verhältnis zu den Polen geht, häufig das talmudische Sprichwort: »Es ist ein Gesetz, das Esau Jakob hasst.«

4. *Der gerechte Nichtjude*: An einem Abend der Reise wird ein Pole geehrt, der unter Lebensgefahr Juden vor dem Holocaust rettete. Hier wird die Gefährdung, die ein solcher Mensch für die durch den Besuch etablierte moralische Ordnung darstellen kann, mit verschiedenen Mitteln neutralisiert.

Diese »Ehrung« ist die einzige Zeremonie, die im »Inneren«, das heißt einem räumlich und zeitlich mit Israel homologen Raum stattfindet, in der Regel am späten Abend im Hotel. Der Nichtjude erzählt nicht *in situ*, das heißt an dem Ort, der seiner Geschichte Autorität verleihen könnte (»Hier habe ich sie versteckt«

---

[34] Neriah in Ebd., S. 26-27

[35] Charles S. Liebman, Religion and Democracy in Israel, in: Ehud Sprinzak and Larry Diamond (Hg.), Israeli Democracy under Stress (Boulder, Colorado 1993), S. 277

und so weiter), sondern eingekapselt im Inneren eines »israelischen« Raums: dem Hotel. Üblicherweise sitzt der Pole an einem erhöhten Tisch mit den drei Holocaust-Überlebenden, die den Besuch begleiten – den Helden der Reise. Nach seiner Rede, die ins Hebräische übersetzt wird, überreicht ein Vertreter Israels dem »Gerechten Nichtjuden« einen Orden; Mitglieder der Delegation schenken ihm Kaffee und Schokolade. Die gerechten Nichtjuden werden hier zu Bühnenfiguren: zu singulären Objekten, die der Staat Israel durch seine Anerkennung und seinen Respekt dem Vergessen entreißt. Bei einer dieser Zeremonien sagte ein Holocaust-Überlebender der Delegation: »Menschen wie er ... sind außergewöhnlich. ... Das sind Menschen, die ihr Leben, ihre Familien riskiert haben, um zu helfen. Nicht wie ihre Nachbarn; es gab viele Spitzel darunter, auch Kollaborateure. Nur diese Ausnahmen von der Regel taten, was sie taten ... Ich danke *im Namen aller*, die nicht hier sein können, aller Opfer, denn wir wissen, hätte es mehr Menschen gegeben wie diese gerechten Nichtjuden, dann hätte unser Volk weniger gelitten.« Der gerechte Nichtjude wird mit den Worten des israelischen Dichters Haim Hefer, dessen gleichnamiges Gedicht oft bei diesen Ehrungen verlesen wird, zum einzig gerechten Mann in Sodom. Während das Verhalten des Holocaust-Überlebenden *exemplarisch* ist, ist der gerechte Nichtjude die Ausnahme, die die Regel bestätigt.

5. *Die kontinuierliche Existenz der Diaspora*: Die Auffassung der Delegation von der Diaspora ist potentiell problematisch: Einerseits sollen sich die Schüler mit der existentiellen Situation der Diaspora-Juden zur Zeit des Holocaust identifizieren und den früheren Reichtum jüdischen Lebens in Polen würdigen, andererseits dürfen sie die Tatsache nicht aus den Augen verlieren, dass sie »einen eigenen Staat, eine Fahne und eine Armee« haben und sich ihre Situation dadurch von der der Opfer der Diaspora unterscheidet. Wie erreicht man das?

Die Organisatoren und Reiseleiter unterscheiden zwischen Orten des Todes (Todeslager, Massengräber) und »Orten jüdischen Lebens« (leere Synagogen und ehemalige jüdische *Shtetl*). Die meiste Zeit steht für die Orte des Todes zur Verfügung, deren Autorität durch die dort durchgeführten Zeremonien gestützt wird. Im übrigen gibt es Unterschiede zwischen säkularen und orthodoxen Gruppen.

In den Arrangements und Einstellungen zum obligatorischen Freitagsgebet in der Synagoge von Krakau tritt die Haltung der säkularen Gruppen zur Diaspora klar hervor: Die israelische Delegation feiert ihren Gottesdienst im Tempel, einem selten genutzten Gebäude, das für die Gebete der Gruppe extra geöffnet wird. Man bemüht sich nicht darum, die örtliche jüdische Gemeinde in den Gottesdienst einzubeziehen, im Gegenteil, manche Gruppenleiter sagen den Schülern, die Synagoge wäre ohne sie tot, und sie, die jungen Israelis, seien es, die dem Gebäude Leben einhauchten. Die Schülerdelegationen halten sich zudem bewusst an den sephardischen Ritus, der in Israel der gebräuchlichste ist, trotz der Forderung der jüdischen Halacha, entsprechend der örtlichen Sitte zu beten. Die lokale jüdische Gemeinde existiert für sie nicht.[36]

Das polnische Judentum vor dem Holocaust wird als überwiegend orthodox dargestellt und verstärkt somit das Bild des Exiljudentums als Enklave. Der polnische Jude hebt sich von seinen nichtjüdischen Mitbürgern durch Kleidung, Essen, Bart und Gebet ab – durch sein gesamtes Leben. Er ist ein Fremder im Königreich Amalek, »ein Volk, das abseits wohnt«. Der Besuch präsentiert die polnischen Juden der Vergangenheit nicht als Produkt (und Träger) spezifisch *polnischer* Bedingungen und Geschichte, sondern als bloßen Sonderfall des weltweiten »Exiljudentums«. Laut Arnold Eisen »kann man die Vergangenheit sehr viel leidenschaftsloser betrachten, wenn man sich von ihr befreit fühlt. Für ... Israelis ... stellt Galut (das Exil) keine so starke Bedrohung mehr dar. Es ist eher das Rohmaterial, aus dem sie und nur sie die jüdische Zukunft aufbauen wollen.«[37] In der Landschaft Polens, wie die israelische Delegation sie wahrnimmt, ist der Chassid mit seinem schwarzen Hut »ungefährlich«. Anders als die heutigen ultraorthodoxen *Haredi* stellt er keine Herausforderung für das zionistische Narrativ oder die Weltsicht säkularer Schüler dar, denn er ist nicht mehr unter den Lebenden. Der lebendige, erlöste israelische Jude ersetzt den toten Juden des Exils und ist der Erbe seiner Vorzeit und des symbolischen Kapitals seines Opfers. Der Besuch stellt das jüdische Leben in der Diaspora nicht als Herausforderung und Vorbild hin, sondern variiert das zionistische Schema der Ablehnung des Exils.

Polen eignet sich ideal als Bühne für das Identitätsdrama israelischer Juden, weil es dort so hervorragende Requisiten und so wenig konkurrierende lebende Akteure gibt.[38]

Der lebende polnische Jude stellt eine potenzielle Bedrohung dieser Ordnung dar. Schließlich haben er oder seine Eltern den Holocaust erlebt und es trotzdem

---

[36] Ich danke Jonathan Webber für die Einsicht in *minhag hamakom*.

[37] Arnold M. Eisen, Galut: Modern Jewish Reflection on Homelessness and Homecoming (Bloomington and Indianapolis 1986), S. 47

[38] Zu Polen als Bühne für die Inszenierung amerikanisch-jüdischer Identität vgl. Jack Kugelmass: Weshalb wir nach Polen reisen. Holocaust-Tourismus als säkulares Ritual, in James Young (Hg.), In The Art of Memory: Holocaust Memorials in History (München und New York 1994), S. 174-183

vorgezogen, in Polen zu bleiben, statt nach Israel auszuwandern. Eine Form des Umgangs mit dieser Anomalie ist die Vermeidung. Es gibt keine Treffen mit polnischen Juden, und die Schüler erfahren so gut wie nichts über das heutige Gemeindeleben. Betrachten wir das folgende spontane Gespräch zwischen einer israelischen Schülerin (Schülerin 1) und einem alten polnischen Bettler in einer Warschauer Synagoge:

> *Schülerin 1:* Warum kommen Sie nicht nach Israel?
> *Bettler:* Ich fahre zweimal im Jahr zu Besuch.
> *Schülerin 1:* Wo waren Sie in Israel?
> *Bettler:* In Jerusalem, in Bnei Brak; ich habe an Schawuot an der Klagemauer getanzt.
> *Schülerin 1 (zu mir):* Das habe ich nicht gefragt. Er hat die Frage nicht verstanden. Warum bleibt er in Polen?
> *Bettler:* Ich lebe hier. Jeder Jude hat sein Pak (seine Last) zu tragen. Das ist vom Himmel baschért (bestimmt).
> *Schülerin 1 (ohne jemanden anzusprechen):* Ich verstehe das nicht – warum immigriert er nicht nach Israel?
> *Schülerin 2:* Wie soll denn so ein alter Mann immigrieren? Hier ist sein Zuhause. Was soll er denn in Israel machen? In ein Aufnahmezentrum in Ma'alot ziehen?

Das Mädchen ist verblüfft über die lebendige jüdische Präsenz des alten Mannes in einem Land, das als jüdischer Friedhof dargestellt wird. Der alte Mann behauptet zuerst: »Ich bin so gut wie die amerikanischen Juden; auch ich kann reisen und tanzen und wieder zurück kommen.« Als das Mädchen diese Antwort nicht akzeptiert, bestätigt der Bettler das israelische Klischee der Diaspora. Mit seiner Selbstdarstellung als von den Jahren und der Last des göttlich verordneten Exilschicksals gebeugten armen Alten entspricht er dem folkloristischen Bild des *Shtetl*-Bettlers, er erregt Nostalgie und Mitleid, was sein »Almosen« von den jüdischen Touristen erhöht. Auch in der Antwort der zweiten Schülerin erscheint Polen als jüdischer Friedhof, aber sie nimmt in dieses Bild auch die fast schon Toten auf. Wenn die Anomalität eines lebendigen Juden schon nicht vermieden werden kann, so kann man ihn doch als einen lebenden Toten klassifizieren.

Die offizielle Verbindung der Delegation zur Diaspora vor dem Holocaust ist der israelische Holocaustüberlebende, der die Gruppe auf ihrem Besuch begleitet. Als jemand, der »dort war«, überlebt hat und anschließend Israel für seine Zukunft wählte, wird er zum Vermittler des Holocaust-Universums und zum

Helden der Reise. Seinen autoritativsten Bericht gibt der Überlebende stets im geschlossenen Raum der Baracken der Todeslager. Am Ende seines Berichts weist er unvermeidlich den in die Landesfarben gekleideten Jugendlichen eine Erlöserrolle zu: er erklärt sie zu seinen Zeugen, seiner Zukunft und seiner Hoffnung. Durch den Überlebenden bekommt die selbstverständliche Vitalität der jungen Israelis einen moralischen Wert; sie wird zur Reaktion auf den Holocaust.[39]

Das Verhältnis der nationalreligiösen Gruppen zur polnisch-jüdischen Vergangenheit ist anders, wenn auch nicht in dem Maße, in dem man es erwartet. Ihre Vorbereitungen konzentrieren sich stärker auf das religiöse jüdische Leben in Polen.[40] Häufig projizieren sie ihr *eigenes* religiöses Leben in die Reste des Judentums der Vergangenheit. Wenn eine religiöse Gruppe am frühen Morgen in einer leeren Synagoge die Schacharit betet, macht sie die Synagoge zu einem Objekt ihrer Pilgerfahrt. Sie kann in der Erinnerung *Wohnung nehmen*, ihre innere Bedeutung finden und eins damit werden.

Die Sprache der nationalreligiösen Gruppen bestätigt diese Kontinuität der Vergangenheit, beansprucht aber einen größeren Anteil des Diaspora-Erbes für sich. In einem der Reiseführer steht der Satz: »Der *Yeshivot* (die Rabbinerschule) ist zwar nicht eingewandert (ging nicht auf *Alija*), aber seine Tora wird im Institut Bnei Akiva gelehrt, das in Israel gegründet wurde.«[41]

---

[39] Für weitere Einzelheiten zur Frage, wie die Berichte der Zeugen den Schülern das Gefühl geben, dort gewesen zu sein und, wie die Zeugen, Auschwitz überlebt zu haben, vgl. meine Ausführungen in Jackie Feldman, In the Footsteps of the Israeli Holocaust Survivor: Youth Voyages to Poland and Israeli Identity, Theory and Criticism 19 (2001), S. 181-182 [Hebr.]. Sidra Ezrahi charakterisiert in ihrer Diskussion der *in situ*-Berichte in Claude Lanzmanns Film »Shoah« die Zeugen als »Hohepriester der Flamme, performative Leiter zum inneren Heiligtum des Universums der Konzentrationslager« (Sidra Dekoven Ezrahi, Representing Auschwitz, History and Memory, 7 (I) 1996, S. 128)

[40] Zu den Unterschieden in den Vorbereitunsprogrammen vgl. Hazan, The Three Faces of the Holocaust, S. 66-75; Simulated Dreams, S. 35-55. Gestützt auf seine Studie über den Inhalt der Kurse für die Reiseleiter und die Handbücher zur Vorbereitung der Polenreisen sagt er: »Wenn der Holocaust innerhalb der israelischen Gesellschaft betrachtet wird, unterliegt er mehreren konkurrierenden Interpretationen.« (Simulated Dreams, S. 53) Ich habe festgestellt, dass die Konstruktionen von ritualisiertem Raum und Zeit weit einheitlicher sind als die Handbücher und Vorbereitungskurse. Hazan entdeckt zum Beispiel im Handbuch einer Kibbuz-Gruppe einen Fokus auf den Sozialismus und die Industrialisierung des modernen Polens für die Reise. Mir ist bei meiner Feldforschung von 1992-1997 keine Gruppe begegnet, deren Reiseverlauf eine signifikante Betonung des modernen Polen enthalten hätte, auch nicht bei den Kibbuz-Gruppen, deren Reiseleiter, Lehrer und Schüler ich interviewt habe. Es mag zwar Unterschiede geben, aber das Erziehungsministerium legt den Königsweg für die Polenreisen fest.

[41] Alfasi, So That You Remember, S. 21

Aber im Vorwort desselben Buchs schreibt der Leiter der Abteilung Religionsunterricht im Erziehungsministerium: »Die Vorbereitungen, das Zeugnis der Zeugen vor Ort ... und der religiöse Ausdruck durch das Gebet ... hinterlassen einen tiefen existentiellen Eindruck, ... der die Erziehung zu religiösen Werten vertieft, während er den permissiven westlichen Gesellschaftsstil mit seinem Slogan: Esst und trinkt, denn morgen werden wir sterben, ablehnt. ... Möge dieses Buch einen weiteren Beitrag zu den Bemühungen der religiösen zionistischen Gesellschaft sein, durch *Negierung des Exils* und Fortführung des Kampfs um den jüdischen Charakter unseres Staates Israel als einzige Möglichkeit für unsere Generation sichtbar zu machen.«[42] Während die Nationalreligiösen also ihr Selbstbild als politisch schwache, aber moralisch überlegene Enklave in der säkularen israelischen Gesellschaft auf das (orthodoxe) polnische Judentum projizieren, proklamieren sie gleichzeitig den Triumph des Zionismus über die Exilformen des Judaismus.

Darüber hinaus fasziniert der »Horror« der Lager selbst bei den Orthodoxen viele Schüler, während die Synagogen und Friedhöfe sie eher langweilen. So meinte ein Schüler: »Warum müssen wir in so viele Synagogen? ... Uff, und noch ein Friedhof! Gestern haben wir den Ort gesehen, an dem anderthalb Millionen getötet wurden, was kümmert mich da ein einzelner Grabstein für Rabbi Elimelech?« Und ein anderer resümiert: »Wir sollten nur die Lager besuchen, vielleicht mit ein oder zwei Gräbern von Zaddiks dazwischen.«

Trotz des erklärten Ziels des Ministeriums, »den Reichtum jüdischen Lebens« zu zeigen, verherrlichen die Reisen säkularer und orthodoxer Schüler gleichermaßen vor allem das jüdische Sterben. Die Diaspora bedroht die Taxonomie des Besuchs nicht, so lange sie als Artefakt präsentiert werden kann. Eine lebendige, vitale Diaspora würde Israels Anspruch als einzig legitimer Erbe der Diaspora vor dem Holocaust in Frage stellen. Also wird sie ignoriert. Die Follow-up-Untersuchung zu den Polenreisen von Michal Lev hat gezeigt, dass die meisten Schüler sich stark mit den Holocaust-Opfern identifizierten, aber wenig Verbindungen zwischen dem jüdischen Leben der Vergangenheit und heutiger jüdischer Identität sahen und sich mit den Diaspora-Juden nicht identifizierten.[43] Das bestätigen auch die generellen Einstellungen israelischer Jugendlicher.[44]

---

[42] Dagan, in ebd., S. 6

[43] Michal Lev, The Influence of the Voyage of Youth to Poland on Their Positions towards the Holocaust in the Cognitive and Emotional Realms, Magisterarbeit in Erziehungswissenschaft an der sozialwissenschaftlichen Fakultät der Bar-Ilan University (Ramat Gan 1998), S. 94, 96 [Hebr.]

[44] Yair Auron, Jewish Israeli Identity (Tel-Aviv 1993), S. 73-77, 123 [Hebr.]

Trotz der Verherrlichung des Todes der Holocaust-Opfer werden sie im Diskurs der Besuche mit Begriffen belegt, die abwertender sind als die Begriffe, mit denen israelische Kriegstote bezeichnet werden. Die folgende Tabelle fasst die Unterschiede zusammen:

	Pilgerfahrten nach Polen	Israel-Ausflüge/Verehrung der Kriegstoten
Wichtigste Herausforderung	Überwindung emotionaler Probleme	Überwindung emotionaler Probleme
Widerstandsform	Spirituelle Standhaftigkeit	Physischer Heroismus
Bezeichnung für die Toten	Opfer (passiv)	Sich opfern (aktiv)
Blut der Toten	Wird vergossen wie Wasser (passiv) Schreit aus dem Boden (Disjunktion)	Freiwillig vergossen fürs Vaterland (aktiv) Heiligt die Erde (Einheit)
Zustand der Leichen	Finden keine Ruhe (Disjunktion)	Ruhen in Frieden (Einheit)

In Polen sollen die Schüler also von der Erde getrennt werden – ihre Heimat ist der Bus –, während sich in Israel das Verhältnis der in Israel geborenen Sabres zum Land üblicherweise durch Wanderungen und eine mystische Einheit mit der Erde ausdrückt.[45]

Heiligung des Staates als Enklave: Die Zeremonien der Delegation

Jede Delegation führt auf ihrer achttägigen Reise drei bis acht Zeremonien durch, fast immer an den Orten des Todes (Konzentrationslager und Massengräber). Nach den Worten eines Ausbilders im Erziehungsministerium sollen diese Zeremonien durch Wiederholung zentraler Symbole und Lieder ein Gefühl der Einheit und Gemeinschaft auslösen; die massive gemeinsame Präsenz auf polnischem Boden ist eine Manifestation von Stärke und Überleben, häufig gepaart mit einem Anspruch auf die Gedenkstätten, der von Polen bestritten wird. Die

---

[45] Vgl. Almog, The Tzabar, S. 274-288; Katriel, Touring the Land, S. 6-13

Zeremonien greifen die Fragmentierung der Orte auf, absorbieren sie, zähmen sie und verwandeln sie in einen Ausdruck von Gemeinschaft.

Die Zeremonien basieren auf Standardtexten und -liedern. Die visuelle Redundanz dieser Riten und die Wiederholung von Texten, Liedern und Symbolen sind ein verbreitetes Merkmal nationalistischer Riten.[46]

Die Zeremonien kombinieren narrative und motorische, klangliche und affektive Elemente. »Die Handlungssituation des Rituals mit ihrer sozialen Erregung und ihren direkten physiologischen Stimuli«, erklärt Victor Turner, »erzeugt einen Austausch von Eigenschaften zwischen seinen Bedeutungspolen. Einerseits werden Normen und Werte von Gefühlen gesättigt, während die rohen, grundlegenden Gefühle durch den Kontakt mit sozialen Werten veredelt werden.«[47] Laut Richard Schechner »garantiert die Konfrontation mit vielfältigen, intensiven, repetitiven, emotionsauslösenden Reizen die Uniformität des Verhaltens bei den Teilnehmern des Rituals. ... Angemessen ausgeführte Rituale fördern ein Gefühl des Wohlbefindens und der Erleichterung, nicht nur durch die Milderung lang anhaltender, intensiver Belastung, sondern auch, weil die im Ritual benutzten Antriebkräfte das Nervensystem sensibilisieren oder ›einstimmen‹.«[48] Die Schüler sehen die Emotionen der anderen und spüren, dass der Staat, der durch seine Symbole gegenwärtig wird, der »natürliche« Ort ist, an dem sich die kollektive emotionale Auflage niederschlägt und die physisch getrennten Körper zur vereinigten Kraft werden.

Das Gedränge, die Isolation der Gruppe, die die Teilnehmer spüren, und die Präsenz der Ikonen der Totenwelt schaffen günstige Bedingungen für die »Ansteckung« mit Gefühlen, mit denen die zentral platzierten nationalen Symbole besetzt werden. Laut Kertzer impliziert das unter anderem »eine mit zunehmender – durch Zorn, Kummer oder Begeisterung ausgelöste – Erregung nachlassende Feinabstimmung bei der Kategorisierung anderer Menschen. Im Extremfall operiert das emotional aufgeladene Individuum mit einer kognitiven Teilung der Menschheit in nur noch zwei Kategorien: ›mit mir‹ und ›gegen mich‹.«[49] Die Zeremonien setzen die Schüler in eine räumliche Beziehung zu den Symbolen des Staates: Sie stehen mit dem Rücken zur Außenwelt vor einer Plattform, auf der die

---

[46] Kapferer, Legends of People, S. 20

[47] Victor Turner, The Ritual Process (Chicago, 1969), S. 30

[48] Richard Schechner, The Future of Ritual: Writings on Culture and Performance (London 1993), S. 144-145

[49] Kertzer, Ritual Politics and Power, S. 82

nationalen Symbole ausgestellt sind. Alle nicht Beteiligten sind Außenseiter, denen die Zeremonie als Manifestation der Gruppenstärke *vorgeführt* werden muss. Das Ritual im Todeslager lässt die Grenzen und Strukturen der Enklave sichtbar werden und damit natürlich erscheinen. Ein Schüler sagte zwei Monate nach der Rückkehr über den Polenbesuch: »Er hat die Bedeutung des Staates Israel als Staat nur für Juden verstärkt, geschützt vor anderen Völkern. ... Es war mir wichtig, dass die Ausländer mich mit der israelischen Fahne identifizierten.«

In diesem Setting sind die Teilnehmer nicht in der Lage, den Vollzug dieser Riten als politischen Akt zu verstehen. Rückblickend sagte ein Mädchen eine Woche nach der Rückkehr: »Wenn wir in Israel die Fahne hissen, habe ich das Gefühl, das ist ein Symbol der Rechten, eher nationalistisch als national. Aber in Polen ... da gehörte sie hin und eint uns wirklich. Dort waren wir wirklich alle Juden und alle gleich, und es spielte keine Rolle, welche Meinungen man hat.[50] Und die Probleme, über die wir in Israel streiten, wirken relativ nebensächlich, weil wir den wichtigsten Krieg gewonnen haben, weil wir immer noch leben und ein freies Volk sind.«

Abfolge und Struktur der einzelnen Zeremonien geben eine Reihenfolge für die Erlösung vor. Die Schüler reisen von Israel nach Warschau und werden dort in das jüdische Leben in Polen vor dem Holocaust eingeführt. Dann reisen sie weiter zu einer Reihe von Todeslagern, in denen sie Zeremonien durchführen, kehren dann nach Warschau zurück und besuchen die Orte des Ghetto-Aufstands. Die Schüler gehen den symbolischen »Gedenkweg jüdischen Märtyrertums und Kampfes« in umgekehrter Reihenfolge, vom *Umschlagplatz* zum Denkmal. Wie die Ikonographie des Denkmals verläuft der Weg der Schüler von Martyrium und Zerstörung zum Aufstand.[51] Unmittelbar nach dem Absingen der mitreißenden Nationalhymne besteigen sie das Flugzeug und fliegen nach Hause. Das Denkmal, das physischen Widerstand und militärisches Heldentum symbolisiert, wird zum Eingangstor ins Land Israel. Damit wird der Weg vom Exil zur Erlösung (von *galut* zum *ge'ulah*) von den Schülern als physische Re-Inszenierung einer Reise im *Raum* erlebt.

---

[50] In einem der wenigen mir bekannten Fälle, in denen der Zeremonie öffentlich widersprochen wurde, unterbrach ein Mädchen das *Sh'ma Israel*-Gebet bei einer Gruppenzeremonie in Auschwitz und rief: »Wie könnt ihr dieses Gebet an einem Ort sprechen, an dem Millionen von Kindern ermordet wurden?« Der Delegationsleiter ermahnte sie: »Sei tolerant. Und wenn es dir nicht gefällt, dann geh zur Seite.«

[51] Young, The Texture of Memory, S. 172-4

Israel als Enklave: Inszenierungen jüdisch-israelischer Identität in Polen

Die Sequenz der Texte in den einzelnen Zeremonien folgt derselben Logik. Angefangen wird in der Regel mit dem Kaddisch, dem Totengebet, gefolgt von einer Verlesung der Aussagen Überlebender und trauriger Lieder, vor allem vom Pop-Sänger Yehuda Polliker, der zur zweiten Generation der Holocaustüberlebenden gehört. Die Zeremonie endet stets mit der Nationalhymne, der *Hatikvah*, und dem Schwenken der Fahne.[52] Die Reihenfolge der Zeremonien und die Struktur der einzelnen Zeremonien bilden einen Gesamteindruck, der die Logik der Wandlung des Opfers zum Sieger verstärkt.

Die Inszenierung der Zeremonien stellt eine Bindung an spezifische Landschaften, Bilder, Symbole, Lieder und Texte her, die sich später reaktivieren lässt, wenn sie in anderen Zusammenhängen vorgeführt wird, vor allem in Zeremonien, die zur Vorbereitung des Militärdienstes der Schüler dienen. Von Eltern und Lehrern hört man oft, dass die Reise zur rechten Zeit gekommen sei – sie mache den Schülern klar, wofür sie kämpfen.[53] Einer der Organisatoren von Polenreisen für die religiöse zionistische Jugendgruppe Bnei Akiva erklärte: »Wie man einem Jungen vor seinem Militärdienst in Masada und im Tal der Tränen (auf den Golan-Höhen) die Bedeutung des Heldentums beibringt, so bringt man ihm in Polen den Holocaust bei.«

Auschwitz wird zum überragenden Exempel für das Problem der in einer ewig feindlichen Welt isolierten Juden; die Fahne und die Nationalhymne zeigen den ultimativen Sieg über den Tod. Durch die Demonstration jüdischer Stärke machen die Schüler aus den Ermordeten Märtyrer, die sich aktiv für eine jüdische Zukunft geopfert haben. Durch die eigene Bereitschaft, sich für Staat und Land – vor allem in der Armee – zu opfern, erweisen sie sich des Erbes würdig, das ihnen anvertraut wurde.

---

[52] Als ich als Teilnehmer des Kurses für Reiseleiter eine andere dramatische Form vorschlug, empörten sich die anderen Reiseleiter/Lehrer sofort: Wovon reden Sie? Das ist keine Zeremonie! Für die meisten Schüler und Lehrer sind die Standardformen des Gedenkens mittlerweile heilig; sie vermitteln ihre Botschaften weiter, auch wenn sie ihre ideologischen Inhalte nicht bewusst vertreten.

[53] Oded Cohen, Leiter der Abteilung Jugend im Erziehungsministerium, zitiert den leitenden Jugendbildungsoffizier der israelischen Streitkräfte, Oberstleutnant Eleazar Stern, der die Veteranen der Polenreisen als die motivierteren Soldaten bezeichnete.

Sicherheit und Gefahr:
die Risiken der gegenwärtigen Reisepraktiken

Die Identifikation mit dem jüdischen Opfer propagiert in Verbindung mit der Dämonisierung des nichtjüdischen Anderen die Weltsicht, die Erziehungsminister Livnat in der eingangs zitierten Rede als »Realität« bezeichnet. Ethische Fragen nach der Brüchigkeit von Kultur und nach humanistischen Verhaltensmodellen angesichts politischer Grausamkeiten treten hinter den deutlich sichtbaren undurchlässigen Grenzen zwischen »uns« und »den Anderen« in der Konstruktion der Delegationen zurück. Das birgt die Gefahr, dass die Teilnehmer an den Delegationen in den Worten Zygmunt Baumanns zu »adoptierten« oder »stellvertretenden Opfern« werden, die »ihre imaginierte Kontinuität des Opferseins erneut in die reale Kontinuität der Viktimisierung einbauen müssen. Das ist nur durch ›Als-ob‹-Verhalten möglich ... Die Welt, in der man lebt, offenbart ihre Feindseligkeit, konspiriert gegen einen – und enthält sogar die Möglichkeit eines neuen Holocaust.«[54] Aus einer solchen Identifikation kann dann eine Bunkermentalität entstehen: »Die beschädigten Kinder der Märtyrer leben nicht in Häusern, sie leben in Bunkern. Und um ihre Häuser in Bunker zu verwandeln, brauchen sie Häuser, die belagert und beschossen werden.«[55] Diese Gefahr ist vor allem in einer Gesellschaft groß, in der Sicherheit eine so wichtige Rolle spielt. In ihrer Follow-up-Untersuchung der Gruppenreisen nach Polen merkt Michal Lev an, dass viele Schüler dann am meisten an den Holocaust denken, wenn sie von »Sicherheitsereignissen« hören – terroristischen Anschlägen oder Kriegen.[56]

Eric Santner zeigt, dass das Bekämpfen der Essentialisierung von Gruppendifferenzen einer der primären moralischen Imperative sei, die aus dem Holocaustgedächtnis folgen: »Post-Holocaust-Gesellschaften müssen die Fähigkeiten entwickeln, Grenzen festzulegen, die einen dynamischen Raum wechselseitiger Anerkennung (zwischen Selbst und Anderem, Einheimischem und Fremdem) schaffen können; wenn diese Fähigkeit fehlt, so scheint mir, ist man dazu verdammt, starre Befestigungsanlagen zu produzieren, die wenig mehr als den schwerfälli-

---

[54] Zygmunt Bauman, Hereditary Victimhood: The Holocaust's Life as a Ghost, Tikkun 13 (4) 1998, S. 37

[55] Ebd.

[56] Lev, The influence of the Voyage of Youth. Zur Holocaust-Rhetorik der israelischen Presse im Golfkrieg vgl. Moshe Zuckermann, The Holocaust in the Sealed Room (Tel Aviv 1993) [Hebr.]

gen Raum einer durch und durch homogenen und letztlich paranoiden ›Heimat‹ sichern können.«[57]

Der frühere Erziehungsminister Amnon Rubenstein hat die Aufnahme neuer Reiseziele durchgesetzt, darunter »eine erneute Untersuchung von Begriffen, Annahmen und Einstellungen zur jüdischen Geschichte ... von Beziehungen zwischen Juden und Nichtjuden und von Werten wie Moral und Humanismus«,[58] die auch in den Erklärungen des Ministeriums und den Vorbereitungskursen der Gruppenleiter auftauchen. Die »Reformer« haben sich jedoch auf das gesprochene Narrativ konzentriert und an der rituellen Struktur der Reise nichts verändert. Ich hoffe, gezeigt zu haben, dass die Teilnehmer den »dynamischen Raum wechselseitiger Anerkennung« nur dann internalisieren können, wenn er sich im *physischen* und *symbolischen* Raum, den die Reise festlegt und hervorbringt, widerspiegelt.

Raum für alternative Praktiken: Die Nebenstraßen kollektiver Erinnerung

Kritiker könnten jetzt behaupten, die Polenreisen, deren Struktur im Erziehungsministerium festgelegt wurde, seien zwangsläufig ein Spiegel der Meinung des Establishments und eine Manifestation der hegemonialen zionistischen Ideologie. Man könnte dem dominanten Text der Besuche eine Reihe von alternativen Praktiken entgegenhalten, in denen sich der vielfältige Charakter der israelischen Gesellschaft spiegelt.[59] Ich bin, überwiegend in Gruppendiskussionen, individuellen Gesten, rituellen Akten und Protesten gegen die in die Struktur der Reisen eingebauten nationalistischen Botschaften begegnet; einiges habe ich in diesem Aufsatz zitiert. Aber das sind individuelle Akte des Widerstands, isolierte alternative Stimmen, die nicht dazu geführt haben, dass die vorgegebenen Reisewege oder Zeitpläne geändert wurden.

Das Erziehungsministerium hat eine Art Autobahn gebaut, die von Israel über die Lager, über tränenreiche Zeremonien und triumphierendes Fahnenschwenken

---

[57] Eric L. Santner, History beyond the Pleasure Principle: Some Thoughts on the Representation of Trauma, in: Saul Friedlander (Hg.), Probing the Limits of Representation: Nazism and the Final Solution (Cambridge, Massachusetts 1992), S. 153

[58] Israelisches Ministerium für Erziehung, Kultur und Sport, Director-Generals Circular, 1993

[59] Vgl. Weiss, Bereavement, Commemoration and Collective Identity, S. 94

zurück zum endgültigen, siegreichen Ziel führt: ins mächtige Land Israel. Ein Drittel des Verkehrs wird direkt vom Ministerium initiiert und organisiert; der Rest folgt überwiegend der dadurch vorgegebenen Polenkarte. Die Sicherheitsmaßnahmen, die Werte und Routen anderer Gruppen müssen vom Ministerium genehmigt werden; Reiseleiter (und zunehmend auch Lehrer) müssen die Vorbereitungskurse des Ministeriums absolvieren.[60] Fast alle Gruppenreisen der Gruppen, die nicht vom Ministerium organisiert werden, übernehmen oder variieren die Struktur der offiziellen achttägigen Reise.

Man kann diese Arrangements nicht als ideologische Kontrolle bezeichnen. Aber Schüler und Reiseleiter nehmen daran teil, ohne sich der ideologischen Annahmen bewusst zu sein, auf denen die Logistik der Delegationen beruht, weil es der leichteste – und der billigste – Weg ist.[61] Alternative Interventionen bleiben auf die am wenigsten sinnlichen, am wenigsten erinnernswerten Teile der Reise beschränkt: auf das Vorbereitungsprogramm oder das gesprochene Narrativ des Lehrers oder Reiseleiters. Und wenn der Konvoi über die ministerielle Autobahn braust, bleiben die einzigartigen Kennzeichen der Diaspora und die polnische Landschaft unbeachtet am Wegrand zurück. Der Konvoi kann sie nicht ansteuern, die Sicherheitsmaßnahmen lassen es nicht zu, der Zeitplan muss eingehalten werden.

Viele Menschen lehnen die Polenreisen ab, weil sie unheilbar vom Gift des Chauvinismus und der Xenophobie durchtränkt seien.[62] Ich glaube allerdings mit Turner daran, dass Pilgerfahrten das Gefühl der *Communitas*, der essentiell menschlichen Gemeinschaft, bekräftigen können,[63] einer Existenz nicht des Neben-, sondern des Miteinanders einer Vielzahl von Personen, eines »Augenblicks

---

[60] In den letzten Jahren (nach dem Ende meiner Feldforschung) hat eine pädagogische Gruppe namens *Hame'orer*, die einen stärker humanistisch orientierten Ablauf der Reise fördert, Reiseleiter ausgebildet und Gruppen, viele aus Kibbuz-Schulen im Norden, auf die Polenreise vorbereitet und begleitet. Sie konnten ihre Unabhängigkeit vom Erziehungsministerium nur durch die Drohung mit gerichtlichen Schritten wahren.

[61] 1999 kritisierte der Rechnungshof das Erziehungsministerium, weil es staatliche Mittel für die Schulreisen nach Polen auf die vom Ministerium organisierten Reisen beschränkte.

[62] Adi Ophir, On Feelings that Cannot Be expressed in Words and on Lessons that Cannot Be Questioned, in: In the Path of Memory (Bishvil Hazikkaron) 7 (1995), S. 11-15 [Hebr.].

[63] Auch wenn es auf Pilgerfahrten gelegentlich zu Fragmentierung, Konkurrenz und wechselseitiger Ablehnung kommt. Vgl. besonders Sallnows Kritik an Turner: Michael J. Sallnow, Pilgrimage and Cultural Fracture in the Andes, in: John Eade und Michael J. Sallnow (Hg.), Contesting the Sacred: The Anthropology of Christian Pilgrimage (London und New York 1991), S. 137-153.

in der Zeit und außerhalb der Zeit ..., der, wie flüchtig auch immer, eine gewisse (symbolische, nicht unbedingt sprachliche) allgemeine gesellschaftliche Bindung offenbart«.[64] Im »verschobenen Zentrum«, einem bedeutungsvollen, aber räumlich von der Lebenswelt des Pilgers entfernten Ort, ist man empfänglicher für Transformationserfahrungen. Das Eintauchen in alternative, mit symbolischer Bedeutung aufgeladene Landschaften, die Begegnung mit anderen und die emotionale Offenlegung einer Vergangenheit, die man als eigene identifiziert, kann die Identität vertiefen und andere Fragen aufwerfen als der häusliche und schulische Alltag.

Ich glaube, dass Reisen, die nicht nur die Weltsicht der Enklave und eine geschlossene, triumphalistische jüdisch-israelische Identität bestätigen, Mehrdeutigkeiten brauchen, Figuren an den Grenzen der Scheidelinien, die die Welt in »wir« und »die Anderen« trennen. Mary Douglas sagt, dass die Nutzung »mehrdeutiger Symbole im Ritual ... die Bedeutung bereichern und die Aufmerksamkeit auf andere Seinsebenen lenken«[65] könne. Das lässt sich nicht durch die Aufnahme von Lehreinheiten zur Geschichte des modernen Polens in die Kurse für Reiseleiter und die Vorbereitungskurse der Schüler erreichen, sondern indem man andere Begegnungen ermöglicht und den ritualisierten Verlauf der Reise flexibler gestaltet. Für den Philosophen Emmanuel Levinas führt nicht die Akzeptanz eines abstrakten Systems von Prinzipien zu einer genuin ethischen Beziehung, sondern die Begegnung mit dem nackten, verletzlichen Antlitz des Anderen, das einen Dialog und ein Gefühl der Verantwortung für ihn auslöst.[66] Die Begegnung mit einem jungen polnischen Juden, die *in situ*-Begegnung mit dem gerechten Nichtjuden, die Diskussion über den Holocaust mit einer Gruppe polnischer Schüler (vielleicht gefolgt von einem Besuch ihres Elternhauses), der Bericht eines nichtjüdischen polnischen Opfers in Auschwitz – all das böte den Ort für die Identifikation mit einem anderen, der nicht in das »wir« der jüdisch-israelischen Gemeinschaft assimiliert werden kann und die Identität moralischer und ethischer Kategorien problematisiert. Darüber hinaus bedarf es einer größeren Flexibilität bei der rigiden Sicherheitskonstruktion und der Reiseroute. Die Delegationen sollten in kleine individuelle Gruppen aufgeteilt werden. Der Zeit-

---

[64] Victor Turner and Edith Turner, Image and Pilgrimage in Christian Culture (Oxford 1978), S. 34-35.

[65] Douglas, Purity and Danger, S. 40

[66] Emmanuel Levinas (1982), Ethik und Unendliches: Gespräche mit Philipe Nemo. A. d. Franz. v. D. Schmidt. Wien 1986, S. 72-79

plan sollte Raum für Gruppendiskussionen als festem Bestandteil des Tagesablaufs lassen. Gemeinsame Projekte mit jüdischen und nichtjüdischen polnischen Gruppen (zum Beispiel die Pflege von Friedhöfen) könnten angeregt werden. Und die Zurschaustellung von nationalen Symbolen und Sicherheitsritualen in Polen ist auf ein Minimum zu reduzieren.

Eine andere Erfahrung wird nur dann möglich, wenn sich die Pädagogen das bewusst machen, was bei der geläufigen Regiestruktur vergessen wird. Erst dann werden sie häufiger von der stromlinienförmigen Autobahn auf die weniger befahrenen Nebenstraßen abbiegen oder Wege suchen, die nicht auf der Karte verzeichnet sind, damit die Entdeckung einer anderen Welt möglich wird, deren Erfahrungen die Lebensqualität in Israel bereichern und Alternativen und Fragen zu den präformierten Annahmen der Schüler bieten. Dann stellen sie vielleicht fest, dass die Diaspora mehr ist als eine »lange, dunkle Zeit des Leidens und der Verfolgung, ... eines angreifbaren, von Furcht und Demütigung geprägten Daseins«,[67] dass jüdische Kreativität sich in intensiven, komplexen und oft auch tatsächlich schwierigen Interaktionen mit der nichtjüdischen Umwelt entfaltet hat, und dass diese Interaktionen viele kreative Werke hervorbrachten, deren Existenz oder Kontext wir oft ignorieren. Die wahre Achtung vor den Toten des Holocaust erfordert, die Herausforderung ernst zu nehmen, die ihr Leben und ihre Arbeit in der Diaspora für das Selbstverständnis von Israelis und Juden bedeutet. Sie erfordert die demütige Beschäftigung mit ihrem Lebensinhalt und nicht nur mit den tragischen Ereignissen, die zu ihrem Tod führten.

---

[67] Yael Zerubavel, Recovered Roots: Collective Memory and the Making of Israeli National Tradition (Chicago and London 1995), S. 18

Viola B. Georgi

Nationalsozialismus und Holocaust im Selbstverständnis von Jugendlichen aus Einwandererfamilien[1]

Wie alle Einwanderungsgesellschaften ist auch die bundesdeutsche Gesellschaft durch ethnische, kulturelle und religiöse Vielfalt charakterisiert. Durch die heterogene ethnische Zusammensetzung der Bevölkerung und der mit ihr einhergehenden Pluralisierung von Geschichte werden Geschichtsbezüge transformiert. Ein beachtlicher Teil der heute in Deutschland lebenden Menschen verfügt über Familien- und Kollektivgeschichten sowie über historisch-politische Erfahrungen, die sich von den »deutschen« unterscheiden, handelt es sich doch größtenteils um Menschen, deren Vorfahren weder Opfer nationalsozialistischer Gewaltherrschaft noch Zuschauer, Mitläufer oder Täter waren. Sie leben aber in einem Land, in dem die Erinnerung an den Nationalsozialismus und den Holocaust für die politisch-moralische Öffentlichkeit sowie für das kollektive und individuelle Selbstverständnis von immenser symbolischer und diskursiver Bedeutung sind. Die »Gegenwärtigkeit der Geschichte«[2] belegen die immer wiederkehrenden und neuen Debatten, in denen um Historisierung, Schuld und Ver-

---

[1] Dieser Beitrag basiert auf einer empirischen Studie zur Bedeutung von Nationalsozialismus und Holocaust für Jugendliche aus Einwandererfamilien: Viola B. Georgi, Entliehene Erinnerung. Geschichtsbilder junger Migranten in Deutschland, Hamburg 2003

[2] Aleida Assmann und Ute Frevert, Geschichtsvergessenheit. Geschichtsversessenheit. Vom Umgang mit deutschen Vergangenheiten nach 1945, Stuttgart 1999, S. 21

antwortung, geschichtliche Deutungen, die Besetzung von Gedenkorten und Erinnerungskultur gestritten wird.[3] Diese Kontroversen zeigen, wie zentral die Geschichte des Nationalsozialismus und dessen Nachwirkungen für das kollektive und individuelle Selbstverständnis der Deutschen sind und unterstreichen damit zugleich die normativ-einheitsstiftende Bedeutung der Vergangenheitsbewältigung in Deutschland.[4] Letztere wird zumeist ausschließlich als Angelegenheit der durch Abstammung begründeten deutschen Schicksals-, Verantwortungs- oder Haftungsgemeinschaft begriffen. Dies wirft die Frage auf, ob eine so definierte deutsche Erinnerungsgemeinschaft sich eignet, Menschen aus anderen Traditionszusammenhängen zu integrieren. Andersherum muss gefragt werden, ob man von Einwanderern überhaupt erwarten kann, dass sie, mit Jean Améry gesprochen, das »negative Eigentum«[5] der deutschen Aufnahmegesellschaft annehmen.

Gegenstand meiner Untersuchung ist die Bedeutung von Nationalsozialismus und Holocaust für die Herausbildung geschichtsbezogener Identitäten von Migrantenjugendlichen in Deutschland. Dabei werde ich folgenden Fragen nachgehen: Wie positionieren sich junge Migranten und Migrantinnen im Verhältnis zur deutschen Geschichte und zur deutschen Gesellschaft? Wirkt sich die NS-Geschichte auf die Konstruktion ihrer Zugehörigkeit(en) aus? Weiter wäre zu fragen, ob die Geschichte bei der Annahme der deutschen Staatsangehörigkeit eine Rolle spielt. Beziehen sich die Jugendlichen in ihren Erwägungen zur Annahme der deutschen Staatsbürgerschaft überhaupt auf die Möglichkeit einer Übernahme dieser »historischen Hypothek«? Ist es auf der Grundlage sozialisationstheoretischer Erkenntnisse denkbar, dass Migrantenjugendliche sich ein kollektives, öffentliches »historisches Erbe«[6] der Aufnahmegesellschaft zu eigen machen? Oder bevorzugen sie die Geschichte ihres Herkunftslandes als Bezugspunkt? Oder bewegen sie sich gar in einem »geschichtslosen« Raum? Um der Komplexität der gesellschaftlichen Situation gerecht zu werden, werde ich auch untersuchen, welche historischen Orientierungen sich in bikulturellen Familienzusam-

---

[3] Als Beispiel sei hier die Debatte über das Mahnmal für die Ermordung der europäischen Juden in Berlin genannt.

[4] Vgl. hierzu etwa Norbert Frei, Vergangenheitspolitik. Die Anfänge der Bundesrepublik und die NS-Vergangenheit, München 1996; Peter Reichel, Vergangenheitsbewältigung in Deutschland. Die Auseinandersetzung mit der NS-Diktatur von 1945 bis heute, München 2001

[5] Jean Améry, Jenseits von Schuld und Sühne. Bewältigungsversuche eines Überwältigten, Stuttgart 1977

[6] Norbert Elias, Über den Prozess der Zivilisation. Soziogenetische und psychogenetische Untersuchungen. Bd. 1 und 2, Frankfurt am Main 1976

menhängen entwickeln. Nach welchen Mustern eignen sich Jugendliche aus bikulturellen Familien die NS-Geschichte an?

Identitätsbildungen und die Aneignung der NS-Geschichte durch Migrantenjugendliche

Die Geschichte des Nationalsozialismus und des Holocaust bildet sich in einer Mannigfaltigkeit an Repräsentationsformen ab: in kulturellen Objektivationen, öffentlichen Debatten und institutioneller Verarbeitung, zum Beispiel in der Schule oder in Gedenkstätten. An diesen Orten verhandeln junge Menschen unterschiedlicher Herkunft ihre Geschichtsbilder und knüpfen daran zugleich Erwartungen an ein künftiges Zusammenleben in Deutschland. Dabei wird der Umgang mit der NS-Geschichte nicht selten zu einem kritischen Aushandlungsfeld von Anerkennungs- und Zugehörigkeitsfragen. Die sich im Spannungsfeld der Geschichtsrezeptionen entfaltenden Diskurse werden zum Anlass und zum Austragungsort von Identitätsverhandlungen in der deutschen Aufnahmegesellschaft.[7]

Identitätsbildung verstehe ich mit Stuart Hall als strategischen Akt des Positionierens – als Verortung von Individuen und Gruppen im historischen Prozess und seinen Repräsentationen. Halls Begriff des »Positioning« beschreibt Identifikationsmomente, die auch als Ausdruck biographischer Arbeit charakterisiert werden können.[8] Diese besteht im untersuchten Zusammenhang darin, sich seiner Geschichte in zweierlei Hinsicht zu vergewissern: (1) seiner Lebensgeschichte und (2) der Geschichte der historischen Bezugsgruppe, der man sich zugehörig fühlt. Dabei muss das Individuum kollektive und individuelle Geschichte integrieren, das heißt die kollektive Geschichte muss biographisch anschlussfähig gemacht werden. Meine Studie untersucht deshalb die von jungen MigrantInnen in Auseinandersetzung mit dem Nationalsozialismus und dem Holocaust entwickelten Zeitdeutungen, Zugehörigkeitskonstruktionen, biogra-

---

[7] »Neue Theoretisierungen und Praxen sind auch immer im Fokus möglicher Fortschritte der Kritik zu reflektieren. Sie sind zumindest Provokationen für die klassischen sozialen Institutionen und Bewegungen, Aufforderung, die Kritik auf die Höhe aktueller Widerspruchslagen zu bringen.« So Peter Euler in seinem Aufsatz: Veraltet die Bildung? Oder: Kritische Bildungstheorie im vermeintlich »nachkritischen« Zeitalter, in: Pädagogische Korrespondenz, Heft 26, Winter 2000/2001, S. 21.

[8] Vgl. hierzu Stuart Hall, Rassismus und kulturelle Identität. Ausgewählte Schriften, Hamburg 1994, S. 9, S. 128ff

phischen Strategien und Aneignungsformen der Geschichte. Den Ausgangspunkt bildeten vier Hypothesen: (1) Junge MigrantInnen orientieren sich an den historischen Traditionen ihres Herkunftslandes. (2) Sie übernehmen kollektive Vergangenheitsdeutungen des Aufnahmelandes, verstricken sich quasi in dessen Geschichte. (3) Sie bilden ein hybrides – aus Elementen unterschiedlicher Kollektivgedächtnisse zusammengesetztes – Geschichtsbewusstsein aus. (4) Sie bleiben durch Wegfallen der Bezugsrahmen der Erinnerung in der Migration gewissermaßen »geschichtslos«.

Veränderungen des Diskurses über die Erinnerung an den Holocaust

Die Geschichtsbezüge junger Migranten in Deutschland sind vor dem Hintergrund aktueller Entwicklungen eines veränderten Diskurses über die Erinnerung an den Holocaust zu betrachten. Ich möchte deshalb einige der wesentlichen Entwicklungen in Thesen benennen, um den theoretischen, historischen und gesellschaftspolitischen Raum zu markieren, in welchem sich auch die Geschichtskonstrukte von Jugendlichen aus Einwandererfamilien bewegen.

1. Übergang vom kommunikativen zum kulturellen Gedächtnis
Die Erinnerung an den Holocaust befindet sich an einem kritischen Übergangspunkt. Es vollzieht sich ein Wandel vom »kommunikativen Gedächtnis«, welches vornehmlich durch Zeitzeugen verbürgt war, zu einem »kulturellen Gedächtnis«, welches sich in symbolischen Formen der Repräsentation von Vergangenheit manifestiert.[9] Dieser Wandlungsprozess hat seinen Ursprung in dem sich unaufhaltsam vollziehenden Generationenwechsel: Die Zeitzeugen sterben. Damit löst sich das Gedächtnis von seinen Trägern. Die Erinnerung an den Holocaust muss fortan vermittelt werden und ist ausschließlich auf Repräsentationen angewiesen. Der Generationenwechsel leitet zugleich eine Historisierung des Holocaust ein. Michael Jeismann spricht in diesem Zusammenhang sogar vom Ende der »Epoche der Vergangenheitsbewältigung«. Heute gehe es nicht mehr so sehr um das, was tatsächlich geschah, sondern vielmehr darum, »wie das Geschehene erzählt

---

[9] Zu den Begriffen siehe Jan Assmann, Erinnern, um dazuzugehören. Kulturelles Gedächtnis Zugehörigkeitsstruktur und normative Vergangenheit, in: Kristin Patt und Mihan Dabhag (Hg.), Generation und Gedächtnis. Erinnerungen und kollektive Identitäten, Opladen 1995, S.52 ff

und vergegenwärtigt werden soll«.[10] Es geht also vorrangig um Gebrauch und Repräsentation der Vergangenheit.

2. Die Europäisierung des Holocaust

Im Zuge der Einigung Europas ist die Erinnerung an den Holocaust zu einer europäischen Aufgabe geworden. Es entsteht eine europäische Erinnerungs- und Wertegemeinschaft, die sich auf eine Neugründung der Demokratien nach dem Zweiten Weltkrieg beruft. Dabei wird Auschwitz zum negativen, aber doch zukunftszugewandten Bezugspunkt europäischer Identitätsbildung.[11] Beispielhaft zum Ausdruck kommt dies in der im Januar 2000 verfassten Abschlusserklärung des »Stockholm International Forum on the Holocaust«.[12] Dort wurde der Holocaust nicht nur offiziell im europäischen Gedächtnis verankert, sondern im Sinne von Vergangenheitspolitik auch zur ethisch-moralischen Grundlage von internationaler Interventionspolitik in Konfliktregionen erklärt, in denen gegenwärtig die Menschenrechte verletzt werden. Der Holocaust kristallisiert sich zu einem universalen Orientierungspunkt für die Einordnung und Verurteilung von Menschenrechtsverletzungen und Genoziden.[13]

3. Die Globalisierung der Erinnerung

Die Herausbildung von Identität, auch von historischer Identität, vollzieht sich heute nicht mehr nur im Rahmen des »Lokalen« – etwa innerhalb der territorialen Grenzen einer Region oder eines Nationalstaates –, sondern zugleich im globalen Raum – im »global village« – einer grenzüberschreitenden Kommunikations-, Informations- und Medienwelt, die Geschichte unabhängig von Akteu-

---

[10] Michael Jeismann, Auf Wiedersehen Gestern. Die deutsche Vergangenheit und die Politik von morgen, Stuttgart 2001, S. 73

[11] »It is appropriate that this, the first major international conference of the new millenium, declares its committment to plant the seeds of a better future amidst the soil of a bitter past.« Aus: *Declaration of the Stockholm International Forum on the Holocaust*, 1999, Artikel 8.

[12] Die Stockholmer Konferenz war das Ergebnis einer »Task Force for International Cooperation in Holocaust Education, Remembrance and Research«, die 1998 von den Regierungen Schwedens, Großbritanniens und der USA eingerichtet worden war. Hauptziel der Veranstaltung war es, einen internationalen Dialog zu ermöglichen, der Initiativen zur pädagogischen Auseinandersetzung mit dem Holocaust fördert. Das Forum gab deshalb Überlebenden, Politikern und Verwaltungsexperten, Vertretern von gesellschaftlichen Institutionen und Religionsgemeinschaften, Lehrern, Historikern, Vertretern von Museen und Künstlern die Gelegenheit, ihr Wissen und ihre Erfahrungen auszutauschen. Siehe hierzu:
http://www.holocaustforum.gov.se/

[13] Jeismann, wie Anm.10, S. 13

ren und Ereignisorten in einen erweiterten Rezeptions- und Reproduktionszusammenhang stellt. Im Zeitalter der technischen Reproduzierbarkeit erleben wir zudem eine Allgegenwärtigkeit von Geschichte, die der Globalisierung von Erinnerung Vorschub leistet. Die Erinnerung löst sich dabei allmählich aus dem nationalstaatlichen Rahmen. Nathan Sznaider und Daniel Levy sprechen in diesem Zusammenhang von einer »Globalisierung der Erinnerung an den Holocaust«.[14] Diese Tendenz deuten sie positiv, da der Holocaust »zugänglicher« werde, insofern die jüdischen Opfer zu Opfern schlechthin würden.[15] Die Rede ist von einer »kosmopolitischen Wende« der Holocausterinnerung, die unter anderem dadurch charakterisiert sei, dass sie vielen Opfergruppen erlaube, sich in den jüdischen Opfern von einst wieder zu erkennen.

4. Der Holocaust als Medienereignis

Erinnerung wird zunehmend über Bilder generiert. Die Mediatisierung des Holocaust, die häufig auch als Amerikanisierung oder gar »Hollywoodisierung«[16] bezeichnet wird, formt die Kommunikation über die Geschichte und schließlich die Geschichte selbst in besonderer Weise. Die visuelle Sprache von Fernsehen und Kino sowie der neuen Medien machen den Holocaust zu einem konsumierbaren Produkt der Kulturindustrie. Medienereignisse – wie *»Schindlers Liste«* von Steven Spielberg – stutzen die Geschichte für das Massenpublikum zurecht. Der Holocaust wird dabei nicht nur popularisiert, sondern zumeist auch instrumentalisiert und trivialisiert.

5. Die Pluralisierung historischer Deutungen

Die Geschichtswissenschaft verliert im Zuge der Mediatisierung historischer Ereignisse sowie der Hinwendung zur Erinnerungskultur ihr Deutungsprivileg.[17] Dies gilt auch für die Erinnerung an den Holocaust. Geschichtliche Deutung ist nicht mehr nur auf bestimmte akademische Institutionen und wissenschaftliche Expertenveranstaltungen beschränkt, sondern ist in vielerlei Hinsicht Teil der All-

---

[14] Daniel Levy und Natan Sznaider, Erinnerung im globalen Zeitalter: Der Holocaust, Frankfurt am Main 2001

[15] Ebd., S. 53

[16] Peter Körte, Mit den Clowns kommen die Tränen. Von Benigni zu Roland Suso Richter und Robin Williams: Wie nostalgisch ist der Holocaust? in: Frankfurter Rundschau, 9. Oktober 1999, S.11

[17] Vgl. hierzu Jörn Rüsen und Friedrich Jaeger, Erinnerungskultur, in: Weidenfeld, Werner und Korte, Karl-Heinz (Hg.), Deutschland Trendbuch, Bonn 2001, S. 389

tagskultur geworden. Filme und Dokumentationen im Fernsehen, Schulprojekte zur NS-Geschichte, Zeitzeugengespräche, Geschichtsvereine, Stadtbegehungen, Ausstellungen, Gedenkstättenbesuche – all diese Formen der Erinnerung koexistieren und konkurrieren mit der traditionellen Geschichtsschreibung. Private Geschichte wird dabei öffentlich gemacht, öffentliche Geschichte wird privatisiert. Die Erinnerung an den Holocaust wird individualisiert, fragmentiert und pluralisiert.[18] Die historische Wissenschaft stellt nur noch eine von vielen Sichtweisen und Erinnerungsformen dar. Es sind verschiedene gesellschaftliche Akteure, die um Interpretationen und Repräsentationsformen der NS-Geschichte und des Holocaust ringen.

Die Partizipation von Migrantenjugendlichen an der »neuen« Erinnerungskultur

Auch junge Migranten partizipieren am Diskurs über die Vergangenheit. Sie nehmen aktiv Teil an der Kommunikation über die Geschichte ihres Aufnahmelandes. Dabei sind ihre Geschichtsbezüge in unterschiedlicher Intensität von den skizzierten Entwicklungen einer veränderten und sich verändernden Erinnerungs- und Geschichtskultur in Deutschland und darüber hinaus beeinflusst. Gleichsam sind sie selbst Akteure des Gedächtniswandels beziehungsweise einer »neuen« Erinnerungskultur. Denn die zukünftige bundesdeutsche Gesellschaft wird sich zum größten Teil aus Menschen zusammensetzen, die aufgrund ihres Alters und/ oder anderer Herkunft und historisch-politischer Orientierung weder auf unmittelbares noch auf familientradiertes Erfahrungswissen über den Nationalsozialismus zurückgreifen können. Die Geschichtskonstruktionen sind deshalb in hohem Maße von der Fähigkeit und Bereitschaft junger Menschen abhängig, aus ihrer eigenen Erlebnis- und Erfahrungswelt Brücken zur Vergangenheit zu schlagen. Interessant ist dabei, zu welchen Aspekten der NS-Geschichte sich gerade Jugendliche aus Einwandererfamilien in Beziehung setzen.

---

[18] Vgl. Levy und Sznaider, wie Anm.14, S. 151

Das entliehene Gedächtnis

Maurice Halbwachs zufolge ist das kollektive Gedächtnis ein sozial Konstruiertes.[19] Vergangenheit ist darin nicht einfach als solche aufgehoben, sondern muss in sozialen Interaktionen und gesellschaftlichen Vergegenwärtigungsprozessen rekonstruiert werden. Dabei wird das Vergangene tradiert und transformiert. Die Herausbildung des individuellen Gedächtnisses ist wiederum abhängig von der Kommunikation mit anderen und der Zugehörigkeit zu sozialen Geflechten. Was Menschen erinnern, muss zudem von signifikanten Anderen als bedeutsam zurückgespiegelt und bestätigt werden.[20]

Halbwachs prägte den Begriff des »entliehenen Gedächtnisses«.[21] Darauf müssen sich all jene berufen, die nicht selbst erlebte Vergangenheit erinnern wollen. Für junge Migranten und Migrantinnen gehören NS-Zeit und Holocaust selbstverständlich nicht zur selbst erlebten Vergangenheit. Wenn sie über ihre Erfahrungen mit der NS-Geschichte sprechen, greifen sie gesellschaftlich verfügbare Vergangenheitsdeutungen auf, schöpfen quasi aus der Quelle des »entliehenen Gedächtnisses«. Dennoch reproduzieren sie dieses nicht einfach, sondern vergegenwärtigen es, indem sie es biographisch bearbeiten und mit subjektiver Bedeutung versehen. Durch Auswahl und Darstellung des Vergangenen – also die jeweils spezifische Sinnbildung über Zeiterfahrung – sind sie an Reproduktion und Rekonstruktion von Geschichtsdeutungen beteiligt. Damit haben sie kurzfristig teil am »kommunikativen Gedächtnis«, langfristig auch an der Formierung des »kulturellen Gedächtnisses« der deutschen Gesellschaft.[22] Das kommunikative Gedächtnis entspricht einem »sozialem Kurzzeitgedächtnis«, das kulturelle einem »sozialen Langzeitgedächtnis«.[23]

---

[19] Maurice Halbwachs, Das kollektive Gedächtnis, Frankfurt am Main [1925] 1991

[20] Vgl. hierzu Jan Assmann, Das kulturelle Gedächtnis. Schrift, Erinnerung und Identität in frühen Hochkulturen München 1999, S.36

[21] Halbwachs, wie Anm. 19, S. 25

[22] Vgl. Jan Assmann, Das kulturelle Gedächtnis, wie Anm. 20, S. 52ff

[23] Lutz Niethammer, (Hg.), Lebenserfahrung und kollektives Gedächtnis. Die Praxis der Oral History, Frankfurt am Main 1985, S. 25

Erinnerung als Vermittlerin von Zugehörigkeiten

Erinnerung hat stets einen Gegenwartsbezug und häufig auch einen utilitaristischen Charakter.[24] Erinnerungsarbeit ist meist von konkreten Gegenwartsinteressen und gruppenspezifischen Zukunftserwartungen geleitet. Häufig dominiert dabei die Deutung über die historischen Tatsachen.[25] Da Erinnerung unter dem Druck von Absichten, Wünschen und Pflichten steht, muss die Vergangenheit an die Orientierungsbedürfnisse der Gegenwart angepasst werden. Zudem ist Erinnerung aufs engste mit dem Geschichtsbewusstsein verknüpft. Sie präsentiert die Vergangenheit als eine Erfahrung, die gegenwärtige Lebensverhältnisse verständlich und Zukunft antizipierbar macht. Erinnerung stellt somit den Kitt dar, der die drei Dimensionen des Geschichtsbewusstseins – Vergangenheit, Gegenwart und Zukunft – auf jeweils spezifische Weise miteinander verbindet.

Über Erinnerungen werden Zugehörigkeiten vermittelt.[26] Gemeinsames Erinnern hält Menschen als Gruppen zusammen. In der Rekonstruktion von Vergangenheit vergewissern sich soziale Gruppen ihrer Zugehörigkeit. Das Bekenntnis von Individuen zu einer Erinnerungsgemeinschaft wiederum stellt Zugehörigkeit in Aussicht. Aus dem Bekenntnis zu bestimmten Bezugsgruppen leiten sich dann auch Ansprüche und Legitimationen bestimmter historischer Identifikationen ab.[27] Deshalb wird es im Folgenden auch um die Frage gehen, ob es jungen Migranten Zugehörigkeit vermittelt, wenn sie sich auf die NS-Zeit beziehen.

Zugehörigkeit markiert zugleich die Schnittmenge von historischer und ethnischer Identität. Historische Identität wird immer von der »eigenen« Gruppe her entworfen. Ethnische Identität wiederum wird häufig durch Bezugnahme auf gemeinsame Vergangenheit gestiftet. Deshalb muss die Frage diskutiert werden, ob und in welchem Zusammenhang historische Identitäten optional sind oder nicht.[28] Junge Migranten, die nach Deutschland eingewandert oder hier geboren

---

[24] Peter Reichel, Politik der Erinnerung. Gedächtnisorte im Streit um die nationalsozialistische Vergangenheit, München 1995, S. 19ff

[25] Vgl. Rüsen und Jäger, wie Anm.17, S. 400

[26] Vgl. Jan Assmann, Erinnern, um dazuzugehören, wie Anm. 9, S. 47

[27] Bodo von Borries, Zum Geschichtsbewusstsein von Normalbürgern. Hinweise aus offenen Interviews, in: Rolf Schörken (Hg.), Geschichte im Alltag – Alltag in der Geschichte. Düsseldorf 1982, S. 17

[28] Siehe hierzu Mary C. Waters, Ethnic Options. Choosing Identities in America, Berkeley/Oxford 1990

sind, werden zu »unfreiwilligen Mitgliedern«[29] einer Gemeinschaft, zu deren kollektiver Vergangenheit sie sich in Beziehung setzen müssen: Sie können die NS-Geschichte gleichgültig als nicht zu ihnen gehörig verwerfen, sich energisch von ihr lossagen oder sich bereitwillig der politischen Hypothek stellen. Wie auch immer sie mit dieser Geschichte umgehen, sie müssen sich durch die Tatsache, dass sie in Deutschland leben und sich zumeist auch als Mitglieder der deutschen Gesellschaft verstehen, *nolens volens* zur nationalen Geschichte verhalten.[30]

Zwei Fallbeispiele

Zur Illustration meines empirischen Forschungsfeldes habe ich zwei Fallbeispiele ausgewählt, die ich hier vorstellen möchte. Es handelt sich dabei um stark gekürzte, aus den umfangreichen Fallrekonstruktionen heraus gelöste Ausschnitte, die lediglich einen schlaglichtartigen Eindruck vermitteln können. Verzichtet werden musste auch auf eine detaillierte biographische Einbettung der Interviews. Die Kontextinformationen aus den geführten Interaktionsprotokollen zu den jeweiligen familiären Hintergründen und Migrationsgeschichten der Interviewten sind auf ein Minimum reduziert und haben damit eher illustrativen Charakter.

1. Hülya: »Irgendetwas hab' ich mit den Juden gemeinsam«
Hülya ist siebzehn Jahre alt und türkischer Herkunft. Ich lerne sie in einem Schülerprojekt mit dem Titel »Jüdische Spuren in unserer Stadt« kennen, an dem sie freiwillig mitwirkt. Ihre Eltern kamen als so genannte »Gastarbeiter« nach Deutschland und leben seit über fünfundzwanzig Jahren hier. Hülya und ihre Schwester wurden im Alter von sechs Jahren aus der Türkei nachgeholt. Zum Zeitpunkt des Interviews besucht Hülya die zwölfte Klasse eines Gymnasiums in einer deutschen Großstadt.

Die erste Begegnung Hülyas mit dem Thema Nationalsozialismus und Holocaust findet in der Schule statt. Auf Eigeninitiative leihen sich Hülya und einige

---

[29] Siehe hierzu Michael Walzer, Politik der Differenz. Staatsordnung und Toleranz in der multikulturellen Welt, in: Rainer Forst (Hg.), Toleranz. Philosophische und gesellschaftliche Praxis einer umstrittenen Tugend, Frankfurt am Main 2000, S. 214-231

[30] Vgl. Avishai Margalit, Es ist leichter, Erdbeeren zu verändern als Nationen, in: Babylon, Frankfurt am Main 1999, S. 116

ihrer ausländischen Freundinnen einen Film zum Holocaust aus der Schulbibliothek aus. Hülya berichtet von den Nachwirkungen des Films: »Und dann ham wir einen Film ausgeliehen. Ich und drei andere Türkinnen. Und da haben wir uns zu Hause hingesetzt und ham so en Film angeguckt. Ich konnt nicht mehr. Ich hab geheult ohne Ende. Und dann ham wir's ausgemacht, ham wir alle zusammen geheult, ja. Und wir ham gar nicht mehr gesprochen. Wir waren so deprimiert und so... wie die Leute da verbrannt wurden und wie sie alle in die Züge eingestiegen sind und so. Also, wir hatten gar nicht gedacht, dass es so schlimm ist, ja, dass es so schlimm ausgeht (sechs Sekunden Pause) total krass war das (leise). Ich hab Hass empfunden. Oberkrass so. Mich konnt' in dieser Zeit niemand ansprechen. Ich hab die Leute auf der Straße nur so angeguckt, ich hätt' auf die kotzen können, ja. So kam mir das hoch. Da war ich froh, dass ich nicht dazugehöre, dass ich Türkin bin.«

Die jungen Frauen sind schockiert, als sie realisieren, dass sie inmitten der ehemaligen Täter-, Mitläufer und Zuschauergesellschaft leben. Die Erkenntnis, sich in dem Land zu befinden, das Ausgangspunkt und Tatort dieser Verbrechen gegen die Menschheit war, stößt sie ab und stimmt sie misstrauisch. Das Wissen um den Holocaust beeinflusst das Verhältnis zur deutschen Umgebung nachhaltig negativ. Zudem rekurriert Hülya, die sich sonst »ganz deutsch fühlt«, hier mit großer Erleichterung auf ihre türkische Herkunft – sie ist plötzlich froh, nicht dazu zu gehören.

Im nächsten Segment konstruiert Hülya einen Zusammenhang zwischen der von ihr angestrebten deutschen Staatsbürgerschaft, ihrer muslimischen Glaubenszugehörigkeit und der Gemeinsamkeit, die sie mit den Juden empfindet. Falls sie nämlich die deutsche Staatsangehörigkeit annimmt, wird auch sie eine Deutsche mit anderem Glauben sein. Ihre persönliche Betroffenheit bezüglich des Schicksals der Juden im Nationalsozialismus führt sie auf diese Gemeinsamkeit zurück: »Ich glaube, ich fühle mich so sehr betroffen, weil ich irgendetwas gemeinsam hab' mit den Juden. Weil, ich will jetzt die deutsche Staatsangehörigkeit annehmen. Ich hab dann immer noch meine Religion. Bin immer noch Muslim, aber bin Deutsch dann, hab 'ne deutsche Staatsangehörigkeit. Das war ja bei den Juden auch fast so, dass die 'ne andere Religion hatten, aber trotzdem Deutsch waren, ja. Und dass die dann verfolgt wurden, nur weil sie eine andere Religion hatten, einen anderen Glauben. [...] Ich habe Angst, dass mir als muslimische Deutsche das gleiche passieren könnte wie den jüdischen Deutschen.«

Hülya bildet eine Analogie und imaginiert sich in ähnlicher Situation wie die einstigen Opfer der NS-Verfolgung. Deutlich wird die Angst vor Wiederholung der Geschichte unter Austausch der religiösen Gruppe. Zudem wird ihre Identitätsarbeit durch die historisch aufgeladene Deutung erschwert. Hülyas Wunsch, die deutsche Staatsbürgerschaft anzunehmen, scheint in unauflösbarem Gegensatz zu ihrem muslimischen Glaubensbekenntnis zu stehen. Das Projekt, muslimische Deutsche sein zu wollen, erscheint ihr vor dem Hintergrund ihrer Kenntnisse über den nationalsozialistischen Antisemitismus in Deutschland riskant. Schließlich zeige doch die Geschichte, dass auch jüdische Deutsche – als Deutsche mit anderem Glauben – verfolgt wurden. Das Wissen um die Geschichte der jüdischen Minderheit in Deutschland wird für Hülya zu einer zentralen Orientierungsgröße bei der Formulierung ihrer eigenen Zukunftsperspektive als Muslima in Deutschland.

2. Bülent: »Ich kann mich für Dinge interessieren, für die sich jugendliche Deutsche auch interessieren«

Bülent nimmt als einziger aus seiner Klasse an einer Gedenkstättenfahrt nach Theresienstadt teil, die während der Schulferien stattfindet. Ich lerne ihn vermittelt durch die Veranstalter der Gedenkstättenfahrt kennen. Zum Zeitpunkt des Interviews ist er sechzehn Jahre alt und besucht die zehnte Klasse einer Realschule in einem urbanen Ballungsgebiet. Seine Mutter ist türkischer Herkunft, aber bereits in Deutschland geboren. Sein leiblicher Vater stammt ebenfalls aus der Türkei und kam als sehr junger Arbeitsmigrant in die Bundesrepublik. Die Eltern sind geschieden. Die Mutter lebt seit Bülents achtem Lebensjahr mit einem deutschen Mann zusammen, der die soziale Vaterrolle für Bülent übernommen hat.

Interessant erscheint zunächst die Eröffnungssequenz des Interviews, welches ich mit der Frage eröffnete, »Wie kam es, dass Du Dich mit dem Nationalsozialismus beschäftigt hast?« Bülent antwortet: »Ja, wie soll ich sagen – viel durch die Medien, aber auch durch die Schule. Da wird ja auch immer so von geredet – halt bla, bla, bla – auch wegen den ausländischen Kindern, dass die halt anders wären als die Deutschen, dass die sich dafür nicht viel interessieren würden. Ich weiß nicht, viele Ausländer werden so angesehen wie richtige Ausländer. Zum Beispiel ich: Ich bin hier zum Beispiel geboren und aufgewachsen. Ich sprech' die Sprache besser als meine. Und ich mein, für mich ist da kein Unterschied. Ich kann mich für Dinge interessieren, für die sich jugendliche Deutsche auch interessieren. Zum Beispiel: Es gibt viele deutsche Jugendliche, die überhaupt keine Ahnung haben von deutscher Geschichte [...] Das interessiert die Leute eigentlich gar nicht. Die sind der Meinung: Ausländer ist Ausländer und Deutsch ist Deutsch. Und ob man hier geboren ist, ist egal.«

Bülent argumentiert aus einer defensiven Haltung heraus. Die Auseinandersetzung mit dem Nationalsozialismus und dem Holocaust entfaltet er im Spannungsfeld der Gegenüberstellung: Deutsche und Ausländer. Er beansprucht das gleiche Recht wie deutsche Jugendliche, sich mit dem Thema zu befassen, und kritisiert, dass man Jugendliche nicht-deutscher Herkunft von vornherein stigmatisiere, in dem man ihnen ein Interesse an der deutschen Geschichte abspreche und sie wie »richtige Ausländer« behandele. Er wehrt sich gegen das Überstülpen der Kategorie Ausländer. Bülent strebt nach einer Auflösung der dichotomen Konstruktion: Ausländer – Deutsche.

Das Thema der Selbst- beziehungsweise Fremdzuschreibung zieht sich wie ein roter Faden durch das gesamte Interview und greift auf die geschichtsrelevanten Themen über. Bülent befindet sich offenbar an einem kritischen Punkt der Auseinandersetzung mit sich selbst und seinen Zugehörigkeiten. Er kämpft um eine Mehrfachidentität. Der Umgang mit der Geschichte des Nationalsozialismus wird dabei zu einem Austragungsort dieses Konflikts um das Dazugehören. Bülent unterstreicht sein Recht, an vermeintlich »deutschen« Themen in gleicher Weise teilzuhaben wie die deutschen Jugendlichen auch. Dabei bezieht er sich auf die Erfahrung, sich für seine Teilnahme an der Gedenkstättenfahrt rechtfertigen zu müssen, und zwar vor den deutschen Mitschülern in seiner Klasse: »Aber dann haben die so gesagt, die meisten Ausländer würden das nicht tun. Aber das ist Quatsch. Ich mein', in meiner Klasse, die ganzen Deutschen, warum ham die das nicht gemacht? Das frag' ich mich. [...] Am Anfang ham se gesagt: ›Was willst du eigentlich dort? Fahr doch lieber in die Türkei‹, bla, bla, bla.«

Bülent ist enttäuscht darüber, dass seine Mitschüler sein Interesse nicht anerkennen. Sie exotisieren ihn und sein Engagement in Sachen NS-Geschichte, in dem sie ihn zur Ausnahme erklären. Sie halten an der Auffassung fest, dass dieses Thema Ausländer nicht interessiere. Hinzu kommt, dass seine Mitschüler ihn bereits vor der Fahrt auf sein vermeintliches Heimatland verweisen, nämlich mit der Frage, was er eigentlich in Theresienstadt wolle und warum er nicht lieber in die Türkei fahre. Bülents Versuch, sich die Geschichte des Nationalsozialismus und des Holocaust anzueignen, wird durch die national-historische Zuschreibung seiner Mitschüler sanktioniert. Der Verweis auf die Türkei dient der Ausgrenzung Bülents mit seinem historischen Interesse an der deutschen Geschichte, so als gelte für das Thema Nationalsozialismus und Holocaust »Germans only«. Für Bülent bedeutet diese Erfahrung eine erneute Zurückweisung durch seine deutschen Mitschüler, denen er auf diesem Wege doch eigentlich näher kommen wollte.

Während des Aufenthaltes der Gruppe in Theresienstadt gibt es noch eine weitere Szene, die sich in dieses Bild fügt: Einige der deutschen Teilnehmerinnen weinen am Krematorium. Als Bülent ihnen mitteilt, dass ihm nicht zum Weinen zu Mute sei, lassen die Mädchen ihn wissen: »Du als Ausländer hast ja auch keine Ahnung, worum es hier geht.« Bülent reagiert mit Wut und Ohnmachtgefühlen: »[...] Und das is ein Punkt gewesen, wo ich mich aufgeregt hab', weil ich kann das nicht akzeptieren. Erstens: Ich durfte nicht hierher kommen. Ich bin hier geboren. Zweitens: Ich hab den deutschen Pass. [...] Ich fühl mich hier nicht als Ausländer. Das ist meine Heimat. [...] Und ich bin auch 'n Deutscher. Also, irgendwo bin ich ein Deutscher, aber irgendwo auch türkisch. Ich bin eben beides.«

In diesem Zitat, besonders im letzten Satz – »ich bin eben beides« – artikuliert sich geradezu der Schrei nach einem gesellschaftlichen Raum, in dem sein bikulturelles Selbstverständnis anerkannt wird. Am Ende des Interviews denkt Bülent über historische Last und Schuld nach. Dabei kommt ein kurioser Moment nationaler Selbstzuschreibung zum Vorschein: »Ich betrachte mich ja selbst auch als Deutscher. Ich sag' mal: Ich hab' gar keine Last. Ich glaub' auch nicht, dass irgendein deutscher Bürger eine Last hat, der heute lebt. Also, ich mein', ich sprech' mal jetzt als Deutscher. Wir können für damals, für das, was da passiert ist, nichts. Dafür können nur die Leute was, die so dumm waren und auf Adolf Hitler gehört haben [...] Wir können für damals nichts. Also, das sind die Leute, die damals was gemacht haben, denen sollte man die Schuld in die Schuhe schieben, nicht uns. Als wir in Tschechien waren, das war eigentlich das einzige Mal, wo ich als Deutscher angesehen worden bin. Also, da hab' ich mich als ›Reindeutscher‹ gesehen. Da hab ich den Türken in mir vergessen, weil da war es was anderes. [...] Da kam ich mir schon so schlecht auch vor, weil die Deutschen da so Schlimmes verbrochen haben. Das sind solche Momente, wo man drüber nachdenkt und wo man auch ein bisschen Schuldgefühl kriegt. Da hab' ich mich echt als Deutscher angesehen, also als ein Gast in einem Land, der nicht gern gesehen wird.«

Mit seiner Schulklasse im Nachbarland Tschechien macht Bülent plötzlich die Erfahrung, als Teil des deutschen Kollektivs gesehen zu werden. Für die tschechische Bevölkerung, der Bülent begegnet, gibt es keinen Unterschied zwischen ihm und seinen Mitschülern. Sie sind alle Deutsche im Ausland. Die unhinterfragte Zuschreibung als Deutscher, die ihm dort widerfährt, lässt ihn den »Türken in sich«, wie er sagt, vergessen. Und prompt scheint sich, wie bei den deutschen Jugendlichen, ein diffuses Unbehagen und ein Gefühl von Schuld einzustellen. Zudem suggeriert der Begriff »Reindeutscher« eine Steigerung. Mit der zusätzlichen Übernahme der historischen »Last« und der »Schuldgefühle«, so scheint es, hat er sich vollends für die Mitgliedschaft im deutschen Kollektiv qualifiziert. Deutscher als »reindeutsch« kann er nicht werden. Auch in seiner Rede vom »Wir können dafür nichts!« signalisiert er sein Dazugehören. Er adoptiert die historische Bezugsgruppe der Täter, Zuschauer und Mitläufer. Bülent macht sich ein deutsches »Wir« zu eigen und spricht so nicht *für* die Deutschen, sondern auch *als* Deutscher.

Versuch einer Typologie

Die vorgestellten Ausschnitte illustrieren die vorhandene Vielfalt der Geschichtsbezüge, die bei aller Unterschiedlichkeit auch Gemeinsamkeiten aufweisen. Alle Jugendlichen ringen in der Auseinandersetzung mit der NS-Geschichte auch mit Fragen von Zugehörigkeit. Dabei ist auffällig, dass es nicht so sehr die national-kulturelle Herkunft ist, die die Umgangsweise mit der NS-Geschichte prägt, sondern vielmehr die gesellschaftliche Positionierung als Angehöriger einer Minderheit in der deutschen Mehrheitsgesellschaft. Über die Aneignung, Annahme oder Abgrenzung von der Geschichte des Nationalsozialismus wird Zugehörigkeit zur Mehrheitsgesellschaft verhandelt, behauptet, in Frage gestellt oder zurückgewiesen. Dabei geht es darum, sich zu unterschiedlichen historischen Bezugsgruppen in Beziehung zu setzen. Auf der Basis der empirischen Ergebnisse meiner Studie habe ich insgesamt vier Typen herausgearbeitet.[31] Die Typen beschreiben biographische Strategien – Selbstpositionierungen – im Umgang mit der NS-Vergangenheit, die sich in der Identifikation mit bestimmten historischen Bezugsgruppen bündeln lassen.

Typ I: Fokus Opfer der NS-Verfolgung
In den unter Typ I gefassten Geschichtskonstruktionen schält sich ein Interesse am Schicksal der Opfer als dominantes Motiv heraus. Dies geht einher mit einem hohen Maß an Empathie und persönlicher Betroffenheit. Im Mittelpunkt stehen die Opfer und das Unrecht, das ihnen widerfahren ist. Dabei kommt es häufig zu Analogiebildungen, die ein Sich-hinein-versetzen-Können in die Opfer suggerie-

---

[31] Die im Rahmen eines größeren »Samples« von 55 Interviews angefertigten Einzelfallanalysen bildeten die Grundlage für die Bildung der vier Typen. Auf eine Darstellung des Forschungsdesigns und der angewandten Methoden (Biographieforschung, »Grounded Theory« und Geschichtenhermeneutik) muss hier verzichtet werden.

ren: Selbst erfahrene Diskriminierung und Rassismus in der deutschen Aufnahmengesellschaft werden zu den Ausgrenzungs- und Verfolgungsmechanismen des NS-Regimes in Beziehung gesetzt. Die eigene Lebenssituation als Angehöriger einer Minderheit in Deutschland beziehungsweise die Position als Ausländer wird mit der Situation jüdischer Opfer nationalsozialistischer Rassenpolitik verglichen. Die Kenntnis der NS-Geschichte wird dabei nicht nur zu einem kritischen Maßstab der Beobachtung möglicher historischer Kontinuitäten in der Aufnahmegesellschaft, sondern auch eine Sinn stiftende Folie für die Deutung der eigenen Gegenwart und Zukunft als in Deutschland lebender Migrant der zweiten und dritten Generation.

Typ II: Fokus Zuschauer, Mitläufer und Täter im Nationalsozialismus
Die unter Typ II dargestellten Geschichtskonstrukte zeichnen sich durch eine explizite Bezugnahme auf die Zuschauer-, Mitläufer- und Tätergesellschaft aus, deren Sozialperspektiven probeweise eingenommen werden (etwa die Perspektive ehemaliger Wehrmachtsoldaten). Es kommt dabei nicht selten zu einer Reproduktion von Mythen über den Nationalsozialismus. Einerseits werden Migrantenjugendliche durch ihre politisch-historische Sozialisation in Deutschland in solche Mythenbildungen und damit auch in die deutsche Erinnerungsgemeinschaft verstrickt. Andererseits verstricken sich die jungen Migranten durch die Bearbeitung bestimmter Vergangenheitsdeutungen auch selbst in deutsche »Geschichtsgeschichten«.[32] Motiv für die aktive Teilhabe am kommunikativen Gedächtnis der deutschen Gesellschaft scheint ein Bedürfnis nach Zugehörigkeit. Es geht darum, sich durch ein bereitwilliges Antreten des »negativen historischen Erbes« als »vollwertiger« Deutscher zu legitimieren und zu qualifizieren. Es scheint, als diene die Auseinandersetzung mit der NS-Vergangenheit und der Grad der (Selbst-)Verstrickung in diese Geschichte der Steigerung der Legitimation als deutscher Staatsbürger. An die Übernahme von Verantwortung oder gar von »Schuldgefühlen« für die von Deutschen begangenen Verbrechen knüpft sich eine Annerkennungs- beziehungsweise Integrationserwartung.

---

[32] Volkard Knigge verwendet den Begriff der Geschichtsgeschichten als positive Beschreibung von »trivialem Geschichtsbewusstsein«. Vgl. hierzu seine Ausführungen in: ders., Triviales Geschichtsbewusstsein und verstehender Geschichtsunterricht, Pfaffenweiler 1988.

Typ III: Fokus »eigene« ethnische Gemeinschaft
Typ III ist charakterisiert durch exklusive Teilhabe am kollektiven Gedächtnis der »eigenen« minoritären ethnischen Gruppe. In diesem Fall erscheint die historische Identität nicht in Gestalt einer Option. In der Wahrnehmung der Betroffenen wird sie zur Verpflichtung. Erinnerungstheoretisch handelt es sich mit Avishai Margalit um die Praxis »ethischen Erinnerns«.[33] Die ethische Erinnerungsgemeinschaft basiert hiernach auf ethnischer Vergemeinschaftung. Eine Variante innerhalb dieses Typus lässt sich mit dem Begriff der Instrumentalisierung beschreiben. Von Instrumentalisierung des Holocaust kann dann gesprochen werden, wenn eine Bezugnahme auf die Opfer des Nationalsozialismus ausschließlich der Dramatisierung der Situation der »eigenen Gruppe« dient. Dabei wird das Schicksal der eigenen ethnischen Gruppe argumentativ mit dem Holocaust verknüpft. Auf diese Weise kann der Affektgehalt des eigenen Anliegens aufs höchste gesteigert und unter den Druck eines moralischen Absolutismus gesetzt werden. So nutzen junge Migranten, die ihre eigene Verfolgungsgeschichte, die Leidensgeschichte ihrer Familie oder auch ihrer ethnischen Gruppe in der Aufnahmegesellschaft nicht repräsentiert beziehungsweise anerkannt sehen, die Erfahrungen der historische Bezugsgruppe der NS-Opfer als Projektionsfläche für die Abbildung ihrer eigenen Geschichte. Es scheint, als ahnten die Betroffenen, dass sich der deutsche Sorgehorizont für *ihre* Geschichte(n) nur dann öffnet, wenn diese in eine Nähe zu Auschwitz gerückt werden.

Typ IV: Fokus Menschheit
Typus IV stellt die universelle Dimension des Täter- und Opferseins in den Mittelpunkt. Weder die eigene ethnische Herkunft, noch die Herkunft der Opfer, Täter oder Mitläufer nationalsozialistischer Gewaltherrschaft spielen hier eine große Rolle. Diskutiert wird stattdessen, wie Menschen unter bestimmten historischen, politischen und sozialen Bedingungen zu Opfern, Mitläufern oder Tätern werden konnten und werden. Die Geschehnisse während des Nationalsozialismus werden mit aktuellen Phänomenen verglichen: Rassismus, Ausländerfeindlichkeit, Rechtsextremismus, Menschenrechtsverletzungen und Genozid. Diese Kontextualisierung der jüngsten deutschen Geschichte im Spiegel globalen Zeitgeschehens findet ihren Ausdruck in einer universalisierenden Perspektive. In Auseinandersetzung mit dem negativen historischen Exemplum *Auschwitz* werden Beurteilungsmaßstäbe und Handlungsstrategien für die Gegenwart entwik-

---

[33] Vgl. hierzu Avishai Margalit, wie Anm. 30, S. 106-118

kelt. Die historische Bezugsgruppe dieses Typus ist die gesamte Menschheit. Erinnert wird an Ereignisse der Menschheitsgeschichte und aufgrund der Zugehörigkeit zum »Menschengeschlecht«. Hintergrund der Positionierung als Mensch scheint eine in der Migration entwickelte postnationale beziehungsweise postethnische Orientierung[34] zu sein. Diese könnte sich aus zwei Komponenten speisen: Zum einen aus dem Nichtvorhandensein einer Identifikation mit Deutschland und den Deutschen, was nicht zuletzt auch auf die von Migrantenjugendlichen häufig erfahrene Nicht-Anerkennung als »Deutsche« zurückzuführen wäre; zum anderen aus dem Mangel an Einbindung in die kollektive Erinnerung der jeweiligen Herkunftsgesellschaft.

Die Zukunft des Erinnerns in der deutschen Einwanderungsgesellschaft

Der zuletzt genannte, auf die gesamte Menschheit als Bezugsgruppe abhebende Geschichtsbezug verweist auf die mögliche konstitutive Basis einer offenen und inklusiven, weil weder national noch ethnisch definierten Erinnerungsgemeinschaft. Diese spiegelt sich gegenwärtig in der unaufhaltsam scheinenden »Universalisierung des Holocaust«[35] und damit einhergehenden Globalisierung der Erinnerung an die Massenvernichtung der europäischen Juden. Der Holocaust wird dabei nicht nur zu einem universalen Orientierungspunkt für Menschheitsverbrechen, sondern auch zum Gegenstand einer weltgesellschaftlichen Erinnerungskultur, die Avishai Margalit im Gegensatz zur ethischen Erinnerung als moralische Erinnerung fasst. Die Partizipation an der moralischen Erinnerungsgemeinschaft setzt keine gemeinsamen ethnischen Wurzeln voraus.[36] Sie steht prinzipiell allen offen.

Nationale und ethnische Bezugsrahmen der Erinnerung verlieren an Bindekraft. Was geschieht aber mit der Erinnerung an die Opfer des Nationalsozialismus, wenn diese aus dem spezifischen historischen Kontext herausgelöst wird? Läuft sie nicht Gefahr, für immer hinter der Vereinnahmung für menschliche Katastrophen des Zeitgeschehens zu verschwinden? Erreicht die Instrumentalisierung der Erinnerung an den Massenmord nicht ihren Höhepunkt, wenn der

---

[34] David A. Hollinger, Postethnic America. New York 1995
[35] Vgl. Levy und Sznaider, wie Anm. 14; Jeismann, wie Anm. 13
[36] Margalit, wie Anm. 30

Holocaust zu einem universalen Behältnis für Erinnerungen an ganz unterschiedliche Opfer wird? Oder liegt paradoxerweise gerade in dieser globalen Indienstnahme von Auschwitz als universellem Maßstab für Menschenrechtsverletzungen eine zukunftsweisende, wenngleich nicht zweckfreie Dimension der Erinnerung im Sinne von Adornos Maxime, dass Auschwitz sich nicht wiederhole?

In der amerikanischen Geschichtskultur, wie sie etwa durch Holocaust-Museen, »Holocaust-Studies« und eine Vielfalt an Programmen zur »Holocaust-Education« repräsentiert wird, gehört ein universalistischer Zugang zur NS-Geschichte vielerorts bereits zur didaktischen Alltagspraxis. Der Holocaust wird hier verstanden als schlimmstes Verbrechen der Menschheit – als Ausdruck universalen Rassismus –, ja als Toleranzproblem. Ob eine solche Zugangsweise in der pluraler werdenden deutschen Gesellschaft an Bedeutung gewinnt, hängt nicht nur, aber auch von der künftigen Debatte über das historisch-politische Selbstverständnis der Deutschen ab, an der zunehmend auch so genannte Bindestrich-Deutsche teilnehmen werden.

Jens Fabian Pyper

Die zukünftige Bedeutung des Holocaust aus Sicht der ›dritten‹ Generation

Das Ziel dieses Textes ist es, ein Gespräch zu initiieren.[1] Damit soll das »Sprachproblem«, das zwischen Deutschen und Israelis und zwischen den Generationen besteht, thematisiert werden. Es ist dies stets ein Nichthören dessen, was der andere meint, ein Heraushören des Erwarteten oder Nützlichen aus dem Reden des Anderen. Da mir diese Art des Gesprächs geradeheraus nicht so recht gelingt, möchte ich den Text vierfach einleiten.

Zuerst eine Geschichte, die meine Frau in einem Interview für ein gemeinsames Buchprojekt erfahren hat.[2] Ein junger jüdischer Künstler ist als Jude in Deutschland aufgewachsen, mit jüdischem Sportverein und allem Drum und Dran. Als Teenager erfuhr er, dass seine Mutter nie tatsächlich zum Judentum konvertiert war, er außerdem nicht der Sohn seines vermeintlichen israelischen Vaters, noch der des angeblichen jüdischen Zeugevaters, sondern derjenige eines nicht-jüdischen Deutschen war, mit dem die Mutter ein kurzes Verhältnis gehabt hatte. Als kleiner Junge hatte er in der Schule die Filme mit den Leichenbergen in den Konzentrationslagern gesehen. Damals dachte er: Das ist, was sie uns angetan haben. Jetzt weiß er nicht, was er denken soll, wenn er die Bilder sieht: Das haben wir ihnen angetan?

---

[1] Der vorliegende Text wird hier, soweit es geht, in der Form des mündlichen Vortrags wiedergegeben. Dies entspricht am ehesten seinem Ziel, einen Diskurs zwischen den Generationen der Großeltern, Eltern, und Kinder, Juden und Goyim, Israelis und Deutschen anzuzetteln. Es geht mir buchstäblich darum, miteinander »ins Gespräch zu kommen«.
[2] Caterina Klusemann, Holocaust Babylon, in: Jens Fabian Pyper (Hg.), »Uns hat keiner gefragt.« Positionen der dritten Generation zur Bedeutung des Holocaust, Berlin/Wien 2002, S. 285. Ich folge in der Beschreibung annähernd dem Original.

Die Zuordnungen zu den vermeintlich so klaren Gruppen sind beileibe nicht eindeutig: weder die religiösen, noch die generationellen, nicht einmal die nationalen; und die Biographien mischen sich mit zunehmenden zeitlichen Abstand immer mehr.

Eine andere Einleitung wäre diese: Es ist schwierig, das Außerordentliche eines Ereignisses vermitteln zu wollen, von dem der andere nur durch Erzählung weiß. Wo genau liegt dieses Außerordentliche, das doch immer beim Gebrauch des Wortes »Holocaust« mitschwingt?

Auch schreibe ich, als ein 1975 im Westen geborener Mensch, natürlich für ein bestimmtes Publikum. Wegen meines geringen Alters werde ich beim Schreiben des Textes umso mehr darauf achten, dass ihn auch Ältere lesen werden, die sich mehr für meine Positionen als Vertreter der ›dritten Generation‹ als für meine Argumentationsführung interessieren könnten.

Einen Bezug wird der Text schließlich auch zur Rede George Steiners anlässlich der Verleihung des Börne-Preises 2003 entwickeln. Steiner sagte dort: »Das Sein ist unser Gastgeber. Wir sind vom Leben eingeladen. Niemand hat ein Recht, geboren zu sein. Jeder ist Gast im *mysterium tremendum* des Lebens. Schon das Neugeborene, ermahnt Montaigne, ist alt genug, um zu sterben. Leben heißt eine willkürliche Gabe in Empfang nehmen.«[3]

Meine Titelwahl, »Die zukünftige Bedeutung des Holocaust«, setzt schon voraus, dass der Holocaust weiter erinnert werden soll – und kann. Um das Wie und das Warum soll es gehen. Zuallererst aber habe ich meine soziale Position kurz zu verdeutlichen; dies nicht, weil damit eine halbe Seite des Textes gefüllt wird, sondern weil ein Leitfaden meiner Überlegung die Vorstellung ist, dass sich die Erinnerung, und wie ich argumentieren werde, damit auch die Bedeutung des Holocaust entwickelt, so dass jeder Sprecher über den Holocaust sagen sollte, an welchem Punkt der Entwicklung er sich sieht.

Im Herbst 1999 begann ein Buchprojekt von Vertretern der ›dritten‹ Generation. Wir begannen es mit dem gemeinsamen Vorsatz, der heutigen Bedeutung des Holocaust ›emotionsfrei‹ nachspüren zu wollen. Ich sah aber schließlich ein, dass man bei diesem Thema ohne ein Wissen um die eigenen Gefühle und um die Person des Gesprächspartners nicht sinnvoll diskutieren kann, vielleicht im

---

[3] George Steiner, Wir sind alle Gäste des Lebens. Über die willkürliche Gabe der Existenz, das Wunder des Staates Israel und den verlorenen Adel des jüdischen Volkes – Dankesrede aus Anlass der Verleihung des Börne-Preises. In: Frankfurter Allgemeine Zeitung vom 31. Mai 2003, Seite 37

Gegensatz zu anderen ›historischen‹ Themen. Eine distanzierte Betrachtung, wie sie von manchen propagiert wird, halte ich für fruchtlos.

Ohne repräsentativ sein zu können: Ich schreibe als Vertreter der ›dritten‹ Generation, dass bedeutet erst einmal, dass meine Großeltern den Zweiten Weltkrieg bewusst erlebt haben und meine Eltern um das Kriegsende geboren wurden, also keine bewusste Erinnerung an Krieg und Holocaust haben. Als Enkel bin ich so ›dritte‹ Generation, aufgewachsen in Westdeutschland – und ich werde hier nichts über meine Altersgenossen aus der DDR sagen können.[4] ›Dritte Generation‹ bedeutet unter anderem, dass ich eine in gewissem Sinne gründliche Behandlung des Themas in der Schule erfahren habe trotz aller Unterrichtskürzungen, Überfrachtung der Rahmenrichtlinien und Überforderung der Geschichtslehrer. Es bedeutet zum Beispiel, dass für mich von Anfang an die Leugnung des Holocaust eine Lüge ist. ›Dritte Generation‹ bedeutet aber auch, dass ich Tabus ›erfahren‹ – im Sinne von vermittelt bekommen – habe. Das Schlüsselwort hier scheint ›Unwohlsein‹ zu sein, ein schlechtes Gefühl eben, das – man ahnt es – irgendwie nicht ganz koscher ist, das man aber weder näher bestimmen kann noch vielleicht möchte. Ein Unwohlsein bei Begriffen wie ›Jude‹ oder ›deutsche Geschichte‹ etwa. Ein Verantwortungsgefühl für die Verbrechen des Dritten Reiches, besonders im Ausland, und dies bestätigen meine Altersgenossen, wie es auch schon die Generation meiner Eltern erfuhr.

Und ich schreibe natürlich in der ersten Person: als Mensch mit einer Kindheit auf dem Land, Studium in Berlin (Humboldt Universität), Jerusalem, Paris, den USA, einem Jahr in der Mongolei und jetzt einem Doktorat in Florenz und einem Kind. Ich schreibe als jemand, der Identität als ein Angebot erfährt, nicht als uns unwandelbar anhängende, kollektiv verankerte Eigenschaft.

Meine Hypothese ist, dass die Erinnerung an und die Bedeutung des Holocaust *historisch* verstanden werden müssen; die Idee ist, dass ohne ein solches Verständnis die notwendige Kritik ausbleibt, mit der die Erinnerung an den Holocaust für zukünftige Generationen sinnvoll angeregt werden kann.

---

[4] Gedanken zu dem, was spezifisch »westdeutsch« in der Holocaust-Erinnerung sein mag, formulierte ich im Oktober 2003 auf der Tagung »Begegnen – aber wie Erinnern« des Koordinierungszentrums Deutsch-Israelischer Jugendaustausch ConAct und des Instituts Neue Impulse. Eine Tagungsdokumentation ist angekündigt.

Das schwierige Erbe der Holocaust-Erinnerung – die Singularitätsthese

Ein Grundproblem in der Auseinandersetzung der ›zweiten‹ Generation mit dem Holocaust liegt im Konflikt zwischen einer individuell und gesellschaftlich eingeforderten singulären Interpretation und der Weiterentwicklung gesellschaftlich tragfähiger Konzepte, wie mit seiner Erinnerung umzugehen sei. Dies war das Leitthema von Historikerstreit, der Debatte um das Mahnmal für die ermordeten Juden Europas und der Walser-Bubis-Debatte. Dass angesehene Menschen die Singularität des Holocaust hinterfragen, ist kein Grund, ihnen nachzueifern. Ich bezweifle nicht die herausragende Position des Holocaust in der Geschichte, noch möchte ich den Sinn einer Erinnerung an ihn in Frage stellen. Aber ich sehe eine Gefahr, dass bei Fortführung der singulären Interpretation des Holocaust dieser nicht weiter sinnvoll erinnert werden wird. Singularität, so meine These, lässt sich nicht vermitteln und behindert sogar die Entwicklung eines Bewusstseins für das historische Geschehen des Holocaust bei den nachfolgenden Generationen.

Für Saul Friedländer gibt es eine unmittelbar an den Fakten hängende Einzigartigkeit des Holocaust. Diese moralische Singularität, die er in seinem ganzen Werk beschreibt, ist dem Ereignis aber erst allmählich zugeschrieben worden. Die Auswertung der Reedukationspolitik der Alliierten braucht noch etwas Zeit, letztendlich wird sich aber wohl nur schwer klären lassen, welche Gefühle die große Mehrheit der Mitläufer, Mittäter und Täter gegenüber dem Regime nach seinem Fall wirklich besaß. Aber es gab, so zeigen meine Forschungen über die deutsche Geschichtswissenschaft nach 1945, eine ganz kurze Phase unmittelbar nach der Niederlage, in der diese innerlich anerkannt wurde, das eigene Leid noch nicht in den Vordergrund trat und zahlreiche Reflexionen zur eigenen Vergangenheit entstanden. Karl Jaspers Entwurf *»Die Schuldfrage«*, in der er bereits den Verantwortungsgedanken entwickelte, der dann 1985 in Richard von Weizsäckers Rede so beeindruckte, ist ein beweis dafür, ebenso der Film *»Die Mörder sind unter uns«*, der die Gefahr thematisierte, die Augen vor der erlebten Vergangenheit zu verschließen. Beide entstanden noch ohne rechtes, das heißt »wissenschaftliches« Wissen von dem, was eigentlich geschehen war.

Diese Phase war jedoch äußerst kurz, schon bald setzte das große Schweigen ein. Ich stelle das fest, ohne Schuld zuzuweisen oder abzusprechen – denn welche Berechtigung für eine moralische Bewertung hätte ich eigentlich? In dieser Scheu vor einer moralischen Beurteilung der eigenen Vorfahren liegt wohl einer der Gründe, dass eine Klärung der Bedeutung, die das Erinnern an den Holocaust hat, nicht gelingt.

Ich spekuliere, dass die überlebenden Mitläufer und Täter nicht nur in den so oft zitierten Alltagssorgen aufgingen, sondern durchaus auch in einer stummen Übereinkunft mit den überlebenden Opfern standen, so wenig wie möglich über das Vergangene zu reden, nun als klar wurde, was das eigentlich gewesen war. Emotionaler Austausch scheint so gut wie unmöglich gewesen zu sein, leichter zumindest schien, dank seiner klaren Regeln, der materiale Austausch über Entschädigungen, der dann im Luxemburger Abkommen 1952 erstmals besiegelt wurde.

Auch das legendäre 1968 brachte nicht den entscheidenden Durchbruch. Zwar klagte die Generation meiner Eltern das Schweigen ihrer Vorfahren an, damit begann aber die ›zweite‹ Generation noch lange nicht die emotionale Auseinandersetzung mit der ›deutschen Vergangenheit‹. Immerhin wurde das zentrale Verbrechen des Nationalsozialismus, besonders durch die Nachrichten über das Eichmann-Verfahren in Israel, nun wieder öffentliches Thema; 1979 erhielt es mit der Fernsehserie *»Holocaust«* endlich einen Namen. Irgendwo hier wurde meine Generation geboren (und ich gehe von einem sehr schmalen Generationsbegriff aus).

Richard von Weizsäckers Rede von 1985 erlebten wir schon bewusst, meine Deutsch-Klasse analysierte Philipp Jenningers fatale Rede von 1988. Die Initiative für ein Mahnmal für die ermordeten Juden Europas, die immer wiederkehrenden Debatten um Fassbinders *»Die Stadt, der Müll und der Tod«*. *»Schindlers Liste«*, das Jüdische Museum in Berlin, Zwangsarbeiterentschädigung, Goldhagen-Debatte, Walser-Rede, dazwischen immer wieder schwere antisemitische, öfter noch von dumpfem Fremdenhass motivierte Ausschreitungen in West- und Ostdeutschland. Inmitten dieser Debatten hat meine Alterskohorte ein politisches Bewusstsein mehr oder weniger entwickelt.

Aber auch diejenigen meiner Kohorte, die ein solches Bewusstsein nicht ausgebildet haben und die vom Holocaust »nichts mehr hören wollen«, sind nicht automatisch Antisemiten, Leugner von Auschwitz oder Geschichts- und Politikverdrossene. Ich kenne viele von ihnen, und es sind beileibe viele tolerante, auch in Konfliktfällen offen für den Schwächeren eintretende Menschen darunter. Ihr Verhalten stellt wohl keine qualitativ neue Entwicklung dar in der Bundesrepublik Deutschland, aber sie lassen uns einen Komplex von Fragen stellen, der jetzt brisanter ist als bisher: Was soll künftig erinnert werden? Wie soll sich erinnert werden? Warum soll erinnert werden?[5]

Die Beantwortung dieser Fragen aus meiner Sicht geht von der Singularitätsthese aus, mit der ich wie viele Angehörige meiner Generation im Umgang mit dem Holocaust konfrontiert worden bin. Ich will mein Verständnis des Begriffes erläutern: Singulär bedeutet einzigartig, ein singuläres Ereignis wäre also eins, dem kein anderes zur Seite gestellt werden kann. Eine Reihe von Thematisierungen wird damit ausgeschaltet: sowohl die Vergleiche mit den Massenmorden an Armeniern, in Kambodscha oder Ruanda, als auch, letztendlich, die Annahme seiner möglichen Wiederholung. Dies passt natürlich in ein deutsches Selbstbild von der Geschichte des Dritten Reiches als etwas, das keine Kontinuitäten aufweist, endgültig beendet ist (ohne damit gleich die ganze ›Geschichtsunfall‹-Argumentation zu übernehmen). In der Tat befremdete mich ein solcher Vergleich sehr, etwa als das Eingreifen in den Bürgerkriegen des damaligen Jugoslawiens von den US-Amerikanern mit dem Verhindern eines neuen Holocaust begründet wurde.

Damit war und ist aber eine andere Facette des Beschweigens verbunden: Nie kamen mir in meiner Jugend, und das bestätigen wiederum viele Gleichaltrige, Geschichten zu Ohren von persönlichen Verstrickungen von Verwandten, weder mit dem Nationalsozialismus, geschweige denn mit seinen Verbrechen. Individuelle Verantwortung kam nicht vor, es sei denn für allerkleinste Widerstände. Emotionale Erinnerungen waren nicht opportun. Israelische Politik war ein heißes Eisen, Kritik wie Anerkennung waren zu vermeiden. Juden waren sehr wichtig, aber in der Bekanntschaft gab es keine, und diejenigen, die dennoch in Gesprächen vorkamen, waren auf seltsame, nie erkennbare Weise etwas Außerordentliches. Ihr ›Judesein‹ konnte irgendwie nicht thematisiert werden – man wusste ja auch eigentlich alles: über die Liturgie in der Synagoge, dass das Beschneiden zur Entstehungszeit der Religion hygienisch gerechtfertigt war, dass die Stereotypen über das jüdische Leben alle falsch waren, und wenn etwas nicht zu widerlegen war – etwa eine überproportionale Vertretung in manchen Berufen –, der Grund dafür bei Gesetzestraditionen des Mittelalters zu suchen war.

Trotz der großen Bedeutung von Judentum und Holocaust in den öffentlichen Debatten war insbesondere um das Thema Holocaust ein Feld von Tabus gelegt.

---

[5] Diese Fragen waren auch Teil der Ankündigung zu dem ersten der beiden Seminare, auf deren Basis diese Beiträge entstanden sind.

Nicht nur Jenninger stolperte in ihm, Nolte verrannte sich darin, Walser wollte es durch eine abermalige Tabuierung des Themas loswerden.

Meine These ist: *Ein Thema, über das die Kinder und Schüler nicht frei Fragen stellen dürfen, kann auch nicht begriffen werden.*

Bis jetzt stellte die seltsam kommunikative Vermittlung der Tabus in den Familien und Schulen sicher, dass Holocaust ein Thema mit einer besonderen Bedeutung geblieben ist. Dies war sicher keine besonders gute Art der Vermittlung der Besonderheit des Themas, aber immerhin war es eine. Durch das oft zitierte Ende der kommunikativen Erinnerung aber müssen wir neue Formen des Umgangs mit diesem Teil von Geschichte finden, damit das Thema ein Thema bleibt.

Denn Walser irrt sich gründlich: Der Holocaust ist kein hoch geputschtes Thema, sondern ein zentrales Ereignis unserer Vergangenheit. Und die Tatsache, dass die meisten Menschen, die sich an ihn und seinen Kontext erinnern, jetzt sterben, gibt nicht den mindesten Anlass, ihn zu vergessen. Singularität zuzuschreiben behindert aber die Vermittlung und kann daher nur die persönliche Interpretation jedes Einzelnen sein, nicht aber den Umgang in der Öffentlichkeit bestimmen. Vor einer Verständigung über die Gründe und Weisen der zukünftigen Erinnerung muss also die Übereinkunft stehen, in der Debatte die Singularität weder als Vermittlungsziel noch Hintergrund der Debatte selbst anzunehmen.

Dies haben aber diejenigen vorausgesetzt, die die politischen Debatten meines Großwerdens‹ bestimmt haben, also in erster Linie die Angehörigen der ›zweiten‹ Generation. Sie haben eine Menge von lobenswerten Erinnerungsprojekten initiiert, die ihren Kindern eine selbständige Entscheidung über die Art der Holocaust-Erinnerung nur in den seltensten Fällen zutrauen. Herausragend sind hier die Debatten um das Holocaust-Denkmal in Berlin, für das immer wieder ins Feld geführt wurde, vor dem Aussterben der Augenzeugengeneration müsse gesichert sein, dass die zukünftigen Generationen den Holocaust als singuläres Ereignis erinnern. Dabei wurde das Zielobjekt des Denkmals, also meine Generation und deren Kinder und Enkel, nirgends in die Debatte einbezogen, noch nicht einmal im Gedankenexperiment, wie das Denkmal eines Tages von ihnen aufgenommen werden würde.

Natürlich hält die zweite Generation ihre Position für die richtige; die Vehemenz aber, mit der einige ihrer führenden Vertreter sie nicht nur vertreten, sondern unverändert weitergeben wollen, stellt, so scheint es, die Urteilsfähigkeit ihrer Kinder in Frage. Ein Teil strebt nach der endgültigen Festsetzung der Bedeutung des Holocaust in der Erinnerung. Dies ist, so meine These, im doppelten Sinne kontraproduktiv: Erstens widerspricht die Oktroyierung des Erinnerungsinhaltes den demokratischen Traditionen, die gerade auch als Antwort auf den Holocaust begründet werden. Zweitens macht es die Erinnerungsleistung selbst sinnlos, indem sie Erinnerung nur in erstarrter Form weitergibt und so ihre lebendige Aneignung durch die je nachwachsende Generation verhindert. Dies verwundert um so mehr, als sich meine Elterngeneration 1968 selbst gegen die Fehler ihrer Eltern gewandt hatte, also doch eigene Erfahrung um die Probleme des intergenerationellen Erinnerungsdiskurses gemacht hatte.

Meine Generation kann nur durch die Bilder und Erinnerungen ihrer Eltern und Großeltern vom Holocaust erfahren, und dies ist nicht möglich, ohne zugleich auch Wertungen der Fakten vermittelt zu bekommen. Entscheidend aus meiner Sicht ist aber, *wie* dies geschieht: Ob versucht wird, mit uns gemeinsam darüber nachzudenken, welche Wertungen heute sinnvoll sind; oder ob wir nur als Objekt der Erziehung betrachtet werden. Letzteres ist dem Erinnern selbst abträglich und wird spätestens, wenn die Jüngeren die Einseitigkeit dieser Kommunikation wahrnehmen, kontraproduktiv.

Die Voraussetzung dafür, dass der Holocaust heute noch Bedeutung haben, also ein bedeutungsvoller Teil der Kultur sein kann, in der er erinnert wird, ist für mich, eine aufrichtige Diskussion auch über die Frage zuzulassen, ob er überhaupt noch den zentralen Platz im öffentlichen Leben beanspruchen kann, den er heute einnimmt. Dies bedeutet nicht, Antisemiten und Rassisten im Diskurs ernst zu nehmen. Aber es bedeutet, diejenigen ernst zu nehmen, die wir ›Nachfahren des Dritten Reiches‹ gerade aufgrund der Lehren aus seinen Verbrechen bei uns aufgenommen haben: Junge Türken etwa, die hier in der zweiten oder dritten Generation groß werden und sich fragen, was ihr Anteil an dieser nationalen Erinnerungskultur sein kann. Dies gilt auch für den Umgang mit den Folgen der ganz anders motivierten Erinnerungskultur der DDR, die den Holocaust nicht singulär setzte.

Mein – intuitives – Argument hier ist, dass der Holocaust nur dann in Zukunft erinnert werden wird, wenn dem Erinnern eine gesellschaftliche Funktion zukommt. Wenn also das Wissen um ihn in einer Beziehung zur Erfahrung steht.

Gründe für ein zukünftiges Erinnern an den Holocaust

Drei Arten von Gründen möchte ich unterscheiden: solche zum Verständnis der Vergangenheit, diejenigen, die dem Leben in der Gegenwart dienen und schließlich jene, die für die Gestaltung der Zukunft notwendig sind. Richtig ist, dass ohne ein Wissen um den Holocaust die Zeitgeschichte der westlichen Welt und des Nahen Ostens unverständlich bleiben muss. Aber dieses geschichtswissenschaftliche Argument steht nicht im Zentrum, wenn wir von der Notwendigkeit sprechen, den Holocaust weiter zu erinnern. Denn dieser Grund wird in ein paar Jahrzehnten relativ neben anderen historischen Stationen stehen – etwa der Notwendigkeit, die Aufklärung des 18. Jahrhunderts zu vermitteln, um das 20. Jahrhundert zu verstehen.

Schon eher mögen da Motivationen aus der Gegenwart eine Rolle spielen. Der Holocaust ist ein Maßstab für Bedeutung überhaupt. Er dient dazu, das Leid eines Menschen oder eines Volkes zu messen. In dieser Funktion wird er politisch, sozial und zunehmend auch materiell instrumentalisiert. Solche Versuche der Instrumentalisierung führen diejenigen, die sich nicht mehr mit ihm beschäftigen wollen, als Gründe ihrer Ignoranz an. So begründete Walser sein Wegschauen mit »der Instrumentalisierung unserer Schande zu aktuellen Zwecken«. Dagegen halte ich: Insofern der Holocaust Maßstab für Bedeutung und Ermahnung für Menschlichkeit geworden ist, kann er auch als historisches Argument auftauchen. Insofern er als historisches und somit prinzipiell wiederholbares Ereignis erinnert wird, kann er warnen vor den möglichen Ergebnissen bestimmter Entwicklungen oder mancher politischen Entscheidungen.

Den folgenden Satz möchte ich mit der Einschränkung schreiben, dass mich meine Überlegungen (noch immer) nicht befriedigen. Problematisch ist nämlich in der politischen Argumentation die doppelte Erinnerung in der deutschen Geschichte an Hitlers Angriffskrieg und den Holocaust zugleich: Letzterer gemahnt zum Eingreifen, zur Beendigung menschenverachtender Politik, der Angriffskrieg dagegen mahnt, wie jeder Krieg, an die Leiden, die ein Krieg immer mit sich bringt.

Eine Reihe von gegenwärtigen Problemen hat Bezüge zur Geschichte Europas im Zweiten Weltkrieg und den begangenen Verbrechen. Ganz konkret spielt der Holocaust eine Rolle in unserem Umgang mit Minderheiten, mit der deutschen Position in der Europäischen Union, vor allem aber in unserem Umgang mit den Familiengeschichten; dafür brauchen wir unser Erinnern und unser Wissen um den Holocaust. Ein besonderes Feld in den Aufgaben, die die Erinnerung an den Holocaust betreffen, ist der Dialog zwischen ›Deutschen‹ und ›Juden‹, wobei Juden sehr wohl Deutsche sein können, und nach dem Krieg eingebürgerte Deutsche und vielleicht diejenigen mit einer Vergangenheit in der DDR, für die die Dinge anders liegen. Ein besonderes Verhältnis zur ›deutschen Geschichte‹ und ›zum Judentum‹ diente der nationalen Einigung der Bundesdeutschen nach dem

Zweiten Weltkrieg. Der Austausch mit Juden wurde gesucht zur Selbstbestätigung, dass die Bundesrepublik, obgleich Nachfolgerin des Dritten Reiches, keinesfalls eine Gefahr für Juden darstelle, sondern ein neues, politisch geläutertes Deutschland sei. Die herausragende Stellung jüdischer Persönlichkeiten im öffentlichen Leben, das insbesondere seit dem Fall der Mauer wachsende jüdische Leben, die neu erbauten Synagogen – alles dies ist stets auch Ausdruck der Pflicht zum Entgegenkommen von deutscher Seite, und es ist gut, wenn dies aus ehrlichem Herzen geschieht. Eine Pflichtübung in Vergangenheitsbewusstsein oder Wiedergutmachung bewirkt aber das Gegenteil: statt eines Anti- ein Philosemitismus, betrieben nicht aus Freundschaft, sondern aus einer ›Notwendigkeit des Umgangs mit den Opfern des nationalsozialistischen Rassenwahns‹. Verständlicherweise schrecken Juden hiervor zurück.

Was vor einem vernünftigen Dialog beider Seiten stehen muss, ist das Einordnen des Holocaust in das deutsche Bewusstsein, und diese Einordnung darf nicht von Juden erwartet werden. Mit unserer Vergangenheit müssen wir selbst klar kommen. Dazu gehört auch, dass wir uns über individuelle Täter Gedanken machen, auch in durchaus persönlicher Sicht: Gedanken über Großeltern und Urgroßeltern, die irgendwie ja in das System verstrickt gewesen sein müssen.

Dazu gehört, dass wir uns fragen, inwiefern wir noch Stereotypen von Juden und Minderheiten in uns tragen, ebenso wie die Frage, was Deutschsein nun für uns bedeutet. Die Flucht in die Negation, das ehrenhafte »Leider bin ich Deutscher«-Gehabe nützt hier keinem etwas. Die Diskussion entscheidend vorwärts bringen würde, wenn ›wir Deutschen‹ unseren Wir-Begriff etwas mehr klären könnten.

Für entscheidend zur zukünftigen Erinnerung halte ich diejenigen Gründe, die sich der Zukunft zuwenden. Aus den USA kennen wir den Ruf des »*Never again*«. Doch trifft das nicht zu kurz, ist nicht zu allgemein? Aber was sind denn die ›konkreten‹ Lehren, die wir in die Zukunft weiter getragen sehen wollen? Ich persönlich sehe zwei zentrale Aufgaben: die Ermahnung vor den Folgen menschlicher Entscheidungen und die Anstiftung zu Demut und persönlicher Verantwortung.

»Holocaust« kennzeichnet eine Epoche in der Vergangenheit, in der Menschsein von Menschen negiert wurde. Ob das nun historisch aus einer Weiterentwicklung eines bestimmten Typs Kapitalismus oder einem revolutionären Charakter des Regimes erklärt wird: Heute, nach dem Ende der großen Ideologien, ermahnt das vor allem dazu, jede Entscheidung (und Nicht-Entscheidung) auf ihre Menschlichkeit hin zu überprüfen. Zum Beispiel bei der Neuregelung des

Asylrechts: Zählen letztendlich wirtschaftliche Gesichtspunkte oder ist das menschliche Angebot von Schutz für politisch Verfolgte vorrangig?

1946 erschien Karl Jaspers kleines Buch *»Die Schuldfrage«*. Er unterscheidet dort im Blick auf die jüngste deutsche Geschichte vier Arten von Schuld: Die kriminelle Schuld des einzelnen Täters, für die dieser persönlich einstehen muss; die moralische Schuld Einzelner für individuell begangene Fehler; die politische Schuld an Krieg und Holocaust, die er allen Deutschen (seiner Zeit) anlastete, da sie als deutsche Staatsbürger für ihr Gemeinwesen verantwortlich waren; und schließlich die metaphysische Schuld. Metaphysische Schuld gründet auf der Missachtung der intuitiven Verbindung zwischen Menschen. Jaspers nennt das erdrückende Beispiel, das Überlebende des Holocaust oft plagt: Wenn »ich überlebe, wo der andere getötet wird, so ist in mir eine Stimme, durch die ich weiß: dass ich noch lebe, ist meine Schuld«.[6] Diese Schuld würde von denen erkannt, die ihre innere Stimme verstünden, sie wandelten ihr »Seinsbewusstsein«. Tatsächlich beschreibt Jaspers diese Schuldform aber als bestimmte Verantwortung für alles Unrecht in der Welt, insbesondere für die Verbrechen, die im Umfeld oder im Wissensbereich eines Menschen geschehen. Es ist diese »metaphysische Schuld«, die wir heute wohl die Verantwortung nennen, für das Menschsein einzutreten.

Es geht um ein bewusstes Engagement nicht aus Selbstüberzeugung des Starken, sondern aus dem Wissen um eigenes Fehlen. Und hier komme ich bei der Frage der Holocaust-Erinnerung auf eine metaphysische, um nicht zu sagen ›religiöse‹ Dimension. Das Stichwort mag hier ›Demut‹ sein, das mich mit dem eingangs zitierten George Steiner verbindet.

Jede einzelne der Lehren aus dem Holocaust wie ihre Gesamtheit kann je auch durch andere Ereignisse, vielleicht schon ein einzelnes Unrecht begründet werden (wie in einer asymptotischen Relation). Entscheidend ist heute die Rezeption des Holocaust, die sein Gedächtnis primär ausmacht: Die Vereinten Nationen, der Staat Israel, das Grundgesetz der Bundesrepublik Deutschland, ihre Versöhnung mit Frankreich und auch mit Polen, ihre politisch bewusst zurückhaltende Anwendung staatlicher Gewalt im Innern, insbesondere aber im Ausland (die ihr formales Ende im November 2000 fand mit der Zusicherung Gerhard Schröders an UN-Generalsekretär Kofi Annan, deutsche Truppen zukünftig auch außerhalb des NATO-Bündnisfalles einzusetzen), ihr langer Verzicht auf die Führungsrolle in der Europäischen Union und das Engagement für die Integration Osteuropas,

---

[6] Karl Jaspers: Die Schuldfrage, Heidelberg 1946, Teil B.I.§4, hier Ausgabe[4] 1947, S. 49

das Recht auf Unantastbarkeit der Würde des Menschen, freie Meinungsäußerung und Unversehrtheit der Person sind hier theoretisch auf aufgeklärte Vernunft, praktisch und historisch aber auf die Lehren aus dem Holocaust (und dem Zweiten Weltkrieg) begründet. So sehr jedes andere Ereignis bei entsprechender Reflexion einen Menschen zu guten Taten anhalten kann, so sehr ist der Holocaust auch in der beschriebenen singulären Interpretation prädestiniert, Beispiel zu sein. Er wird aber um diesen Charakter gebracht, wenn er als Tabu behandelt wird.

Doch meint man heute mehr mit dem Wort »Holocaust«: Man bezieht sich auf die Geisteshaltung desjenigen, der den Holocaust erinnert. Die Anerkennung der Grundlage des Menschseins, welches in der deutschen Geschichte ihre Negierung erfahren hat, so wie Jaspers von metaphysischer Schuld sprach und Arendt von einem Verbrechen gegen die Menschheit.

Der Holocaust stellt faktisch ein wichtiges identitätsbildendes Element für viele Menschen der westlichen Industriestaaten dar, insofern durch seine Reflexion Leitbilder des Handelns entstehen. Wichtig ist es, einen Ausgangspunkt für die Auseinandersetzung mit dem Holocaust zu finden. Die Psychologie ist eine der Disziplinen, die uns hier Anregungen liefern kann. Denn gerade beim so leicht verschreckt behandelten Thema Holocaust braucht man einen sicheren Standpunkt, von dem aus man seinen Zugang finden kann. Hilfe in der Identitätssuche für nervöse Deutsche bietet er sicher nicht. Eine singuläre Betrachtung und mehr noch eine Tabuisierung boten sehr einfache Zugänge an, beide führten aber in eine Sackgasse: Zwar ist auch sie ein Standpunkt, doch erlaubt sie nicht die Auseinandersetzung mit dem Thema. Gefunden ist der Standpunkt noch nicht, doch hoffe ich aufgezeigt zu haben, in welche Richtung Fragen zu stellen wären, um ihn zu finden – und dass er sich dauernd wandeln wird.

Christian Schneider

Der Holocaust als Generationsobjekt. Generationsgeschichtliche Anmerkungen zu einer deutschen Identitätsproblematik[1]

Diesen Band nicht, wie es nahe liegend wäre, mit einem Beitrag der dritten Generation zu schließen, die sich mit dem Holocaust als geschichtlichem Erbe zu befassen hat, sondern der zweiten Generation das letzte Wort zu lassen, hat symbolische Bedeutung: Es entspricht dem aktuellen kulturellen Diskurs in Deutschland. Die zweite Generation bestimmt im Umgang mit dem Holocaust das Geschehen und versucht, bislang erfolgreich, die dritte durch Pädagogisierung auszuschließen.

Sylvia Bovenschen hat, bezogen auf die Protestbewegungsgeneration, das Wort geprägt: »Die Generation der Achtundsechziger bewacht das Ereignis« – und damit das Ereignis »Achtundsechzig«, die erste Phase politischen Aufbegehrens gegen eine verfestigte, restaurative Nachkriegsordnung. Man kann diesen Satz mit guten Gründen auch auf unser Thema, den Umgang mit dem Holocaust ausweiten: Denn der Ereigniszusammenhang, für den die Chiffre Achtundsechzig steht, ist mit ihm auf vielfältige Weise verknüpft, auch wenn 1968 das Wort Holocaust umgangssprachlich noch nicht bekannt war.

Die zweite Generation nach dem Holocaust, die mit derjenigen der Achtundsechziger weitgehend deckungsgleich ist, bewacht – so meine These – den Umgang mit ihm, indem sie eine bestimmte Deutungs- und Bedeutungsform des Indexverbrechens der Moderne kanonisiert und monopolisiert.

---

[1] Ich möchte den Beitrag, gewissermaßen als Abschluss einer alten Debatte, Tilmann Moser widmen.

Der Anspruch, aus generationengeschichtlicher Perspektive zu verstehen, wie es zu dieser Bedeutungsmonopolisierung gekommen ist, macht es notwendig, in aller Kürze den Begriff der Generationengeschichte und mit ihm den Generationen-Begriff selber zu präzisieren. Angesichts einer Situation, in der ständig die Entdeckung einer neuen Generation gefeiert wird: von der Generation X über die Generation Golf zur Generation Ally und so fort, ist es sinnvoll, an die schlichte statistisch-demografische Kategorie zu erinnern, die den Begriff der Generation in unserem Alltagsverstand immer noch prägt: die Vorstellung eines 33 Jahre umfassenden Zeugungszyklus. Wenn ich von zweiter Generation rede, dann meine ich, bezogen auf unser Thema, die Kinder der so genannten NS-Tätergeneration – und da ich mich in meinen Ausführungen stark auf die politische Kerngruppe dieser Generation, die sogenannten *Achtundsechziger* beziehen werde, meine ich die Jahrgänge der im Krieg und der Nachkriegszeit Geborenen. Ich grenze diese Gruppe also auf die Jahrgänge ein, deren Geburt zwischen etwa 1939 und Anfang der fünfziger Jahre liegt.

Das sagt nun immer noch nicht, was eine Generation ist. Wenn wir einen Blick auf die soziologischen Konzepte von Generation werfen, stellen wir fest, dass sie seit der ursprünglichen Konzeptualisierung durch Karl Mannheim im Wesentlichen unter *synchronem* Gesichtspunkt konzipiert sind: Generationen werden als Erlebniseinheiten betrachtet, die sich um ein gemeinsam geteiltes Ereignis herum bilden und ein von ihm geprägtes kollektives Bewusstsein ausbilden. Psychologische Aussagen fassen demgegenüber Generationen eher als autopoietische Erlebnisgemeinschaften, das heißt sie stellen die autonomen Hervorbringungen und psychischen Eigenarten bestimmter Alterskohorten in den Mittelpunkt. Aber auch dies bleibt meist auf einzelne konkrete Generationseinheiten beschränkt. Beiden Betrachtungsweisen ist also der primäre Akzent auf das Binnenerleben dieser sozialen Konfigurationen gemeinsam.

Interessant werden Konzepte, die vom sozialen Erneuerungszyklus ausgehen, wenn man das Konstrukt Generation in *diachroner* Dimension erforscht, das heißt unter dem Gesichtspunkt, wie bestimmte Bedeutungsgehalte tradiert werden: wie sich Generationen hinsichtlich ihrer symbolischen Selbstrepräsentanz fortzeugen und sich bestimmte Inhalte generationellen Erlebens erneuern; wie, vor allem, *unbewusste* Dispositive über die Generationengrenze hinaus prozessiert werden. Dadurch entsteht die *generationengeschichtliche* Perspektive,[2] die

---

[2] Genaueres zu Begriff und Methode von Generationengeschichte siehe: Ch. Schneider, Noch einmal ›Geschichte und Psychologie‹. Generationengeschichte als Modell psychohistorischer Forschung. Zwei Teile. In: Mittelweg 36, Heft 2 und 3, 1997

einzelne Generationen als Konfigurationen der Erbschaft und Weitergabe auffasst, die mit bestimmten, nicht immer bewussten Aufträgen versehen sind. Demzufolge wird jede Generation durch eine unbewusste Konfiguration von Ängsten und Wünschen bestimmt, die unmittelbar mit dem Auftrag der vorhergehenden zusammenhängen.

Erst unter dieser Perspektive wird die beklemmende Macht der Generations*folge* deutlich, die sich darin ausdrückt, dass Generationen trotz ihres je eigenständigen Charakters doch zugleich unaufhebbar an das gebunden bleiben, wovon sie sich zumeist intentional absetzen wollen. Erst unter diesem Aspekt wird auch deutlich, was das Besondere einer Alterskohorte in psychodynamischer Hinsicht ausmacht: Generationen wirken als Konformitätscontainer, als – um mit Max Weber zu sprechen – »Gehäuse der Hörigkeit«. Sie enthalten hinsichtlich ihres Selbstverständnisses die Dimension eines »kollektiven Unbewussten«, wenn man darunter einen der Reflexion nicht oder nur schwer zugänglich zu machenden Gruppenkonformismus versteht. Auch in diesem Zusammenhang spielt die Logik der Generationsfolge eine entscheidende Rolle. Generationen bilden sich als Erlebniseinheiten stets um bestimmte historische Zäsuren, die einen bis dahin unbefragten Erlebnishorizont neu definieren. Das, was *erste* Generationen ausmacht, ist die Qualität dieser Zäsur. Wir pflegen dann von einer ersten Generation zu reden, wenn der Bruch des historischen Erlebens so tiefgehend ist, dass er eine spürbare Veränderung des überkommenen geschichtlichen Koordinatensystems indiziert. Diese katastrophische Konstitution erster Generationen verleiht ihnen die ambivalente Aura von exemplarischer Tragik und geschichtsphilosophischer Bedeutung: Sie repräsentieren gewissermaßen die Einheit von erlebtem Leid und einem daran gebildeten Selbstbewusstsein, das als Muster der Filiationen auf die Kette der Nachgeborenen übertragen wird. Die so genannten *zweiten* Generationen leiden demgegenüber in ihrem Selbsterleben immer am Stigma des Nicht-Authentischen. Nietzsche hat das in »*der Genealogie der Moral*« glänzend zum Ausdruck gebracht, indem er den zweiten Generationen das kollektive Gefühl einer Abhängigkeit von der ersten unterstellt, samt der quälenden Angst einer gleichsam konstitutionellen Schwächlichkeit der Nachgeborenen.

Da es sich bei diesen kollektiven Erschütterungen des geschichtlichen Kontinuums, aus denen sich erste Generationen bilden, immer um gewaltsame Vorgänge handelt, in denen es um Schuld geht, ist der nachfolgenden Generation zugleich mit dem Selbstverdacht der Substanzlosigkeit die ambivalente Pflicht auferlegt, sich mit der Schuld der Vorfahren kritisch auseinander zu setzen, sprich: ihnen den Prozess zu machen.³ Zweite Generationen pflegen sich im Schatten historischer Zäsuren zu bilden, was ihnen, um ihrer Selbsterhaltung willen, die schwierige Doppelrolle auferlegt, zugleich als Bewahrer des Ereignisses und als historisch Urteilende: als Ankläger oder Verteidiger der historischen Akteure aufzutreten, die sie beerben. Zur Konstitutionslogik zweiter Generationen gehört unweigerlich diese Ambivalenzproblematik, die zu einem zentralen Fokus psychoanalytischer Generationengeschichte wird.

Erstaunlicherweise hat sich die Psychoanalyse, die doch mit dem Ödipuskomplex – allerdings auf der Ebene des individuellen Konflikts zwischen Generationsangehörigen – eines der stärksten Theoreme zur Logik psychischer Erbschaft formuliert hat, sich dem Thema Generationengeschichte lange Zeit kaum gewidmet. Eigentlich waren es erst die beiden genannten Phänomene – die internationale Protestbewegung Ende der sechziger Jahre und eine etwa zur selben Zeit einsetzende neue Rezeption und Neubewertung des Holocaust –, die das Denken in Generationskategorien in den analytischen Diskurs gebracht haben. Das Buch »Generations of the Holocaust«, erstmals 1982 in den Vereinigten Staaten erschienen, ist mittlerweile ein psychoanalytischer Klassiker geworden. Die hier formulierten Erkenntnisse über die transgenerationelle Weitergabe traumatischer Erfahrungen und die Wirkung unbewusster Dispositive im Zusammenspiel der Generationen haben seither Schule gemacht. Gleichwohl ist das Konzept der Generation nach wie vor ein psychoanalytisch eher unterbelichtetes Phänomen.

Eine Ausnahme stellen die gedankenreichen Ausführungen des englischen Analytikers Christopher Bollas dar. Er hat sein Augenmerk insbesondere darauf gerichtet, wie sich neues Generationsbewusstsein und eine spezifische generationelle Identität bilden und dabei den Terminus des »Generationsobjekts« in die Diskussion eingeführt. Generationsobjekte sind »jene Phänomene, die wir nutzen, um uns eine Generationsidentität zu schaffen«:⁴ »Jede Generation wählt sich ihre Generationsobjekte, Personen, Ereignisse, Dinge, die für die Identität dieser Generation eine besondere Bedeutung haben. Alle Generationsobjekte sind auch für eine andere Generation potentiell signifikant – zum Beispiel die Beatles –,

---

³ Vgl. dazu: Ch. Schneider, Geschichte als Krise und Übergang. Über die Möglichkeit einer ›kritischen Geschichte‹ des Nationalsozialismus. In: Brüchert, Resch (Hg.), Zwischen Herrschaft und Befreiung, Münster 2002. Mit Nachdruck ist darauf aufmerksam zu machen, dass die Einteilung in »erste« und »zweite« Generationen immer sozial konstruiert ist. Sie kann psychodynamisch auch, worauf ich weiter unten eingehe, den Status eines Abwehrvorgangs haben.

⁴ Ch. Bollas, Genese der Persönlichkeit, Stuttgart 2000

aber diese Generationsobjekte haben dann gewöhnlich eine andere Bedeutung. (...) Generationsobjekte sind mnemisch: Sie bewahren etwas von den Erfahrungen unserer Zeit. Und doch sind Generationsobjekte nicht idiosynkratisch: Es sind Objekte, die das Verständnis, das wir von unserer eigenen Generationszeit haben, weitergeben.«[5]

Die Produktion eigener Generationsobjekte geschieht immer im Blick auf die einer vorhergehenden Generation. Typische Generationsobjekte sind Gegenentwürfe. Als Anverwandlungen und Verwerfungen des Vorgegebenen sagen sie etwas über die Korrespondenz innerer Transformationsprozesse zu dem, was wir Geschichte nennen, aus. Jede Generation wirkt insofern als Katalysator zwischen dem Fremden und dem Eigenen, dem »Bestehenden« und dem noch nie Dagewesenen. Enthalten die vorgegebenen elterlichen Objekte, mit denen wir uns umgeben und mit denen wir spielen, die Kernbotschaft einer übertragenen kollektiven Identität, so die aus der Krise geschaffenen eigenen Objekte, die Botschaft des Neuanfangs. Die Produktion eigener Generationsobjekte beginnt in der Adoleszenz, also in der Zeit, in der sich die Heranwachsenden aus dem Kosmos der Familie lösen und versuchen, eine eigene Welt und Identität aufzubauen. Die eigentliche Generations*identität* bildet sich jedoch erst nach den Turbulenzen der Adoleszenz, etwa im Alter zwischen zwanzig und dreißig Jahren, zu einem Zeitpunkt, an dem ein Individuum in der Lage ist, Kindheit, Adoleszenz und die Zeit als junger Erwachsener als ein Kontinuum wahrzunehmen und zu überblicken. »Mit Anfang zwanzig«, sagt Bollas, »ist die Person im generationstypischen Narzissmus befangen und teilt die Illusion, sie entwickle Ideen, die der Kultur den Stempel ihrer Generation aufdrücken.«[6]

Dieses Stadium fiele also bei Personengruppen, zu deren üblicher Karriere eine akademische Ausbildung gehört, in die Zeit des Studiums: Hier konstituiert sich typischerweise ein Generationsbewusstsein, das nicht selten ein Leben lang unbefragt bleibt. Das ist auch der Grund, warum bestimmte, in dieser Zeit entdeckte Theorien den Status von Generationsobjekten erlangen können, wie ich gleich an einem Beispiel zeigen möchte. Gibt es keine starken kollektiven Erschütterungen dieses Generationsbewusstseins und seiner Objekte, so kann die generationelle Identität beinahe wie eine unaufhebbare ethologische Prägung wirken. Im Normalfall kommen wir jedoch, Bollas zufolge, »in unseren Vierzigern und Fünfzigern« zur Erkenntnis, »dass unsere Generationsobjekte – die für

---

[5] Ebd., S. 238
[6] Ebd., S. 252

die Bildung und das Verständnis unserer Generationsidentität so wichtig waren – zeitgebunden sind. Das Individuum erlebt jetzt, wie seine Generation in ein historisches Objekt verwandelt wird, ein Übergang von einer ganz teilhabenden Subjektivität zu einer objektivierten Subjektivität.«[7]

Man kann diese Relativierung und Historisierung der eigenen Generationsobjekte als das Grundmodell einer Selbstreflexion verstehen, die durch die kulturelle Dynamik der generationellen Erneuerung aufgezwungen wird. Ob diese Selbstreflexion gelingt und damit die Grundlage geschaffen wird, alt zu werden, das heißt die Fähigkeit zu erlangen, die eigene Erfahrung zu dezentrieren und als Teil einer sich wandelnden Geschichte zu erleben, ist ein ebenso zentraler biografischer Clip wie die Adoleszenz.

Sich von Generationsobjekten zu trennen oder sie in ihrer subjektiven Bedeutung zu variieren und zu historisieren, hat für das Selbsterleben von Alterskohorten immer etwas von Verrat, Selbstaufgabe, Identitätsverlust. Entwicklungspsychologisch ist dieser Vorgang jedoch ebenso notwendig wie seinerzeit die Bildung eigener generationstypischer Objekte: Ist das eine die Bedingung der Ablösung von der Familie und damit der Garant kultureller Erneuerung, so das andere die Voraussetzung dafür, den letzten Lebensabschnitt gestalten und einer neuen Generation Raum geben zu können. Historisierung von Generationsobjekten ist die Bedingung der Möglichkeit, *alt zu werden*, das heißt das Leben abschließen und – im Gegensatz zu den von adoleszenten Größenphantasien geprägten Selbst- und Geschichtsbildern möglicherweise erstmals – wirklich *in seiner Zeit leben* zu können.

Diese Erkenntnis führt zum Kern unseres Themas und auf ein zentrales generationengeschichtliches Problem der deutschen Kultur nach 1945: Das Problem, warum die Historisierung bestimmter Generationsobjekte nicht gelungen ist und damit wichtige Aspekte des Generationentransfers blockiert sind.

Ich möchte versuchen, dieses Problem daran zu exemplifizieren, warum ein bestimmter Typ des »Achtundsechzigers« hinsichtlich seines theoretischen und moralischen Habitus so seltsam auf seine spätadoleszente Gestalt *eingefroren* wirkt. Warum können Achtundsechziger so schwer alt werden? Warum haben viele von ihnen den problematischen Habitus von »Berufsjugendlichen«?

Zusammen mit Cordelia Stillke und Bernd Leineweber bin ich dieser Frage im Rahmen einer Studie nachgegangen, die nach Erklärungen dafür suchte, warum für so viele unserer Generation die Kritische Theorie der Frankfurter Schule

---

[7] Ebd.

– ganz gegen die Intention ihrer Begründer – so etwas wie ein weltanschauliches Lehrgebäude geworden ist, das zäh gegen jede Revision abgeschirmt wird.[8]

Die Kritische Theorie war für viele Achtundsechziger das Generationsobjekt par excellence. Mit ihr meinte man, den Schlüssel gefunden zu haben, die Welt zu verstehen, mit ihr hatte man das ultimative Mittel, sich argumentativ gegen seine Eltern und Lehrer durchzusetzen, die man – oft durchaus zurecht – immer noch mit dem Nationalsozialismus identifiziert glaubte. Die Kritische Theorie versprach vor allem Antwort auf die große Rätselfrage zu geben, die diese Generation intensiv beschäftigte: Wie hatte es zum Nazismus, zu Krieg und Massenvernichtung, wie hatte es zu Auschwitz kommen können?

Niemand hat dieses Zeitgefühl, »nach Auschwitz« zu leben, ähnlich prägnant formuliert und repräsentiert wie die Vertreter der Kritischen Theorie. Sie waren glaubwürdig: Als jüdische Intellektuelle in die Emigration getrieben, wurden sie für viele ihrer Studenten so etwas wie »Gegenväter« – Identifikationsfiguren, die für eine andere Geschichte standen, als die, der sie sich genealogisch zugehörig fühlen mussten. Horkheimer und Adorno verstanden sich nach ihrer Remigration explizit als Sprecher der Toten, der Opfer der nationalsozialistischen Judenvernichtung.

Wie sehr dies auch ihr Verständnis als Lehrer geprägt hat, wie sehr insbesondere Adorno sich just aus diesem Selbstverständnis heraus in einer väterlichen Mentorenrolle gegenüber seinen Schülern sah, ist mittlerweile aus seiner Korrespondenz belegt.[9] Ein Brief Adornos aus dem Jahr 1949 offenbart den Zusammenhang, in dem die Phantasien des Lehrers mit denen seiner Schüler stehen. Leo Löwenthal hat ihn erstmals auf der Frankfurter Adorno-Konferenz 1983 mitgeteilt: »Teddie kommt zum ersten Mal Ende 1948 nach Frankfurt zurück, erfüllt von Sehnsucht, aber auch einer gewissen Angst, deutsche Studenten wieder zu unterrichten, und er berichtet mir am 3. Januar 1949 darüber: ›Immerhin kann ich Dir weder verschweigen, dass ich vom ersten Augenblick in der Bretagne an von der europäischen Erfahrung glückvoll-überwältigt war und dass die Arbeit mit den

---

[8] Vgl. dazu Ch. Schneider, C. Stillke und B. Leineweber: Trauma und Kritik. Zur Generationengeschichte der Kritischen Theorie, Münster 2000. Weil der Autor als Angehöriger des Jahrgangs 1951 selber dieser Generation mit der genannten Prägung zugehört, erlaubt er sich in diesen, die Achtundsechziger betreffenden Abschnitten in erster Person zu argumentieren.

[9] Das Programm einer »Erziehung zum Widerstand« war eine der wichtigsten Legitimationen für Horkheimer und Adorno, nach Deutschland zurückzugehen. Adorno hat mehrfach seine akademischen Schüler als seine »Kinder« bezeichnet und später, 1967, explizit bekundet, die protestierenden Studenten hätten in Deutschland die Rolle eingenommen, die früher die Juden innehatten.

Studenten an Intensität und Beziehung alles hinter sich lässt, was man erwartet, auch alles, was vor 1933 war. Und die Behauptung, das Niveau der Studenten sei gesunken, sie seien ungebildet oder pragmatisch orientiert, ist reiner Zimt. Viel eher ließe sich sagen, dass sie sich in einer abgelösten und der Politik entfremdeten Weise mit einem Fanatismus ohnegleichen in den Geist gestürzt haben. Das entscheidend Negative, das in alles hineinwirkt, ist, dass die Deutschen (...) keine politischen Subjekte mehr sind, auch als solche sich nicht mehr fühlen, und dass dadurch dem Geistigen etwas Schattenhaftes, Unwirkliches, anhaftet. Mein Seminar gleicht einer Talmudschule – ich schrieb nach Los Angeles, es wäre, wie wenn die Geister der ermordeten jüdischen Intellektuellen in die deutschen Studenten gefahren wären. Leise unheimlich. Aber eben darum, im echten freudschen Sinne, auch wiederum unendlich anheimelnd.‹«[10]

Im Jahre 1949, wenige Jahre nach dem Holocaust, hat das von Adorno heraufbeschworene Bild der Talmudschule etwas doppelt Irreales. Er selbst jedenfalls hat eine solche Schule nicht nur nie erlebt, sondern lange Zeit jede persönliche Verbindung zum Judentum ignoriert. Der Wunschgehalt dieses seltsamen (Tag-)Traumes, den ermordeten jüdischen Intellektuellen in seinen deutschen Schülern wieder zu begegnen, liegt indes auf der Hand: Ich habe, scheint Adorno zu sagen, nicht die Kinder der Mörder vor mir, vor denen ich mich fürchten müsste, sondern die Reinkarnationen der Ermordeten. Für ihn ist in diesen wissbegierigen und harmlosen jungen Deutschen ein Wiedererkennen besonderer Art möglich.

Im Bild der Talmudschule erscheint die eigene theoretische Lehre als Pflanzstätte einer neuen deutsch-jüdischen Intellektualität, auch und gerade für die Kinder der Nazis – ein starkes Motiv, ins Land der Täter zurückzukehren, was für viele jüdische Emigranten das Verbotene schlechthin war. Der Traum realisiert den Wunsch nach einer doppelten Versöhnung: sowohl mit den eigenen, erst im Zeichen der nazistischen Massenvernichtung wahrgenommenen jüdischen Wurzeln, als auch mit der deutschen Kultur. Das Bild der Talmudschule gestaltet Motive des Verbotenen und Verleugneten zu einem Ungeschehenmachen

---

[10] Leo Löwenthal, Erinnerungen an Theodor. W. Adorno, in: Ludwig von Friedeburg und Jürgen Habermas (Hg.), Adorno-Konferenz 1983, Frankfurt 1983, S. 399f. Bemerkenswerterweise schreibt Adorno dasselbe – nahezu wortgleich – in einem Brief an Thomas Mann. Richard Klein (Freiburg) hat mich auf Manns Antwort im nächsten Brief aufmerksam gemacht: »Wir (...) wünschen weiter frohes Spintisieren mit den Kindern.« (Theodor W. Adorno/Thomas Mann, Briefwechsel. Herausgegeben von Ch. Gödde und Th. Sprecher, Frankfurt am Main 2003, S. 56) Klein kommentiert diese Bezugnahme auf das »Taldmudschulen-Bild« mit der Bemerkung »Irritierend hellsichtig«.

zweiter Ordnung um: der Zeugung eines neuen Menschen aus dem Geist der Negation. Erst heute wird klar, worauf das besondere Bündnis beruhte, das unthematisiert zwischen dem remigrierten Adorno und der ersten Generation seiner Schüler bestand. Der Appeal, der von Adorno als intellektueller Leitfigur ausging, bestand für seine Schüler wesentlich in der Phantasie, unter seiner Ägide die eigene biologische Erbfolge konterkarieren zu können. Der unbewusste Pakt zwischen ihm und seinen Studenten basierte darauf, dass er ihnen mit seiner Theorie, seiner Art des Denkens und Redens die Möglichkeit einer alternativen intellektuellen Herkunft bot – und sie es ihm, das war die andere Seite des Bündnisses, mit ewiger Schülerschaft vergolten. Adornos Angebot, das in seinem Traum von der deutsch-jüdischen Talmudschule exemplarisch formuliert ist, traf den zentralen Wunsch der jungen deutschen Intellektuellen: den Wunsch, unschuldig zu sein und den Schrecken, der aus ihrer Genealogie nicht zu tilgen war, ungeschehen zu machen. Die erste Schülergeneration ratifizierte den Pakt mit dem Treueversprechen ewiger Epigonalität. Jede, und sei es auch nur stilistische Veränderung der vom Meister vorgegebenen Art der Weltinterpretation erschien als Verrat – es hätte einen Text verändert, der nicht irgendeine theoretische Position verkündete, sondern, im Namen der Opfer, nicht weniger als die Wahrheit aussprach. Das Bündnis zwischen dem ungewöhnlichen Lehrer und seinen Schülern basierte letztlich auf einer unaussprechbaren Schuld.

Diese Beziehung veränderte sich in der zweiten Schülergeneration. Die rebellischen Achtundsechziger, die sich in ihren Gesellschaftsanalysen auf die nun erst entdeckten frühen, von sozialrevolutionären Impulsen bestimmten Schriften ihrer Lehrer beriefen, nahmen für sich in Anspruch, die praktischen politischen Konsequenzen aus ihren Theorien zu ziehen. Das führte bald zum Bruch mit den Lehrern, hob jedoch die unbewusste Bindung keineswegs auf – im Gegenteil. Für viele Achtundsechziger wurde die Kritische Theorie zu einer Glaubenslehre: sowenig veränderbar wie der Holocaust – nach damaligem Verständnis – historisierbar. Beidem haftete die Aura des Sakrosankten an. Hinter dem intellektuellen Generationsobjekt »Kritische Theorie« steckt, das erbrachte unsere Studie, ein zweites Generationsobjekt: der Holocaust. Er ist das zentrale *historische und psychologische* Objekt meiner Generation: Zum einen das versteckte, verleugnete und deshalb unsymbolisierte Geschichtsobjekt unserer Eltern, dessen emotionale Konturen aus ihrem hartnäckigen Schweigen mühsam rekonstruiert werden mussten. Und er ist zum anderen das von wichtigen intellektuellen Lehrern und Identifikationsgestalten wie Horkheimer und Adorno symbolisierte Objekt der Opfer. Mit der Philosophie unserer Lehrer versuchten wir, das von den Eltern entstellt überlieferte Geschichtsobjekt Holocaust zu *unserem* Generationsobjekt zu machen.

Deshalb muss die Kritische Theorie für viele derer, die sich auf sie berufen, wie eine Glaubenslehre verteidigt und »rein erhalten« werden: Jede Veränderung bedeutete, eine zentrale Identifizierung aufzugeben. Auf der Ebene der unbewussten Bedeutung heißt das, mit den Lehrern die Opfer zu »verraten«. Es ist diese unbewusste Loyalität, die sich gegen die notwendige Historisierung einer Theorie sperrt, die wie kaum eine andere »der Wahrheit einen Zeitkern zuspricht«.[11]

Die Achtundsechziger-Generation litt in ihrer Prominenzphase an einer ungeheuren Zeit-Neurose. Sie stand unter dem Gesetz der Angstphantasie, der Moloch des Nationalsozialismus sei nur vermeintlich erledigt, mit Brecht formuliert: »Der Schoss ist fruchtbar noch, aus dem das kroch...« Die Parolen, die Achtundsechzig *en vogue* waren, zeigen eine ausgeprägte Wiederholungsphobie: »Wehret den Anfängen«, »Nie wieder«, »Kein neues 33«. Es gab für die politisch artikulierten Angehörigen dieser Generation gewissermaßen ein gespaltenes Zeitgefühl: Man lebte nicht nur in einer jungen, stets als gefährdet eingeschätzten und hinsichtlich ihrer Möglichkeiten skeptisch beäugten Demokratie, sondern gleichzeitig und parallel in einer in diese Gegenwart verlängerten Diktatur. Das hatte durchaus ein *fundamentum in re*: Es gab nicht nur eine tief in den Nationalsozialismus hineinragende personelle Kontinuität in den Eliten der Nachkriegsrepublik, sondern bei vielen Funktionsträgern des zweiten deutschen Demokratieversuchs auch eine erschreckende Kontinuität von Einstellungen und Haltungen. Antisemitismus und Rassismus sind nur die auffallendsten unter ihnen.

Aus heutiger Sicht fällt es leicht festzustellen, dass, überall ein neues 1933 zu wittern, eine grobe Verzeichnung der Situation war. Aber es war der Blick und das grundierende Gefühl jener Generation. Eines der Zauberworte der damaligen Politikanalyse war »faschistoid«. Alles war damals faschistoid: Hinter jeder Ecke lauerte der neue Faschismus, überall witterte man die Wiederkehr des Verdrängten. Und zwar nicht nur in der Außenwelt.

Wenn man, wie eingangs bemerkt, Generationen als spezifische Konfigurationen von Wünschen und Ängsten auffasst, dann lässt sich als psychodynami-

---

[11] So Horkheimer und Adorno im Vorwort zur *Dialektik der Aufklärung*. Vgl.: Horkheimer und Adorno, Dialektik der Aufklärung, in: Th. W. Adorno: Gesammelte Schriften Bd 3, S. 9, Frankfurt am Main 1997.

scher Kern dieser zweiten Generation der Selbstverdacht ausmachen, in sich eine mörderische Erbschaft zu tragen. Dies wurde mir bei einem Forschungsprojekt deutlich, in dem es um die psychodynamischen Quellen von nonkonformem, *dissidentem* politischen Verhalten ging.[12] Im Rahmen dieses Projekts kamen Repräsentanten der rebellischen Achtundsechziger-Generation zu Wort. Einige von ihnen haben sich nicht nur im Forschungsinterview, sondern auch in schriftlichen Statements über sich und ihr Generationsgefühl geäußert. Eines dieser Statements lautet so: »Die Achtundsechziger sind Ungeheuer. In Krieg und Zerstörung, Terror und Massenmord gezeugt und geboren, sind sie fixiert an einen namenlosen Schrecken, aus dem sie zeitlebens nicht heraustreten können. Und so haben sie, als sie die gesellschaftliche Bühne betraten, zunächst einmal selbst einigen Schrecken verbreitet.«

Dieselbe Person unterbricht dann diese seltsam distanzierte Art der Selbstdarstellung mit dem Satz »Aber ich möchte, im Singular, noch mal beginnen.« Und fährt so fort: »Der Achtundsechziger ist ein schwieriger und unglücklicher Mensch. Er hat sich durch einen weitreichenden autopoietischen Prozess hervorgebracht, in dessen Zentrum eine Programmatik steht. Eigentlich war für ihn alles Programmatik. Es sollte das Programm seiner Befreiung werden, das sich aber unter der Hand in ein Gefängnis verwandelte: das einer einschnürenden politischen Moral, die wenig individuelle und kollektive Bewegungsmöglichkeiten übrig ließ. Von ihr ist der Zwang zur *political correctness* übrig geblieben, als triste Grundlage der – mittlerweile für verloren erklärten – kulturellen Hegemonie der Achtundsechziger. Aus der Verkehrung der Befreiungsphantasien in moralisch-ethische Selbsteinschränkungen hat sich ein ausgeprägter Selbsthass des Achtundsechzigers entwickelt, der gegen das Schreckbild aufbegehrt, durch die Achtundsechziger Revolte statt neuer Freiheiten eher eine neue Konformität geschaffen zu haben. Bemerkenswert ist jedoch, dass der Achtundsechziger wenig Neigung zeigt, das moralisch-ethische Joch abzuschütteln und den Selbsthass zu projizieren. Die Aggressivität steckt in der Moralität.«

Danach reflektiert die Autorin über den Terrorismus der RAF und entdeckt in deren Aktionen »ein Spiegelbild unserer aggressiven Moral und unserer Gewaltbereitschaft«. Als Ursprung und entscheidenden Antrieb des Terrorismus macht sie »das Eingeschlossensein in die verdorbene NS-Geschichte« aus und schreibt dazu: »Darin war meiner Vorstellung nach die Phantasie eines zugleich übermächtigen

---

[12] Vgl.: Ch. Schneider, A. Simon, H. Steinert, C. Stillke, Identität und Macht. Das Ende der Dissidenz, Gießen 2002.

und defizienten Ursprungs enthalten, gegen die sich die Gewalt der RAF richtete: von einer zerstörerischen Macht, die die mit ihr Verbundenen immer weiter deformiert, kann man sich nur mit Gewalt trennen. Insofern ist diese Gewalt vielleicht Ausdruck eines weitgehend unbewussten Abnormitätsgefühls, in dem sich individuelle und kollektive Auseinandersetzungen mit der NS-Vergangenheit verdichteten, ohne eigentlich kenntlich zu werden.«

Die »verdorbene« NS-Geschichte als eine Art zerstörerisches Introjekt: Das ist das Grundgefühl der zweiten Generation. Die Vorstellung, dass diese Geschichte als psychische Erbschaft der als kalt und einfühlungsarm empfundenen Eltern in einem stecke, ist eine grundlegende Phantasie vieler Achtundsechziger. Wie sehr diese Phantasie damals das Lebensgefühl der heranwachsenden kulturellen Elite grundierte, zeigen zwei damals viel gelesene Schlüsseltexte dieser Zeit. Der eine, Jürgen Habermas' im Jahr 1968 erschienene Studie *Erkenntnis und Interesse*, folgt streng dem Duktus einer erkenntnistheoretischen Abhandlung. Es geht dem Autor um den Nachweis, »dass radikale Erkenntnistheorie nur als Gesellschaftstheorie möglich« sei, die sich ihrerseits, als emanzipatorische, auf die Fähigkeit radikaler Selbstreflexion gründe. Beim Versuch, die Grundzüge einer für dieses Unterfangen geeigneten Methodik zu entwickeln, geht Habermas der Frage nach, wie »verdorbene«, »verstümmelte, entstellte Texte« rekonstruiert und verstehbar gemacht werden können. In diesem Zusammenhang erklärt er die Psychoanalyse zum methodologischen Vorbild jeder historischen Hermeneutik, der es darum geht, die systematischen Auslassungen und Skotomisierungen der Wahrnehmung von Geschichte aufzuklären.[13] Das normative Ziel der Psychoanalyse sei, ihren Klienten zu ermöglichen, »die eigene Lebensgeschichte lückenlos erzählen« zu können. Mit diesem idealtypischen Anspruch traf Habermas in wissenschaftstheoretischer Verdichtung den zentralen Konflikt, der damals die Generation der Nachgeborenen bewegte: Wie sollte man die gleich zweifach entstellte Geschichte, diesen »verdorbenen Text«, von dem die oben zitierte Achtundsechzigerin spricht, entschlüsseln und für sich verstehbar machen? Denn durch die exzessive Gewalt von Weltkrieg und Holocaust war Geschichte nicht nur in ihrer inneren *Textur* beschädigt, sondern auch in ihrer *Tradierung* durch die Generation der Täter. Die Nachgeborenen waren darauf verwiesen, sich die eigene Vorgeschichte zusammenzureimen, buchstäblich wie einen lückenhaften

---

[13] Vgl.: Jürgen Habermas, Erkenntnis und Interesse, Frankfurt am Main 1968. Bemerkenswerterweise ist dieses Buch das letzte, in dem Habermas der Psychoanalyse diesen Status zuerkennt. Für seine spätere Theorie des kommunikativen Handelns spielt sie systematisch keine Rolle mehr.

Text zu rekonstruieren. Habermas' systematische Reflexion auf die Möglichkeiten hermeneutischen Verstehens trifft sich in überraschender Weise mit der von den Achtundsechzigern postulierten lückenlosen Aufarbeitung der Vergangenheit: Der Entwurf von *Erkenntnis und Interesse* erscheint letztendlich als theoretisches Zeugnis eines verschobenen generationellen Selbstverständigungsprozesses. Er diskutiert das Bedürfnis nach einer Form der Aufklärung, die auch das Abgründige, jenseits aller Vernunfthorizonte Liegende ans Licht zu holen versteht. »Seine eigene Lebensgeschichte lückenlos erzählen zu können« – das war ein zentraler Wunsch der Generation, die sich 1968 politisch artikulierte. Er war zugleich immer von der Angst konterkariert, dabei auf bedrohliche Abgründe der eigenen Familien- und Lebensgeschichte zu stoßen.

Dass die Psychoanalyse damals einen so ungeheuren Aufschwung erlebte, verdankt sich nicht zuletzt der Vorstellung, mit ihrer Hilfe zu jener lückenlosen (Selbst-)Aufklärung zu gelangen, die einen Ausweg aus der individuellen wie kollektiven Not weisen könnte, eine mörderische Geschichte beerben zu müssen. 1967 erschien mit Alexander und Margarete Mitscherlichs *Unfähigkeit zu trauern* das andere Buch, das seinerzeit zu einem Vademecum der zweiten Generation wurde. Diese Publikation zweier Psychoanalytiker, die im Untertitel versprach, die »Grundlagen kollektiven Verhaltens« zu erklären, wurde der größte wissenschaftliche Bestseller der sechziger Jahre und ist zweifellos eines der wichtigsten Bücher der damals noch jungen Bundesrepublik. Seine Autoren versuchten zu verstehen, wie es zu einem kollektiven Ausfall an Einfühlungsvermögen gegenüber den Opfern der nationalsozialistischen Gewalt, insbesondere den Juden, kommen konnte: warum es auch nach der militärischen Niederlage Deutschlands nicht zu einer kollektiven Trauerreaktion kam. Seither ist der psychoanalytische Terminus der »Trauerarbeit« unverzichtbarer Teil der deutschen Gedenk- und Erinnerungsrhetorik geworden: Kein 9. November, kein 27. Januar, an dem nicht das Zauberwort der Trauer beziehungsweise der Trauerunfähigkeit bemüht wird. Eine Verständigung darüber, was das eigentlich sei und wie *kollektive* Trauerarbeit aussehen könnte, ist jedoch überraschenderweise ausgeblieben. Dabei ist der Terminus »Trauerarbeit« bei Freud einfach und klar umrissen. Sie besteht darin, die emotionale Besetzung eines durch den Tod verlorenen Objekts Stück für Stück von ihm abzuziehen, damit die Realität des Verlusts anzuerkennen und das Ich aus einer realitätswidrigen Bindung zu lösen. »Tatsächlich«, so Freud in seiner Arbeit über »Trauer und Melancholie«,[14] »wird das Ich nach der

---

[14] S. Freud, Studienausgabe Bd. III, Frankfurt am Main 1975, S. 199

Vollendung der Trauerarbeit wieder frei und ungehemmt.« Die unabdingbare Voraussetzung für Trauer aber ist der schmerzhaft empfundene Verlust eines Objekts, das sosehr ins eigene Leben integriert, sosehr dessen Teil geworden ist, dass sein Verschwinden das Gefühl einer Verarmung auslöst: »Bei der Trauer ist die Welt arm und leer geworden.«[15]

Dass die Deutschen nach 1945 ihre zerbombte Welt als »arm und leer« erfuhren, ist ebenso Realität wie die beschämende Tatsache, dass die Vernichtung der Juden von der großen Mehrheit nicht als Verlust empfunden wurde. Das Ausbleiben einer Trauerreaktion ihnen gegenüber ist deshalb psychologisch letztlich sowenig verwunderlich wie die Tendenz, die eigene emotionale Beteiligung am Nationalsozialismus zu verleugnen. Die Mitscherlichs machen denn auch explizit darauf aufmerksam, dass der Versuch, die NS-Vergangenheit zu derealisieren einer unvermeidlichen psychischen »Notfallreaktion« gleichkam und infolgedessen »die moralische Pflicht, Opfer unserer ideologischen Zielsetzung mit zu betrauern (...) für uns vorerst nur ein oberflächliches seelisches Geschehen bleiben« konnte.[16] Moralisch richtig, aber psychologisch überraschend ist, an dieser Voraussetzung gemessen, ihr Urteil: »Problematisch ist erst die Tatsache, dass (...) auch später keine adäquate Trauerarbeit um die Mitmenschen erfolgte, die durch unsere Taten in Massen getötet wurden.«[17] Dies setzte nämlich, da Trauer ein kreatürlicher und kein moralisch postulierbarer Prozess ist, voraus, dass das ausgebliebene Verlustgefühl *nachträglich* in authentischer emotionaler Weise erfahrbar geworden sei.

Tatsächlich ist dies bis zu einem gewissen Grade in einer zeitlich verlagerten Reaktion geschehen. Für die Töchter und Söhne der Täter wurde der Verlust in einer Weise *fühlbar*, die ihre Eltern vermieden hatten. Viele fühlten sich genötigt, stellvertretend die ausgeschlagene Schuld und die mit ihr verknüpften Emotionen zu übernehmen. Zum Grundgefühl dieser Generation zählt eine tief sitzende Scham gegenüber den eigenen Eltern und der Wunsch, sich von diesem schuldbeladenen Ursprung abzukoppeln: Gerade die politisch bewussten Angehörigen der Achtundsechziger Generation identifizierten sich mit den Opfern der Väter, insbesondere mit den Juden. In die Anklage gegen die Eltern mischte sich der Wunsch nach Wiedergutmachung und Ungeschehenmachen. Nicht zufällig tragen die Kinder der auf die Täter folgenden zweiten Generation Namen wie

---

[15] Ebd.

[16] A. und M. Mitscherlich. Die Unfähigkeit zu trauern, München 1967, S. 35

[17] Ebd.

David und Benjamin, Lea und Judith. Der psychosoziale Kern dieser politischen Generation besteht in einer hysterischen Identifikation mit den Ermordeten – und dem damit verknüpften Anspruch, in ihrem Namen anklagend das Wort zu ergreifen. Man könnte, in Analogie zur Analyse der Mitscherlichs, bei diesem Mechanismus von einer »moralischen Notfallreaktion« sprechen, die notwendig wurde, um nicht von der gefürchteten Last einer mörderischen Erbschaft erstickt zu werden.

Für die Entwicklung der politischen Kultur der Bundesrepublik war diese (Gegen-)Identifizierung zweifellos eine sozialpsychologisch notwendige Passage, für die sie tragende Generation und ihre Nachkommen impliziert sie noch wenig begriffene Folgen. Der von ihr demonstrativ gelebte, hoch ritualisierte und gegen Selbstreflexion abgeschirmte Philosemitismus ist das vielleicht offenkundigste Beispiel. Die persönliche Aufladung der historischen Erbschaft zum Gestus der Dauerbetroffenheit und das Schwelgen in der »erborgten« Schuld gehört ebenso zum festen Repertoire dieser Generationsgestalt wie der aus der Opferidentifikation hergeleitete Anspruch einer unangreifbaren moralischen Überlegenheit.

Die zweite Generation hat sich mit dieser Opferidentifikation – ganz im Sinne Nietzsches – die doppelte Rolle des Wächters und des Anklägers gesichert. Manche Eigentümlichkeiten im aktuellen deutschen Diskurs über die Bedeutung des Holocaust lassen sich wohl nur aus den Implikationen dieser Doppelrolle verstehen. Das gilt meines Erachtens auch für die Art, wie die so genannte »Singularitätsthese« in Deutschland verhandelt wird. Die Frage, ob der Holocaust ein unvergleichliches, einmaliges Ereignis sei, wird in der offiziellen politischen Kultur der Berliner Republik, deren tragende Generation mittlerweile die der Achtundsechziger ist, nahezu unangefochten bejaht. Deren Insistieren auf der Einzigartigkeit des Holocaust wird – jenseits aller mit dieser These zu verbindenden historischen und politischen Implikationen – erst dann ganz verständlich, wenn man es unter generationengeschichtlichem Aspekt betrachtet. Die Singularitätsthese ist nach meiner Auffassung unverzichtbarer Teil eines Selbstverortungsprogramms, mit dem die zweite Generation versucht, sich aus der bedrückkenden Geschlechterfolge zu lösen und sich – autopoietisch – als neue *erste* Generation zu konstituieren: gleichsam eine – mit Kant gesprochen – »Kausalität aus Freiheit« zu begründen, die die genealogische Kausalität zu konterkarieren vermag.

Wie wir gesehen haben, gehört zu den Konstitutionsbedingungen »erster Generationen« ein Bruch im geschichtlichen Erleben, dem eine Form kollektiven Selbstbewusstseins korrespondiert, das zum Muster einer psychogenetischen

Filiation wird. Dieser Mechanismus ist im Fall der deutschen »Generationen des Holocaust« gründlich beschädigt. Die traumatische Konstitution der ersten Generation hat sie – jedenfalls aus der Sicht der nachfolgenden – zu einer »Generation ohne Bewusstsein« werden lassen. Ähnlich wie die affektive Reaktion auf den Holocaust gewissermaßen generationell verschoben erfolgte, hat sich auch das Bewusstsein seiner Bedeutung und Reichweite erst nachträglich gebildet. Die heute ubiquitäre Rede vom »Zivilisationsbruch« ist nicht zufälligerweise eine Prägung der zweiten Generation: Sie besagt, dass überhaupt erst mit ihr, aus der Erfahrung des Abstands, das historische Ereignis in Bewusstseinskategorien untergebracht werden kann. Der autopoietische Anspruch der Achtundsechziger, eine neue Generationsreihe zu begründen, beruht auf dem Selbstverständnis, diejenige Generation zu sein, die einzig und erstmalig die volle Bedeutung des Holocaust affektiv und begrifflich *verstanden* habe: Erst durch ihre Sensibilität, ihr Leiden und ihre Forschung sei das Ereignis als emotional spürbares und kognitiv fassbares Phänomen – sozusagen nachträglich – konstituiert worden. Darauf beruht ihre Dignität als »Generation des Neuanfangs«. Sie ist desto größer, je einmaliger der historische Ort ihres Ursprungs ist. Die Achtundsechziger brauchen das *singuläre* Ereignis Holocaust, um sich ihrer eigenen Singularität zu versichern.

Eben dies wird heute zum Filiationshindernis. Leitete sich der Monopolanspruch dieser Generation in Sachen »Holocaust-Verständnis« zunächst aus der nicht unplausiblen Annahme ab, dass die Generation der Täter die Bedeutung des Holocaust aus Gründen der kollektiven Abwehr nicht verstanden *habe*, so wird heute, im Verhalten gegenüber den Nachgeborenen, eine erschreckende Erweiterung dieser exklusiven Haltung deutlich. Bei einem Großteil meiner Generation herrscht das stille Einverständnis, die Generation ihrer Kinder *könne* den Komplex Holocaust letztendlich nicht hinreichend verstehen: Nicht, weil sie zeitlich, sondern weil sie hinsichtlich der psychischen Besetzungsmöglichkeit des Ereignisses »zu weit entfernt« sei. Mutatis mutandis wiederholt damit die zweite Generation gegenüber der dritten das Spiel, dem sie gegenüber den eigenen Eltern unterlagen. Deren stereotyper Verweis, verstehen könne nur, »wer damals dabei gewesen ist«, die Formel, mit der jede Möglichkeit geschichtlichen Verstehens und nicht nur kognitiver, sondern affektiver Traditionsbildung zwischen Geschichtsakteuren und ihren Nachfahren sabotiert wurde, kehrt im Diskurs der zweiten Generation gegenüber ihren Kindern in neuer Anverwandlung wieder: in Form der Pädagogisierung von Geschichte.

Ein großer Teil der pädagogischen Unternehmungen, die im Gefolge und aus dem Geist von Achtundsechzig versuchen, die Erinnerung an den Holocaust wach zu halten, ist insgeheim vom Verdacht geprägt, die nachwachsende Generation sei unfähig, eine ähnlich intensive Einfühlung in die Geschichte, insbesondere eine Identifikation mit den Opfern des Holocaust aufzubringen. Tatsächlich dürfte dies hinsichtlich der *psychischen Form* sogar zutreffen. Die hysterisch-privative Identifizierung meiner Alterskohorte mit den »Verlierern im Weltprozess« (Walter Benjamin) im Allgemeinen und den jüdischen Opfern im Besonderen scheint, gottlob, ein singuläres generationsspezifisches Merkmal. Es geht dabei letztendlich darum, wer für sich mit welchen Argumenten ein möglichst hohes Maß des Leidens an und mit der Geschichte beanspruchen kann.[18]

Der Gestus vieler Angehöriger der zweiten Generation, sie seien als Opfer ihrer gefühlsarmen Eltern die »eigentlichen Betroffenen«, ist Teil einer eigenartigen Leidens-Ökologie im beschädigten Generationenverhältnis. Der primitive Ausschluss der eigenen Kinder vom historischen Verstehen durch die Tätergeneration – Teil der von den Mitscherlichs beklagten Einfühlungsverweigerung – beruhte zweifellos auf dem Versuch, die Verleugnung und Derealisierung *fremden* Leidens aufrechterhalten zu können. Dass in diese Abwehr häufig auch reales eigenes Leiden eingeschrieben war, konnte im intergenerationellen Diskurs lange Zeit keinen Platz finden. Die moralische Aufrechnungslogik der zweiten Generation ließ eine Thematisierung dieses Teils der Geschichte, der heute als Auseinandersetzung über Bombenkrieg, Flucht und Vertreibung diskursfähig geworden ist, nicht zu: Auch die Kinder der Täter bedienten sich Techniken der Derealisierung. Je entschiedener sie bestimmte Informationen nicht zur Kenntnis nahmen oder ausfilterten, desto stärker thematisierten sie ihr eigenes psychisches Leiden an der von den Eltern »verweigerten Geschichte«. Die daraus resultieren-

---

[18] Besonders grotesk ist dies bei pädagogischen Versuchen, der dritten Generation Anteile der eigenen Gefühlswelt als normative Erfahrung aufzudrängen. Vor einigen Jahren überraschte mich eine Gruppe von Studierenden mit der Erzählung von einem Universitätsseminar, in dem die Dozentin, eine mir persönlich bekannte, höchst integere und intellektuell souveräne Frau, mit allen Mitteln versucht habe, ihnen eine besondere Art der »Betroffenheit« zu vermitteln: Sie gab sich alle erdenkliche Mühe, die Studierenden dazu zu bringen, eine geheime »Faszination« für den Nationalsozialismus zu verspüren, respektive einzugestehen. Sie selber habe sich erst angemessen mit dem Thema auseinandersetzen können, nachdem sie diese (un)heimliche Attraktion bei sich zugelassen habe. Das mag so richtig wie die Beteuerung der Studierenden, sie könnten auch bei genauester Prüfung in sich keine solche Faszination verspüren, möglicherweise falsch sein: Das Beispiel zeigt schlagend, dass es um Gefühlswertigkeiten und Identifikationshierarchien geht. Mir gegenüber erklärte die (etwa gleichaltrige) Dozentin jedenfalls, diese Nachwachsenden würden den Nationalsozialismus nie wirklich begreifen, weil sie sich dem Leiden verweigerten, das aus solch quälenden Ähnlichkeitsgefühlen resultiere.

de Opferidentifikation erweist sich nun als Grundlage für eine partielle Einfühlungsstörung gegenüber den eigenen Kindern. Ähnlich wie bei der unbewussten Konkurrenz des Leidens, die in der ersten Nachkommengeneration zwischen den Kindern von Tätern und Opfern herrscht, geht es auch im Verhältnis der zweiten Generation zur dritten um den Authentizitätsanspruch von Gefühlen. Letztlich wird der dritten Generation von der ihrer Eltern das Recht auf eine genuine Leiderfahrung im Erinnern und Nachempfinden des Holocaust abgesprochen: Es würde die eigene psychische Basis des Umgangs mit der Geschichte gefährden. Und es würde das Verstehensmonopol in Frage stellen, das sich darauf gründet, durch eigenes Leiden das anderer in einzigartiger Weise nachempfinden zu können.

Sich das Verstehensmonopol zu sichern und damit ein Bedeutungsmonopol zu schaffen, ist die grundlegende Strategie, den eigenen generationengeschichtlichen Platz neu zu bestimmen. Die »Singularitätsthese« ist dabei deswegen von Bedeutung, weil nur mit ihr der volle moralische Betrag abgerufen werden kann, der der zweiten Generation ihre Bedeutung als Gründungskohorte eines aus Wissen und Leiden gewonnenen generationellen Neuanfangs sichert. Fiele die Singularitätsannahme, so entfiele zugleich eine entscheidende Referenzbedingung für ihre Selbstverortung. Nur wenn das zentrale Generationsobjekt Einzigartigkeit verheißt, ist die Selbstsetzung als neue »erste Generation« unerschütterbar.

Weil der Holocaust, wie oben gezeigt, jedoch ein doppeltes Objekt ist und daher kaum als solches begriffen werden kann, tritt für die Nachgeborenen eine paradoxe Situation ein: Sie müssen die Täterschaft und Schuld ihrer Eltern gewissermaßen negativ idealisieren, um ihre eigene Bedeutung zu sichern. Nur wenn ihr persönliches Leiden an der Geschichte einzigartig ist, kann die zweite Generation die Gewissheit haben, der gefürchteten inneren Erbschaft zu entgehen. Denn nur diese Einzigartigkeit garantiert ihr den von ihr beanspruchten generationellen Platz. In psychodynamischer Hinsicht ist die Singularitätsthese letztlich die Projektion des erschlichenen Leidensmonopols der Nachgeborenen auf die Geschichte. Entfiele sie, würde die zweite Generation ihren Identitätskern einbüßen.

Im Verhältnis zur nachgeborenen dritten Generationen äußert sich das als pädagogisches Verhältnis. Hatte sich aus der Gegenidentifizierung gegenüber den Eltern und der Identifikation mit den Opfern die doppelte Rolle als Ankläger und Wächter entwickelt, so kommt nun, gegenüber den eigenen Nachkommen, eine weitere Rolle hinzu: die des Lehrers, der exemplarisch die adäquate Korrespondenz von Ereignis und innerer Anteilnahme repräsentiert. Erst damit ist die generationelle Platzverschiebung unwiderruflich vollzogen – ein Akt der Autopoiesis, dessen unbewusster Sinn darin liegt, die tief sitzende Angst dieser Generation, die Phantasie der mörderischen psychischen Erbschaft abzuwehren. Der Kampf gegen diese Phantasie zwingt die zweite Generation bis auf den heutigen Tag zu seltsam automatisierten, reflexartigen Haltungen gerade da, wo Reflexion gefordert wäre. Deutlich kann man das am Schicksal des Antisemitismus in den verschiedenen Generationen nach dem Holocaust ablesen, noch besser an der gesellschaftlichen Reaktionsbildung auf ihn: am automatisierten Anti-Antisemitismus und Philosemitismus. Die mit den Namen Walser und Bubis, Möllemann und Friedman verbundenen Debatten, die Diskurse um die Frage des richtigen Erinnerns, der adäquaten Art des Gedenkens und der pädagogischen Aufklärung zeichnen sich vielfach durch eine bemerkenswerte Dominanz von moralischen Reflexen gegenüber Reflexivität aus. Viele Stellungnahmen zeugen von der ungebrochenen Kraft der Opferidentifikation und dem ihr eigenen Pathos des Ostentativen, das einem »Selbstverständlichwerden« von Haltungen empfindlich im Wege steht, die tatsächlich etwas gegen den Antisemitismus bewirken können.

Das Pathos jener, die sich als moralische Elite der Berliner Republik verstehen, ist die vielleicht schwierigste Erbschaft, die die zweite Generation hinterlässt. Den Kampf gegen den Antisemitismus vom Posaunenton der Betroffenheit zu befreien und dazu beizutragen, ihn als selbstverständliche, unpathetisch zivilgesellschaftliche Haltung im Alltag zu etablieren, ist die große Aufgabe, die meine Generation offenbar nicht mehr wird lösen können. Sollte dies eines Tages gelingen, wird sich wohl auch die Bedeutung des Holocaust in Deutschland noch einmal ändern. Was immer er dann repräsentieren wird – er wird jedenfalls nicht mehr der identitäre Besitz einer Generation von Wächtern, Anklägern und Lehrern sein, die aus seiner Singularität die eigene ableitet und – in allerbester Absicht – aus der Position des »omnipotenten Opfers« (Oliner), in die sie sich mit ihrer hysterischen (Gegen-)Identifizierung geflüchtet hat, ein Bedeutungsmonopol aufrichtet. Möglicherweise wird der Holocaust dann tatsächlich auch in Deutschland ein Paradigma für das menschliche Potenzial an Grausamkeit – ohne dass er deshalb seine historische Spezifität einbüßte und ohne dass deshalb jemand auf die Idee verfiele, die historische Schuld zu leugnen und die Verantwortung der Nachgeborenen auszuschlagen. Der wichtigste Beitrag der zweiten Generation zu diesem Zukunftsprojekt wäre, wenigstens den Versuch zu machen, die eigene Befangen- und Beschränktheit im Umgang mit dem Generationsobjekt Holocaust zu verstehen: keine leichte Aufgabe.

Autorenverzeichnis

Jackie Feldman
Dr. phil., Anthropologe, Lecturer an der Abteilung »Behavioral Sciences« der Ben Gurion Universität in Beersheba, Israel. Forschungsschwerpunkte: Holocaustgedenken, Israel-Diaspora-Beziehungen, Analyse organisierter Reisen; Christliche Pilgerfahrten ins Heilige Land, Anthropologie der Religionen.

Margrit Frölich
Dr. phil., Literatur- und Medienwissenschaftlerin, Stellvertretende Direktorin der Evangelischen Akademie Arnoldshain und Lehrbeauftragte am Institut für Theater-, Film- und Medienwissenschaft der Johann Wolfgang Goethe-Universität Frankfurt am Main.

Viola B. Georgi
Dr. phil., Erziehungswissenschaftlerin und Soziologin. Zur Zeit Tätigkeit als Anti-Bias Education Coordinator für das American Jewish Committee in Berlin. Forschungs- und Arbeitsschwerpunkte: Toleranz- und Menschenrechtsbildung, Rechtsextremismus und Antisemitismus, Theorien der multikulturellen Gesellschaft, Holocaust Education.

Jakob Hessing
Dr. phil., Professor für Deutsche Literatur an der Hebräischen Universität in Jerusalem, viele literaturwissenschaftliche Veröffentlichungen, unter anderem über Else Lasker-Schüler und Sigmund Freud; schreibt regelmäßig in der Frankfurter Allgemeinen Zeitung und dem Merkur.

Meike Herrmann
Literaturwissenschaftlerin, M.A., Tätigkeit als Tutorin, Redakteurin, Studienberaterin und Lektorin. Promoviert an der Humboldt-Universität zu Berlin über die Fiktionalisierung des Nationalsozialismus in der deutschsprachigen Erzählliteratur; seit 1990 als Stipendiatin der Friedrich-Ebert-Stiftung.

Doron Kiesel
Prof. Dr., Fachhochschule Erfurt, Fachbereich Sozialwesen, Lehrgebiet: Interkulturelle und Internationale Dimensionen Sozialer Arbeit. Forschungsschwerpunkte: Grundlagen und Konzepte interkultureller Erziehung, Fremdenfeindlichkeit und Rassismus, Identität und Ethnizität im Minoritätendiskurs.

Ilany Kogan
Psychoanalytikerin in Rehovot, Lehranalytikerin der Israel Psychoanalytic Society, Lehrtätigkeit an der Universität von Tel Aviv. Mitglied des wissenschaftlichen Beirats des Fritz Bauer Instituts (Frankfurt am Main). Viele Publikationen über analytische Erfahrungen mit Kindern von Holocaustüberlebenden.

Yariv Lapid
Historiker, Mitarbeiter der nationalen Holocaust-Gedenkstätte Yad Vashem, Jerusalem. Zuständig unter anderem für die Europa-Kontakte der Gedenkstätte und die Durchführung von Seminaren der International School for Holocaust Studies in Yad Vashem.

Amia Lieblich
Dr. phil., Professorin am Fachbereich Psychologie der Hebräischen Universität in Jerusalem; Autorin zahlreicher Bücher und Aufsätze über psychologische Aspekte der israelischen Gesellschaft; besonderes Interessengebiet ist die Verbindung von Psychologie und Literatur.

Marion M. Oliner
Dr. phil., Psychoanalytikerin in New York, Mitglied der IPA, der New York Freudian Society und der National Psychological Association for Psychoanalysis. Lehranalytikerin. Zahlreiche Publikationen, insbesondere über äußere Realität und Trauma, Lacan und die französische Psychoanalyse.

Jens Fabian Pyper
Studium der Philosophie in Berlin, Jerusalem, Paris, Providence/USA; bis 2002 Dozent für Geschichte und Philosophie an der University of Colorado at Denver in Ulaan-Bataar/Mongolei; derzeit Doktorat am Europäischen Hochschulinstitut in Florenz.

Ilka Quindeau

Dr. phil., Diplom-Psychologin, Diplom-Soziologin und Psychoanalytikerin (DPV/IPV), arbeitet als Professorin für Psychologie an der Fachhochschule Frankfurt und in eigener Praxis. Arbeitsschwerpunkte und Publikationen: individuelle und gesellschaftliche Folgen des Nationalsozialismus, Sozialpsychologie interkultureller Erfahrungen.

Julia Resnik

Dr. phil., Soziologin und Anthropologin. Lecturer an der School of Education der Hebräischen Universität in Jerusalem. Forschungsschwerpunkte: Nationalismus im Bildungswesen; Migrantenkinder und die Globalisierung von Bildungsmodellen.

Christian Schneider

Dr. phil., Soziologe und Psychoanalytiker, Frankfurt am Main. Privatdozent an der Universität Kassel. Forschungsschwerpunkte: psychoanalytische Generationengeschichte, Kulturtheorie, Sozialpsychologie. Zahlreiche Veröffentlichungen.